基礎から学ぶ財政学

伊多波良雄
川浦昭彦　著
原田禎夫

晃洋書房

はしがき

　追いつき追い越せのかけ声で戦後走り続けてきた日本は，経済面では世界トップの集団にたどり着くことができた．他方で，少子高齢化に伴う年金問題や累積する公債残高など解決が難しい諸問題に直面している．このような状況の中で政府の担う役割は一層増大すると同時に，政府の行う領域はどこなのかといった問題が噴出している．

　本書は，政府の役割を主に研究対象とする財政学を学ぶ人たちのために書かれた著書である．前著『現代社会の財政学』を大幅に改訂し，新たに『基礎から学ぶ財政学』として著すことにした．できるだけ数式の使用は避けるようにし，初めて財政学を学ぶ人たちにも理解できるよう平易に書くよう心がけた．

　本書の特徴は，財政学と言われる領域のほぼ全体を対象としている点にある．政府の役割として，公共財などを供給する資源配分機能，貧富の差を縮小する所得再分配機能，経済の変動をなくすための経済安定化機能の3つがある．これらに加えて，政府の役割を遂行するためには，税や国債発行などの財源調達が不可欠である．本書は，第1章から第11章にわたって，これらのトピックスをほぼカバーしている．

　政府の役割と言えば，中央政府の役割が頭に浮かんでくるが，われわれの生活に密接な財・サービスを提供しているのは都道府県や市町村でもある．本書は第12章で地方財政に関するトピックスを扱っている．

　さらに，これらの政府の活動がうまくいっているかどうか評価することが必要である．政府活動の評価は政策評価という分野で行われており，本書では第13章で取り上げている．政府活動の評価をどのように行うのかという点については最近新たな展開がある．幸福の経済学という分野が最近急速に発展してきており，この分野を応用して政府活動の評価を行う試みが幸福感分析という形でなされている．本書は，第14章で年金や医療保険など限られた領域ではあるが，幸福感分析による評価分析を紹介している．

　このように，本書の対象とする範囲は広く，通読することによって国や地方の役割や制度の全体について学ぶことができる．

また，前著と同様に，各章にはそれぞれの章のテーマに関連する写真を紹介している．本書を読む上で，一服の清涼剤となり，最後まで読み終えるきっかけになってくれることを願っている．

　本書が，初めて財政学を学ぶみなさんにとって，理論の世界と現実の世界の橋渡しとなり，興味深く財政問題を考える目を養う一助になることを願っている．

　本書の企画から出版に至るまで，株式会社晃洋書房丸井清泰氏にお世話になった．最後になりましたが，執筆者一同心から御礼申し上げます．

　2016 年 4 月

伊多波良雄
川浦昭彦
原田禎夫

目　　次

はしがき

第1章　政府の役割 …………………………………………… 1
1　大きな政府と小さな政府　(1)
2　マスグレイブによる財政の3つの役割　(2)
3　資源配分機能と市場の失敗　(4)
　(1) パレート最適／(2) パレート最適を達成する市場
4　市場の失敗　(7)
5　政府の失敗　(7)
　(1) 政府の失敗とは／(2) NPOとNGO／(3) 民営化と公民連携／
　(4) コモンズとソーシャル・キャピタル

第2章　日本の財政 …………………………………………… 15
1　財政の仕組み　(15)
2　予算制度　(17)
　(1) 予算の基本原則／(2) 予算の内容／(3) 予算の種類／
　(4) 財政規模の概観／(5) 歳入と歳出構造／(6) 公会計改革／
　(7) 国民負担率
3　財政投融資　(29)

第3章　公　共　財 …………………………………………… 33
1　「公共財」という言葉について　(33)
2　純粋公共財とは　(34)
　(1) 消費の競合性と排除性／(2) 純粋公共財の例／
　(3) 公共財のただ乗り行動と政府の役割
3　準公共財とは　(37)
　(1) 準公共財／(2) クラブ財の供給主体／(3) 技術革新と公共財
4　公共財の供給　(40)
　(1) 理論的最適供給水準／(2) 共同的意思決定としての公共財供給／
　(3) 供給の地理的範囲

5　公共財の供給メカニズム　(42)
　　　(1) リンダール均衡／(2) クラーク税
　　6　再び「公共財」という言葉について　(45)

第4章　外　部　性　47
　　1　外部性とは　(47)
　　　(1) 正の外部性／(2) 負の外部性
　　2　外部性の内部化　(50)
　　　(1) 合　　併／(2) ピグー税／(3) コースの定理／
　　　(4) 排出権取引制度／(5) デポジット制度
　　3　コモンズの悲劇とコモンズの長期存立条件　(59)
　　　(1) コモンズの悲劇とは／(2) コモンズの悲劇を回避する方法

第5章　自然独占　63
　　1　自然独占とは　(63)
　　2　自然独占と規制　(65)
　　　(1) 限界費用価格規制／(2) 平均費用価格規制／
　　　(3) ピーク・ロード料金と二部料金／(4) インセンティブ規制
　　3　規制改革とコンテスタブル市場　(74)

第6章　情報の非対称性　77
　　1　「情報」の市場での重要性　(77)
　　　(1) 情報の非対称性と中古車市場／(2) 保険市場
　　2　情報の非対称性への対処　(80)
　　　(1) 公的規制／(2) 民間事業者の取り組み
　　3　モラル・ハザード　(83)
　　4　シグナリング　(85)

第7章　税の理論　87
　　1　課税の根拠と税の負担配分　(87)
　　2　租税原則　(88)
　　　(1) 公平性／(2) 中立性／(3) 簡　　素

3　税の経済効果　(*93*)

　　　　（1）労働所得税と労働供給／（2）利子所得課税の効果／

　　　　（3）税支払いのタイミング効果

　　　4　税の帰着と転嫁　(*98*)

　　　　（1）納税義務者と帰着／（2）税の帰着と弾力性

第8章　税　制　度 ……………………………………………… *101*

　　　1　税制度の実際　(*101*)

　　　2　所　得　税　(*104*)

　　　　（1）包括的所得／（2）日本の所得税の仕組み

　　　3　消　費　税　(*107*)

　　　　（1）個所消費税と一般消費税／（2）日本の消費税の仕組み／

　　　　（3）ラムゼイ・ルール

　　　4　法　人　税　(*113*)

　　　　（1）法人とは／（2）法人擬制説と法人実在説／

　　　　（3）日本の法人税／（4）タックス・ヘイブンと国際課税

第9章　マクロ経済政策 ……………………………………… *119*

　　　1　*IS-LM* 分析　(*119*)

　　　　（1）*IS* 曲線／（2）*LM* 曲線

　　　2　クラウディング・アウトと財政政策の有効性　(*124*)

　　　3　外国為替制度と財政政策の有効性　(*127*)

　　　　（1）開放経済での財政政策の効果／（2）国際金融のトリレンマ

第10章　公　　　　債 ………………………………………… *131*

　　　1　国債の誕生　(*131*)

　　　2　日本における国債発行　(*132*)

　　　　（1）日本の財政収支と国債発行／（2）建設国債と赤字国債／

　　　　（3）日本財政が直面する問題

　　　3　財政の維持可能性　(*136*)

　　　4　公債の負担　(*137*)

　　　5　公債の中立命題　(*139*)

第11章　社会保障 …… 143

1. 社会保障とは　(143)
2. 公的年金制度　(145)

　（1）日本の公的年金制度の特徴／（2）公的年金制度の問題点／
　（3）年金改革

3. 健康保険制度　(152)

　（1）健康保険制度の種類／（2）健康保険制度の仕組み／
　（3）健康保険制度の現状／（4）財政面から見た医療制度の課題

4. 介護保険制度　(159)

　（1）介護保険制度の仕組み／（2）介護保険制度の財源／
　（3）介護保険制度の課題

5. 児童福祉　(164)

　（1）経済学から見た子供／（2）保育サービス／（3）児童手当

6. 生活保護　(172)

　（1）生活保護制度／（2）生活保護制度の現状／
　（3）生活保護制度が抱える問題

第12章　地方財政 …… 177

1. 地方と国の関係　(178)
2. 歳入と歳出　(181)
3. 地域公共財の最適供給　(183)
4. 地方税　(185)
5. 地方債　(188)
6. 補助金　(189)

　（1）補助金の根拠／（2）補助金制度

7. 最近の動き　(191)

　（1）地方分権／（2）三位一体改革／（3）地方財政健全化／
　（4）ふるさと納税制度

目 次　vii

第13章　政 策 評 価 ……………………………………………… 199
　　1　導入の背景　（199）
　　2　政策評価の種類　（200）
　　3　政策評価の目的　（201）
　　4　日本の評価方式と課題　（201）
　　5　PDCAサイクル　（202）
　　6　費用便益分析　（203）
　　　（1）費用便益分析とは／（2）便益帰着構成表／（3）便益の種類／
　　　（4）便益の計測方法／（5）現在価値と割引率／（6）評価基準の選択

第14章　幸福感分析を用いた財政活動の評価 ……………… 211
　　1　幸福感分析とは？　（211）
　　2　租　税　感　（213）
　　3　年　金　制　度　（216）
　　4　医療保険制度　（217）
　　5　生活保護制度　（218）
　　6　社会資本ストック　（220）
　　7　都道府県の財政規模　（223）

索　　引　（225）

第1章　政府の役割

▶▶ 政府の大きさを，広く捉える考え方と狭く捉える考え方がある．現代では，政府の役割は資源配分機能，所得再分配機能，経済安定化機能と考えられている．それぞれの機能を正当化する根拠はあるが，特に資源配分機能の根拠として市場の失敗がある．しかし，市場も失敗するが政府も失敗する．最近では，政府による供給以外に様々な形で供給されることが多い．

1　大きな政府と小さな政府

　政府の役割と言っても様々な考えがある．古くは，アダム・スミスは『国富論』の中で，政府の役割として，国防，司法，公共土木事業・教育の3つを挙げている．スミスは自由放任下で各個人が利己心のおもむくままに自由な経済活動を行えば，「見えざる手」の導きによって経済主体が調和に達し，国富が最大になると主張し，国家はこのような市民の自由な活動を保証する制度的枠組みを確立しなければならないと説く．スミスの考えの延長線上に位置するものが，後で述べるマスグレイブの考えである．
　より広く政府の役割を捉える考えとしてマルクスの考えを挙げることができる．マルクスは，経済を計画的に管理する必要性を説くことによって政府の役割を拡大的に解釈するという立場を取っている．他方，ハイエクやシュンペーターに代表されるオーストリア学派は，政府の役割をマスグレイブに比べてより限定的に解釈している．オーストリア学派は，政府は個人の自由を守るものとして位置づけられ，市場経済を擁護するため国防や司法の必要性を主張する．彼らは，いわゆる外部経済の問題を認めるもの，法制度の整備によって取り除かれるものと考える．また，独占や寡占は新たな発明を起こすためのものと考えられ，さらには，所得分配の問題も政府の役割からは除かれる．
　ケインズは，1920年代と30年代の大不況を前にして，政府は財政金融政策

を用いて総需要を管理することの必要性を主張した．つまり，完全雇用が達成されていないときには，政府は公共投資などによって総需要を喚起し，完全雇用を達成すべきと主張した．ケインズの考えは，彼の『雇用・利子および貨幣の一般理論』(1936年) で著されており，政府の役割はかなり大きいと考えている．このように，政府の役割といっても様々な考えがある．

2　マスグレイブによる財政の3つの役割

　財政学者であるマスグレイブは資源配分機能，所得再分配機能，経済安定化機能の3つを政府の役割として挙げており，政府の役割に関する現代の代表的な考え方である．

① 資源配分機能

　財政の「資源配分機能」とは，民間部門では供給されないか，供給されても足りない財・サービスを公共部門が提供することをいう．この機能は，通常，市場の失敗という現象を根拠に提唱される．詳しい説明は，次節で行われる．

② 所得再分配機能

　資本主義社会においては，個人の能力や社会経済的環境により個人間の所得格差が発生する．ある人は金持ちになり，また別の人は所得が低くなる．個人間の所得格差が発生すると，犯罪が起こったり，十分な医療を受けられないため伝染病に罹ったりするなど社会的な問題が発生する．このような不平等な所得分配を解消するために政府によって行われる機能を所得再分配機能と呼ぶ．

　所得再分配を行うために，政府は税制と社会保障制度を用いる．税制の場合，累進的な所得税を導入することによって所得再分配が行われる．つまり，累進的所得税制の下では，より高い所得の個人からより多くの税を徴収し，これを低い所得水準の個人に移転するわけである．

　社会保障制度の中では，失業保険や生活保護などが所得再分配を行うものとして機能する．失業保険は，失業をした場合一定の所得を補償してもらうことができ，普通どおり生活を継続することができる．また，病気などにより仕事を続けることができなくなり，所得がない状態が続くことがある．このような時，生活保護の適用を受けて一定の所得を維持することができる．

　所得再分配機能の程度を決める要因としていくつか挙げることができる．第1は，個人の経済的要因である．所得再分配政策を行うとき，ある個人の負担

額より受益額が大きければ，この個人にとってはより強い所得再分配政策が望ましい．通常，課税前の所得が平均所得を下回る時，所得再分配政策の下では，受益額がより大きくなる傾向があるので，平均所得を下回る個人は所得再分配政策に賛成する傾向がある．第2は，利他主義の存在である．富者が貧者に対して共感を持っているとき，富者は利他主義であるという．このようなとき，所得再分配政策により富者から貧者に所得が移転されると，富者の経済厚生が高くなるので，利他主義的である個人は，所得再分配政策を支持する．第3は，個人のリスクに対する姿勢である．所得分配が不平等であるとき，リスクに対して危険回避的であればより平等な所得分配を望むため所得再分配を支持する傾向がある．第4は，個人の失敗や成功を決める要因についての個人の認識である．これは，失敗と成功を決める要因が，個人の努力ではなく運や社会的環境であると信じる個人は，運や社会的環境による決定は不公正であると考え，この不公正な状態を補償するため所得再分配をより選好するというものである．

所得再分配は社会にとって望ましいものであるが，行き過ぎると負担額を低くするため労働意欲を減退させたり，意図的に所得再分配の恩恵にあずかろうとするモラル・ハザードが発生したりすることがある．

③ 経済安定化機能

経済は絶えず変動し，あるときは好景気になり，またあるときは不景気になる．大きな経済変動は，消費活動や企業活動に悪い影響を及ぼす．このため，政府は景気が過熱するときはそれを抑え，また景気が低迷するときは経済活動を活発にし，経済変動を安定化しようとする．このような機能を経済安定化機能と呼ぶ．

政府による経済安定化機能は，累進的税制，公共事業を通じる政府支出および失業保険によって行われる．景気が上向くと所得水準が上昇する．所得水準の上昇につれ累進的税制の下では，個人の所得税の税率が上昇するため課税後所得は課税前の所得水準ほどは伸びない．このため需要がそれほど伸びないため，景気の過熱を抑えることができる．逆に景気が後退するときは，累進的税制の下では所得水準の減少により，個人の所得税の税率が低下するため課税後所得はそれほど減少しない．需要の減少に歯止めがかかるため景気後退を抑えることができる．このように，累進的税制の中には経済変動を抑えられる仕組みが組み込まれている．これを景気の自動安定化装置（ビルトイン・スタビライザー）という．

景気後退が見られるとき，政府は公共事業を行うことによって有効需要を引き上げ，景気後退を避けることができる．また，景気後退期には失業が発生するため，失業保険の適用を受ける個人が増えるため，これも有効需要の増大に寄与する．

経済安定化機能は，為替制度と大きな関係がある．固定相場制の時は財政政策は有効であるが，変動相場制では有効ではない．この点については，第9章で論じられる．

3 資源配分機能と市場の失敗

(1) パレート最適

政府の資源配分機能は，市場が失敗するときに要請される．この考えの前提には基本的に市場はうまく機能するということがある．資源配分を評価するための評価基準として，経済学では，パレート最適の概念が使われる．パレート最適は，「すべての個人の効用を同時に引き上げることができない状態」，あるいは「他の誰の効用も引き下げることなしに，誰かの効用を引き上げることができない状態」と定義される．また，パレート改善の概念を用いて言い換えると次のようになる．資源配分AとBを比較して，Aのすべての人の効用がBより悪化せず，少なくともAの誰か1人の効用が大きいとき，資源配分Aは資源配分Bをパレート改善 (Pareto improvement) していると言う．ある配分をパレート改善する配分がないとき，ある配分はパレート最適と言い換えることもできる．例で説明するため，**表1-1**のような3個人と3つの資源配分A，BおよびCからなるケースを考える．たとえば，資源配分Aでは，個人1，2，および3の効用は，それぞれ4，5および3であることを示している．資源配分Aよりパレート改善している配分はBとCであるので，Aはパレート

表1-1　パレート最適

	資源配分A	資源配分B	資源配分C
個人1	4	6	5
個人2	5	5	5
個人3	3	4	5

(出所) 筆者作成．

最適ではない．他方で，資源配分Bと
Cを見ると，それぞれの配分よりパレー
ト改善している配分はないので，資源配
分BとCはパレート最適である．

（2）パレート最適を達成する市場

　競争的市場では，パレート最適な資源
配分が達成されることが知られている．
これは，多数の売り手，多数の買い手及
び企業の自由な参入・退出などの条件を
満たす競争的市場において，企業と消費
者が自由に経済活動を行うことによって，
パレート最適な資源配分が達成されることを意味している．

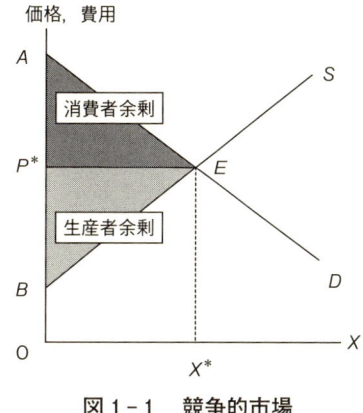

図1-1　競争的市場

（出所）筆者作成．

　このことを簡単に，競争的市場が描かれている図1-1を用いて示してみる．
横軸にX財，縦軸に価格と費用が取られており，曲線Dは需要曲線，曲線S
は供給曲線を示している．需要曲線の高さは，それぞれの需要量の下でX財
の需要量を限界的に増やした場合の消費者の評価を示し，限界便益と呼ばれて
いる．限界便益は需要量が増大するにつれ減少するので，需要曲線は右下がり
になっている．また，供給曲線の高さは，それぞれの供給量の下で，企業が
X財を限界的に増やすときに発生する費用であり，限界費用と呼ばれている．
供給量の増大につれ限界費用は上昇すると考えられるので，供給曲線は右上が
りとなる．

　E点は競争的市場における均衡点，均衡価格と需要量はそれぞれP^*とX^*
である．もし価格がP^*より高いなら，供給量が需要量を越えているので価格
が下落し，逆に，価格がP^*より低いなら，需要量が供給量を越えているので
価格が上昇する．したがって，需要量と供給量が等しく価格の変化が起こらな
い均衡価格はP^*になる．

　均衡点E点において資源配分がパレート最適であることは，次のようにし
て示される．E点において消費者はX^*だけX財を購入している．このとき消
費者の限界便益の合計はAEX^*Oである．他方，消費者が実際に払っている
金額はP^*EX^*Oである．消費者の限界便益の合計から消費者が実際に払って
いる金額を差し引いたものは消費者余剰と呼ばれている．つまり，消費者が評

価している額よりも少ない額しか払っていないので，その差額は消費者の余剰と考えるのである．また，企業にとって，総収入はP^*EX^*O，限界費用の合計は供給曲線の下の面積$OBEX^*$である．総収入から限界費用の合計を差し引いたものは生産者余剰と呼ばれており，P^*EBとなる．E点以外のどの点を取っても，消費者余剰と生産者余剰のどちらかを引き上げることはできないので，先のパレート最適の定義からE点における資源配分はパレート最適になっている．また，このとき消費者余剰と生産者余剰の合計を社会的余剰と呼ぶと，これはE点において最大になっている．

このように，需要曲線と供給曲線が交わっている点が，競争的市場における均衡点であり，パレート最適が達成されている．言い換えると，このようなパレート最適な資源配分状態は，次のような限界条件が成立しているときに達成される．

　　　　　限界条件：限界便益＝限界費用

競争的市場でパレート最適条件が成立している直観的説明は次のとおりである．消費者は効用を極大化するとき，価格と限界便益が等しいところでX財を購入する．これは，次のように表される．

　　　　　価格＝限界便益　　　　　（消費者の効用極大化条件）

また，生産者は利潤を極大化するとき，価格と限界費用が等しいところでXを生産する．これは，次のように表される．

　　　　　価格＝限界費用　　　　　（生産者の利潤極大化条件）

競争的市場では価格はP^*となる．実は，競争的市場ではこのP^*は消費者と生産者に取っては同じ値であるため，

　　　　　限界便益＝限界費用

が成立する．このように，競争的市場では，消費者と生産者が互いのことを考えずにそれぞれの目的を達成するように行動すると，共通の価格が限界原理に導いてくれるのである．

4　市場の失敗

このように，競争的市場ではパレート最適な資源配分が達成される．もし，競争的市場が実際に成立しているなら，すべて市場にまかせておけばパレート最適になるので，効率性の観点から政府が介入する必要はない．しかし，実際に必ずしも競争的市場は成立しない．競争的市場が成立しないと，パレート最適な資源配分は達成されないことになる．このような状況は市場の失敗と呼ばれている．このようなとき，政府の介入が，すなわち資源配分機能が要請される．

市場の失敗は，公共財，外部性，自然独占，情報の非対称性などがあるときに発生し，資源配分を改善するために政府の介入が必要になる．これらについては，第3章から第6章で取り上げる．

5　政府の失敗

(1) 政府の失敗とは

市場の失敗が発生するような場合，政府による経済への介入が正当化されることはすでに述べたとおりである．では，政府による経済政策は必ず成功するのかというと，必ずしもそうではない．政府主導による経済政策が意図したとおりの結果を上げられず，かえって非効率をもたらすことがある．これを政府の失敗という．

たとえば，日本では，バブル崩壊以降，数々の景気対策を実施してきた．このときの経済政策は大量の国債発行を伴う公共事業を中心とした財政政策と，大幅な減税を柱にしたものであったが，意図した通りの成果を挙げられず不況は長期にわたるものとなった．その結果，公債発行残高は急激に増加し，国・地方とも危機的な財政状況に陥ることとなった．あるいは，年金に関連して，加入者が保険料を過去に払ったにもかかわらず，このことが払込金額に反映されていない「消えた年金」問題なども政府の失敗の例である．

では，なぜ政府は失敗するのだろう．その理由の1つとして，政府が十分な情報を持ち得ない不完全情報があげられる．たとえば，ポイ捨てをなくすために罰金政策を導入するケースを考えよう．不特定多数の人が関係するこの問題

において，誰が，どこで，いつ，どんなものを捨てているのか，政府が完全に把握することは可能であろうか．一般的に考えて，これらの完全な情報を把握することはほぼ不可能であり，罰金制度を実効的なものとするのは極めて困難であろう．また，政府の失敗の別の原因として，政策効果の予測困難性があげられる．就業機会を拡大し，多様な働き方をめざす労働市場における規制緩和は，その一方で不安定雇用を増加させたともいわれている．このように，政策の計画当初から，それが及ぼす様々な影響までを正確に予測することは必ずしも容易ではない．さらに，政府は様々な事業を実施するが，このとき予算の確保の制約が緩く，もし予算が不足した場合にも追加的な確保が可能と予想されると，当初の予算による規律が働かなくなる．これをソフトバジェット問題といい，特殊法人や第三セクターの経営状態の悪化の大きな原因とされた．

このほかにも，政府が実行する様々な政策は，社会の様々な集団の利害と複雑に絡み合っている．このため，政策の決定や遂行に大きな力を持つ政治家や官僚は，ときとして自らの利益や特定の圧力団体の歓心を買うように行動することも考えられる．このように，政策形成には様々な問題が関係しており，その結果，必ずしも理想的な政策が実現するとは限らない．

したがって，市場の失敗が見られるからといって，無条件に政府による介入を実施するのではなく，市場の失敗と政府の失敗のどちらが大きな影響を社会に与えるのか，検討する必要がある．

（2）NPO と NGO

公的なサービスは政府によってのみ供給されるのだろうか．古くから寺院や教会といった宗教団体は慈善活動を積極的に行ってきた．また，政府の行う政策もまた失敗する以上，すべてを政府の手に委ねることは困難であり，特定の分野や特定の地域の公的なサービスを担う民間団体に依存することも考える必要がある．

このような，社会貢献活動や慈善活動を行う民間の非営利の団体のことをNPO（非営利組織）という．米ジョンズ・ホプキンス大学が1990年に実施した調査においては，NPOを以下の要件を満たすものと定義した．

　①組織として体系化されていること

②非政府組織であること
　③利益を配分しないこと
　④自己統治
　⑤自発的であること

　NPO は，広義では利潤追求や利益の再分配を行わない非営利の組織や団体を意味し，いわゆる NPO 法人（特定非営利活動法人）のほか，社団法人や財団法人，医療法人，社会福祉法人，学校法人，宗教法人，中間法人，生活協同組合，さらには地域の自治会や町内会，任意のボランティア団体などもこれに該当する．また，日本における狭義の NPO とは，特定非営利活動促進法（NPO 法）により特定非営利活動法人の認証を受けた団体を指す．

　また，NPO と似た組織として NGO（非政府組織）がある．これは，本来であれば政府によって提供されるべき公共性の高い非営利事業を実施する民間の組織を意味し，NPO よりもより非政府性を強調したものである．一般的には，国際協力に携わる組織を NGO と呼ぶことが多いが，これは，NGO という言葉が，国連と政府以外の民間団体との協力関係について定めた国連憲章第 71 条において用いられたことに由来している．

　最近では，複雑で多様な問題の解決は政府の力だけでは困難であるとの観点から，社会的にも NPO や NGO は重要な役割を果たすようになっている．特に地方自治体においては，財政の逼迫化もあり，これらの組織との協働による問題解決が注目されている．また，企業にとっても，CSR（企業の社会的責任）や CSV（共通価値の創造）におけるステークホルダー（利害関係者）として，重要な存在となっている．

(3) 民営化と公民連携

　近年，民営化という言葉を実に多くの場面で目にするようになった．本来は産業の国・公有化の反対の意味をあらわす言葉であり，その実施形態は多岐にわたる．一般的には，政府の直営事業や公有企業，外郭団体などを，一般の民間企業のかたちに組織転換することを意味し，多くの場合，根拠法の廃止又は改正により商法上の会社となる完全民営化の意味で用いられることが多い．

　たとえば日本では 1980 年代に日本国有鉄道（国鉄），日本専売公社，日本電信電話公社（電電公社）が，それぞれ JR，JT，NTT という民間企業になった．

近年では，郵政三事業や高速道路（日本道路公団）などが民営化された．

　民営化の目的としては，競争原理の導入による経営の効率化や透明化，サービス水準の向上，国民負担の軽減などがあげられる．

　しかし，広い意味での民営化にはこのほかにも様々なケースがある．その代表的なものが民間委託（委託民営化）である．民間委託とは政府や地方公共団体などの公的機関が行う業務を民間企業や民間団体に委託して実施することをさし，本来は公的機関が直接行うべきとされてきた財・サービスの供給について，所有権は政府が保有し続けるものの，実際の業務を民間に受託させるものである．最近では公営バスなどの公共交通機関や美術館などの文化施設，公園，病院など，これまでは公的機関が直接実施してきたものを民間委託する例が増えている．民間委託は，民間企業のノウハウを活かし，効率の良い経営，管理を目指すものであるが，その一方で公共性をどのように維持するのかについては議論が続いている．

　また，最近では公共施設の建設が必要な場合に，政府が直接施設整備を行わずに，民間資金を利用して施設整備を行い，その後の運営も一定期間ゆだねる方法も広まっている．これは PFI（Private Finance Initiative）と呼ばれる方式で，1992 年にイギリスで生まれた．日本では，「民間資金等の活用による公共施設等の整備等の促進に関する法律」（PFI 法）が 1999 年に制定され，その後の議論を経て PFI 事業の枠組みが設けられた．

　PFI は公共施設の建設や運営に，民間の資金，経営能力，技術的能力を活用することにより，国や地方公共団体等が直接実施するよりも効率的かつ効果的に公共サービスを提供することを目的としており，急速に普及した．

　橋・病院などの資本設備の建設や公共サービスの供給などは，従来地方自治体などの公的機関によって行われてきた．しかし，最近は公的部門と NPO や民間企業などの民間部門が連携して事業を行うケースが多く見受けられる．このような公的部門と民間部門が連携して行う事業は公民連携（PPP）と呼ばれ，近年多くの分野で導入が進められている．

　国・地方ともに厳しい財政状況のもと，民間資金を活用することで債務のこれ以上の増加を回避しながらも公共サービスの充実をはかることが公民連携の目的であり，公共部門と民間部門がそれぞれに得意な役割を分担し，実行することで，社会的により望ましい結果が実現することが期待される．

（4）コモンズとソーシャル・キャピタル

　公的なサービスの提供は，かならずしも政府のみによって行われるのものではなく，市民が協力して自発的に行ってきたものもたくさんある．たとえば，環境を例に考えてみよう．日本の里山は，人々の共有の森である入会地として，古くから人々が適切に利用・管理してきた．そして，そのことで良好な環境が保たれ，森林のもつ保水力など，防災面でも森林は大きな機能を果たしてきた．

　この入会林野の利用にあたっては，森林の生態系に即した様々なルールがさだめられ，資源の共同利用を核にした人々の社会的な関係性が構築されてきた．このような，共有の資源と，その資源に対して共同利用する権利を有する人々が持続的な管理・運営を図っていこうとする制度や組織を含めてコモンズという．コモンズは，もともとは自然資源とその管理制度をさす用語であったが，近年ではその対象となる範囲は自然資源に限らず，都市計画や住民組織のあり方など，幅広く議論されている．

　写真1-1の城崎温泉は平安時代からの歴史をもち，日本を代表する温泉地の1つである．この城崎温泉の泉源は，住民の共有財産であり，現在も城崎温泉財産区という特別地方公共団体が管理している．温泉の私的な利用には厳しい制限が設けられる一方で，温泉がもたらす収益は地域に還元されている．伝統的な町なみの保全や「共存共栄」をキーワードにしたまちづくりなど，地域独自の取り組みの背景には，地域の共有財産としての温泉の存在が大きな意味をもっている．

写真1-1　コモンズとしての温泉（兵庫県・城崎温泉）

コモンズをめぐる議論においても，人々がいかにすれば協調行動をとるのかは重要なテーマである．人々の協調行動が活発化することにより社会の効率性を高めることができるという考え方のもとで，社会の信頼関係，規範，ネットワークといった社会組織の重要性を説く概念がソーシャル・キャピタル（社会関係資本）である．ソーシャル・キャピタルとは，「人々の協調行動を活発にすることによって社会の効率性を改善できる，信頼，規範，ネットワークといった社会組織の特徴」と定義されている[1]．ソーシャル・キャピタルが豊かであることによって，政治的な意思表明と意思決定の場への参加の機会の増加，子どもの教育成果の向上や，地域の防犯や防災など安全性の向上，地域住民の健康状態の向上，伝統文化の継承など，様々な好ましい効果をもたらし，特色ある地域の発展にも貢献するものである．逆に，ソーシャル・キャピタルが豊かではない社会では，人々は自分のことだけを考えて行動し，その結果，些細な問題の解決にも膨大な額の税金が投入されるような事態を招きかねない．豊かなソーシャル・キャピタルの蓄積は，人々の協調行動を活発にし，社会全体の効率性を高めることができる．

ソーシャル・キャピタルは様々なルートを通じて，価値を生み出している．たとえば，京都三大祭りの葵祭，祇園祭および時代祭をソーシャル・キャピタルとして位置付けて，これらの経済評価を試みた研究がある．これによれば，葵祭，祇園祭および時代祭は，それぞれ931億円，999億円，883億円の価値があることを明らかにしている[2]．これらの祭りは歴的経緯を経ながら，それぞれの祭りを主催する地域が中心になって行われている．このような価値が認められることは，これらの祭りが単に賑わいをもたらすイベントではなく，地域活性化政策の1つとして位置付けられることを物語っている．

また，住んでいる地域で日頃挨拶をすることもソーシャル・キャピタルの1つである．最近の幸福の経済学ではソーシャル・キャピタルが幸福度の引き上げに貢献していることが明らかにされている．

コモンズやソーシャル・キャピタルの概念は，市民の積極的な行政への参加を実現し，より低いコストで豊かな社会を形成するために必要なものとは何かについて，大きな示唆を与えてくれるものである．

注

1) 河田潤一訳『哲学する民主主義――伝統と改革の市民的構造』NTT 出版, 2001 年による定義. Putnam, Robert D., *Making Democracy Work: Civic Traditions in Modern Italy*, Princeton, NJ: Princeton University Press, 1993.
2) 環境省『図で見る環境白書／循環型社会白書／生物多様性白書』(平成 27 年度版), 2015 年.

第2章　日本の財政

▶ 財政はどのような仕組みになっていて，どれだけの規模なのであろうか．ここでは，財政の仕組みを述べた後，財政の規模についても述べる．さらに，財政が本来の機能を果たす財政的裏付けが必要である．これは，予算という形で行われている．予算の原則，内容，種類についても説明する．第2の予算と言われる財政投融資も重要であり，これについても説明を加える．

1　財政の仕組み

　財政の主体は政府ということになるが，その主体をより広く捉えると公共部門と呼ぶことができる．公共部門をサービスの性質によって区別するのは困難である．たとえば，鉄道輸送には私鉄もあれば，第三セクターによるものもある．このとき，第三セクターは公共部門に含められるのだろうか．公共部門を定義する場合，様々な問題が発生すると思われるが，ここでは，国民経済計算による「公共部門」の定義を用いる．これによると，公共部門における一般政府，公的企業および地方政府の位置付けは図2-1のとおりである．
　図2-2に経済循環図が描かれている．経済主体は家計，企業および政府の3つであり，四角でくくられている．市場は，財・サービス市場と労働や資本などの生産要素市場の2つであり，丸で示されている．政府は，家計，企業及び2つの市場からなる民間部門に取り囲まれるように描かれている．家計は，生産要素市場に労働や資本などを提供し，賃金や利子などの所得を受け取る．その所得は財・サービス市場の消費支出として支払われ，財・サービスを購入する．企業は生産要素市場から生産要素を購入し，これらを用いて財・サービスを生産する．生産された財・サービスは財・サービス市場で販売され，企業は販売収入を受け取る．政府は家計や企業から所得税，法人税，消費税などの税を徴収する．これらの税収を用いて生産要素市場や財・サービス市場から生

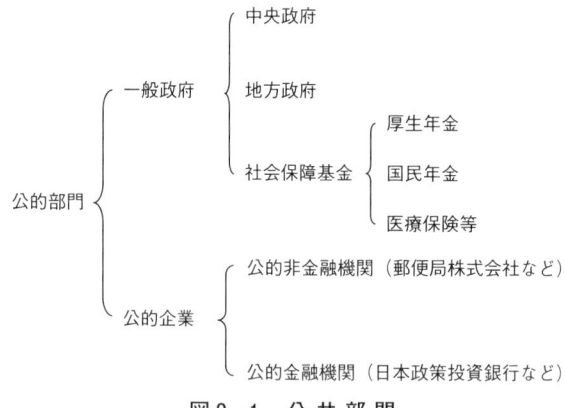

図2-1 公共部門

(出所) 西田安範編『図説日本の財政』東洋経済新報社 (平成23年度版) を参考に作成.

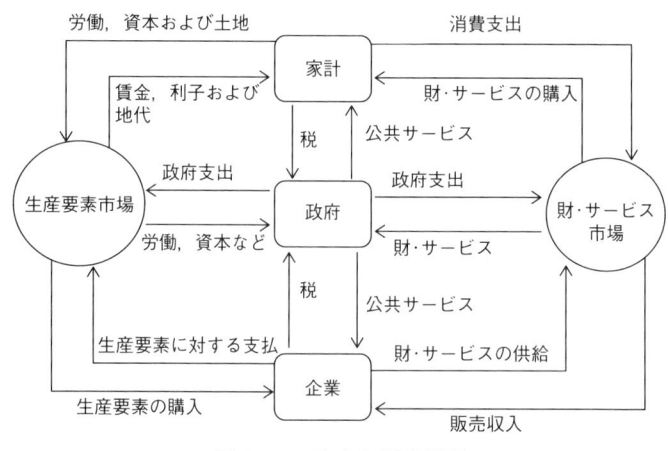

図2-2 政府と民間部門

(出所) 筆者作成.

産要素や財・サービスを購入し，これらを用いて公共サービスを生産し家計や企業に提供する．政府は生産要素市場や財・サービス市場で生産要素や財・サービスを購入するが，購入額の変化は経済に影響を及ぼす．このように，政府は家計や企業から税を徴収し公共サービスを単に提供するだけでなく，購入額の変化を通じて経済活動にも影響を及ぼしている．

2　予算制度

(1) 予算の基本原則

予算とは，一定期間における国の資金調達と使途に関する見積りである．ここで一定期間は会計年度と呼ばれており，日本では4月1日から翌年の3月31日である．つまり，各会計年度予算は当該年度の歳入歳出を決めるものであり（予算の単年度主義），その効力は当該年度に限られる．各会計年度の支出（歳出）は当該年度の収入（歳入）で調達されなければならない（会計年度独立の原則）．また，歳入・歳出を全額予算に計上しなければならない（総計予算主義）．さらに，国のすべての歳入・歳出は1つの会計組織で，統一的に経理されなければならない（統一的会計の原則）．

予算の編成・執行・決算は，次のような手順で行われる．最初に，財務省は各省庁からの概算要求を受け，各省庁の見積書類等を基に財務省が査定作業を行う．12月下旬に財務省の査定案は財務省原案としてまとめられ閣議に提出される．これと同時に各省庁に内示され，その後各省庁との「復活折衝」などを経て，閣議で政府予算案として確定する．これが，国会に提出された後，国会で審議・議決され，予算が成立する．予算成立後，執行される．そして，予算の執行が完結すると，財務大臣によって決算が作成され，国会で審議を受けることになる．

(2) 予算の内容
政府が国会に提出する予算の内容で，次のものがある．

- 予算総則：予算全体の総括的規定のほか，国債発行限度額，特別会計の限度額，その他予算の執行に必要な事項
- 歳入歳出予算：予算の本体
- 継続費：完成に支出が数年度にわたる場合，必要な経費の総額と毎年度の支出予定額をあらかじめ決めておくことができる．たとえば，防衛省の艦船建造費など．これは，予算の単年度主義の原則の例外である．
- 繰越明許費：歳出予算のうち，その性質上などのため，支出を翌年度まで繰越できるもの．たとえば，当該年度に建設用地の買収交渉が難航し，

翌年度に契約が成立し，支払いが発生するような場合である．
- 国庫債務負担行為：国が契約等によって債務を負担する場合，法律，条約や歳出予算もしくは継続費などのほかに将来支出を約束するものについては，あらかじめその内容を国庫債務負担行為として決めておかなければならない．これは数年度の支出を約束する債務負担行為をあらかじめ計上するものである．大規模な建設工事や防衛庁の武器購入などのように，契約は当該年度内に行われるが，支払いは翌年度以降にずれ込むような場合に起こる．

(3) 予算の種類
① 会計区分による予算
会計区分で予算を分けると次の3つになる．

- 一般会計予算：国の基本的な歳入・歳出を経理する会計である．歳入としては，税金と国債がある．歳出としては，社会保障，地方財政，防衛，公共事業などがある．
- 特別会計予算：統一的会計の原則によりあらゆる歳入・歳出は1つの会計組織で，統一的に経理されなければならない．しかし，財政運営を明確にするため，異なる会計区分を設けた方が良いときがある．そこで，財政法 (13条) では，
    - 国が特定の事業を営む場合
    - 特定の資金を保有してその運用を行う場合
    - その他特定の歳入をもって特定の歳出にあて，一般の歳入・歳出とを区分して経理する必要がある場合

  特別会計を設置しうることとしている．

特別会計の数は戦後増加傾向を辿ったが，予算全体が複雑になったり，会計が分立するため予算全体の効率性が損なわれたりするなどの問題点が出てきたため，見直しが行われた．2007年度以降，特別会計の統廃合等を繰り返し，2014年度には15にまで削減した．金額が大きい特別会計としては (2014年度予算)，国債整理基金特別会計214兆円，年金特別会計80兆円，交付税及び譲与税配付金特別会計53兆円，財政投融資特別会計38兆円があげられ，これらの特別会計が大半を占める (財務省ウェブサイトから)．

- 政府関係機関予算：政府関係機関とは，特別の法律によって設立された特殊法人で，その資本金が全額政府出資である．資金・業務などの面で国と強いつながりをもっているので，国会で審議，議決を受けなければならない．政府関係機関の統廃合の動きは図2-3で示されており，政府関係機関は表2-1に示されている．そこでは，政府関係期間の設立年と目的が示されている．1997年に「特殊法人等整理・合理化方針」が閣議決定され，これに基づいて1999年に従来の機関を統廃合し新たな機関ができた．2007年には住宅金融公庫も名称を変えている．財政投融資の改革の関連で，2008年10月から次のようにこれら機関の統廃合が実施された．中小企業金融公庫，国民生活金融公庫，農林漁業金融公庫，国際協力銀行（国際金融部門）は日本政策金融公庫に統合された．2012年以降，沖縄振興開発金融公庫が合流する予定であったが，まだ

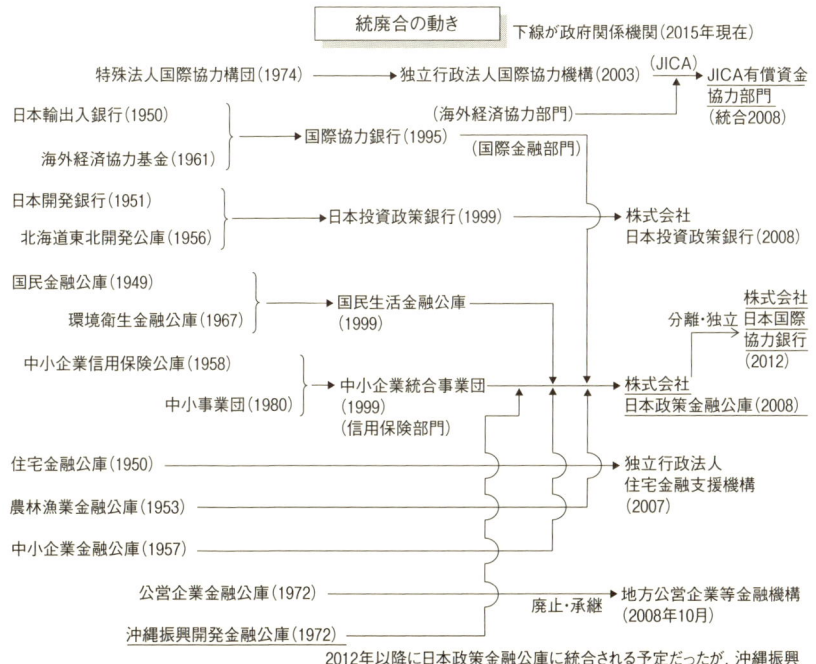

図2-3　政府関係機関の統廃合の動き

(出所) 筆者作成．

表 2 - 1　政府関係機関

機関名	設立年	設立目的
沖縄振興開発金融公庫	1972 年	沖縄における経済の振興及び社会の開発に資する資金供給
株式会社日本政策金融公庫	2008 年	国民生活の向上に寄与するための資金の供給
株式会社国際協力銀行	2012 年	わが国及び国際経済社会の健全な発展に資するための資金の供給
独立行政法人国際協力機構有償資金協力部門	2008 年	開発途上地域の政府等に対する有償の資金供与による協力の実施等

(出所) 可部哲生編『図説　日本の財政』東洋経済新報社 (平成 26 年度版), 75 ページを参照.

実現していない. 国際協力銀行 (円借款部門) は国際協力機構 (JICA) と統合し, 公営企業金融公庫は解散し, 地方自治体が出資する地方公営企業等金融機構に形を変える. 日本投資政策銀行は特殊法人から株式会社になる. 2012 年には株式会社国際協力銀行が株式会社日本政策金融公庫から分離独立している. 今後は, 株式会社日本政策金融公庫, 独立行政法人国際協力機構 (JICA) 有償資金協力部門, 株式会社国際協力銀行及び沖縄振興開発金融公庫が政府関係機関となる.

② 形態別区分による予算

予算を形態別に分けると次のようになる.

- 当初予算：一会計年度の年間予算として, 国会の審議・議決を経て年度始めまでに成立する. 本予算とも呼ばれる.
- 補正予算：当初予算の成立後, 予算に過不足や内容変更が生じた場合, 国会の議決を経て当初予算の内容を変更する予算を組むことがある. これを補正予算と言う.
- 暫定予算：何らかの理由で当初予算が成立しない場合, 当初予算が成立するまでの間必要な経費のため予算を組まなければならない. これを暫定予算という.

新年度が近づくと, マスコミでは政府の予算規模について報道を始める. このときの予算は当初予算である. 前年度に比べて 5 ％増などといった形で報道する. また, 予算の概算要求において予算の増大を押さえるために概算要求基

準と言われるシーリングも，たとえばゼロシーリングとか5％シーリングなどとしばしば用いられるが，これも当初予算に設けられている．このように，ゼロシーリングは当初予算が予算規模を示す上で重要視されている．しかし，日本では景気のてこ入れや災害復旧などのために補正予算が組まれることが多い．当初予算でゼロシーリングとして前年度と同じ水準で当初予算を組んだとしても，年度中に補正予算を組むことによってあっさりとゼロシーリングは破られてしまうのである．このような形で財政赤字が拡大してきた側面もある．したがって，財政規律を維持するためには当初予算ではなく補正予算にも注目する必要がある．

(4) 財政規模の概観

図2-4は，1955年度から2013年度までの一般会計および一般会計の国内総生産（GDP）に対する比率が描かれている．一般会計は1955年度は約1兆円だった水準がバブルがはじける1990年度には約70兆円にまで一貫して伸びている．石油ショックが起こったとき（1973年）も増加し，バブルがはじけて（1990年）からいわゆる失われた20年に入り，伸びは落ちるものの変動を繰り返しながらも伸びている．しかし，2000年度に入り上昇傾向は止まり，2001年度には財政の効率化など背景に減少に転じる．2008年度までは減少傾向が続くが，2009年度から基礎年金の国庫負担割合の引き上げや道路特定財源の

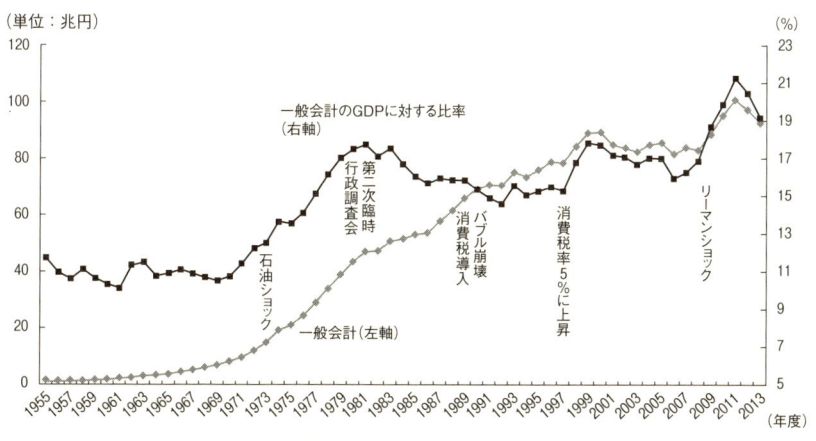

図2-4　一般会計とそのGDPに対する比率

（出所）『財政統計』（各年度版）を基に作成．

一般財源化など背景に上昇に転じる．2011 年には 100 兆円にまで上昇し，その後減少に転じている．

　一般会計の GDP に対する比率の動きは大きく 3 つに分けることができる．1970 年度までの比較的比率が小さい時期である．大体 11% 前後を推移していた．第 2 は 1970 年代の比率の上昇期である．一気に，11% から 17% まで上昇している時期である．第 3 は，第 2 次臨時行政調査会，いわゆる土光臨調が発足した 1981 年度頃から始まる時期で，17% 前後を推移する安定的な時期である．2008 年以降 20% にまで上昇している．

　国の予算は，一般会計のほかも特別会計や政府関係機関予算がある．これらの推移を示したのが図 2-5 である．これを見ると，2014 年度において一般会計は 96 兆円，特別会計は 411 兆円であり，合計すると 500 兆円とかなりの金額になる．しかし，一般会計と特別会計の間では資金の移転があるため，これらの予算を単純に合計した総額を財政の規模と捉えるのは望ましくない．一般会計から特別会計への代表的な資金移転としては，地方交付税特別会計への繰入がある．財政の規模を見るためには，会計間で資金の移転により発生するこのような重複額を控除する必要がある．さらに，国債整理基金特別会計で計上されている借換債償還額は実質的な支出ではないので，この金額も総額から控除しなければならない．予算の総額からこれらの金額を控除したものを一般会

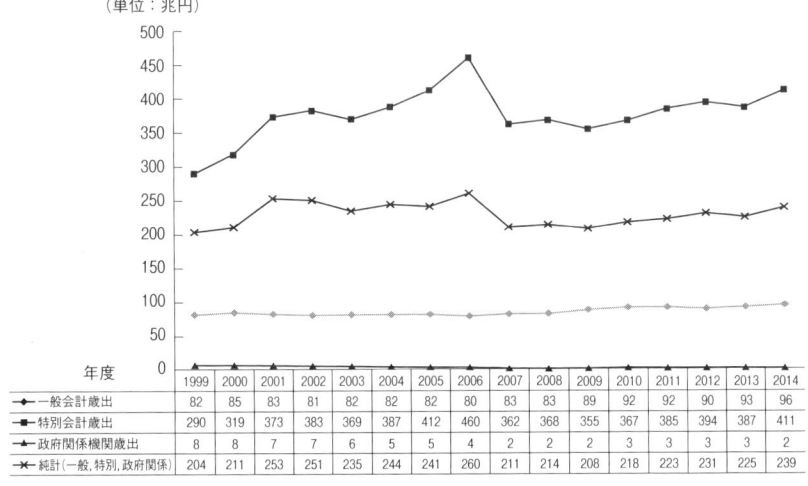

図 2-5　予算規模推移

(出所) 財務省ウェブサイト．

計と特別会計の純計額といい，純計額で財政の規模を捉える必要がある．図2-5では，一般会計と特別会計の純計額と政府関係機関予算を合わせた金額を純計として描いている．純計は2007年度に急激に減少しているが，これは特別会計の見直しのため生じている．純計で見た財政規模は2007年度の下落以降，わずかながら増加傾向を示している．財務省は最近一般会計と特別会計の間の資金の移転を説明するようになった．今後は，さらに一般会計，特別会計および政府関係機関予算の関係を考慮する連結予算を示すべきであろう．

　財政の規模を海外と比較すると次のようになる．表2-2に国内総生産に占める政府最終消費支出の比率などいくつかの指標が示されている．日本も含めこの表2-2で挙げられた5カ国とも2001年度から2010年度あるいは2011年度にかけて政府最終消費比率は増大している．イギリス，ドイツ，フランス，スウェーデンなどのヨーロッパ諸国は比較的高い値を示しているが，日本やアメリカは低い．アメリカは日本と比べても比率は小さい．政府の経済活動は資本より労働を使用する傾向があるので，人件費は政府最終消費比率のかなりを占める傾向がある．しかし，日本では人件費比率は約6％であり，諸外国に比べると小さい．

　国内総生産に占める一般政府固定資本形成比率を見ると，日本では2001年度から2011年度にかけて1.7％減少している．この傾向は，他の5カ国と比べて際立っている．日本も含め6カ国で，一般政府固定資本形成比率は政府最終消費支出比率より小さい値を示している．2001年度には日本の一般政府固定資本形成比率は他国に比べ大きな値を示していた．しかし，2011年度はイギリスやドイツよりは高い値を取っているものの，アメリカ，フランスおよびスウェーデンとほぼ同じ水準にある．したがって，以前の日本で諸外国に比べて，財政は一般政府固定資本形成に大きなウエイトをおいていたが，最近ではそのような傾向は消滅しつつあるといって良い．

　現物社会移転以外の社会保障給付（年金，失業給付等）の比率は，2001年度の10.5％から2011年度の14.0％に急激に増大している．アメリカも同様の動きを示している．日本のこの社会保障給付比率は2001年度では他国に比べて小さな値である．しかし，2011年度にはドイツやフランスよりはまだ小さいが，スウェーデンとほぼ同じ水準にまで増大しており，最近では欧米並み水準にあるといって良い．

　国内総生産に占める一般政府総支出比率は，2011年度には約41％と6カ国

表2-2 国民経済に占める財政の役割 (国際比較)

		対国内総生産比 (%)								
		政府最終消費支出		一般政府総固定資本形成	現物社会移転以外の社会保障給付(年金,失業給付等)	その他				一般政府総支出(合計)
			うち人件費				うち利払費	土地購入(純)	うち補助金	
日本	2001	17.5	6.6	4.9	10.5	5.3	3.1	0.7	0.8	38.2
	2011	19.6	6.2	3.2	14.0	4.1	2.4	0.3	0.6	40.9
アメリカ	2001	14.5	9.9	3.7	10.8	5.9	3.6	0.1	0.6	34.9
	2010	16.3	10.6	3.8	14.7	6.7	3.9	0.1	0.4	41.5
イギリス	2001	18.8	10.0	1.5	12.8	6.8	2.3	▲0.1	0.4	39.8
	2011	21.8	10.9	2.2	14.9	9.2	3.3	▲0.1	0.6	48.0
ドイツ	2001	19.0	8.2	1.8	18.2	8.6	3.1	▲0.1	1.5	47.6
	2011	19.1	7.6	1.7	16.3	8.0	2.5	▲0.1	1.0	45.2
フランス	2001	22.8	13.2	3.0	17.1	8.7	3.0	0.1	1.5	51.7
	2011	24.5	13.1	3.1	19.4	8.8	2.6	0.1	1.5	55.9
スウェーデン	2001	26.3	15.5	2.9	16.7	8.6	2.7	▲0.2	1.5	54.5
	2011	26.6	14.0	3.4	14.1	7.4	1.2	▲0.1	1.5	51.5

(出典) 諸外国は OECD Stat Extracts「National Accounts Dataset: 12. Main aggregates of general government」. 日本は国民経済計算 (内閣府).
(注) 一般政府とは,国・地方及び社会保障基金といった政府あるいは政府の代行的性格の強いものの総体 (独立の運営主体となっている公的企業を除く).
(出所) 総務省ウェブサイト.

の中で一番小さい.このように,日本の財政規模は他国に比べて小さいと言える.この1つの要因として,この表2-2から,国内総生産に占める人件費比率が小さいことを挙げることができる.

(5) 歳入と歳出構造

一般会計歳入の主な項目は,租税及び印紙収入,公債金収入である.図2-6には一般会計歳入に占めるこれら主な項目の構成比が示されている.租税収入及び印紙収入の比率 (以下,租税印紙収入比率とする) は1979年度を境に2つの山から成っている.最初の山を見ると,租税印紙収入比率は1965年度に頂点となっているがその後は低下傾向を示している.第2の山は,バブルが崩壊する1990年度頃を頂点として,その後は低下傾向を示している.公債金収入,つまり国債発行の比率は,租税印紙収入比率とほぼ逆の動きを示している.

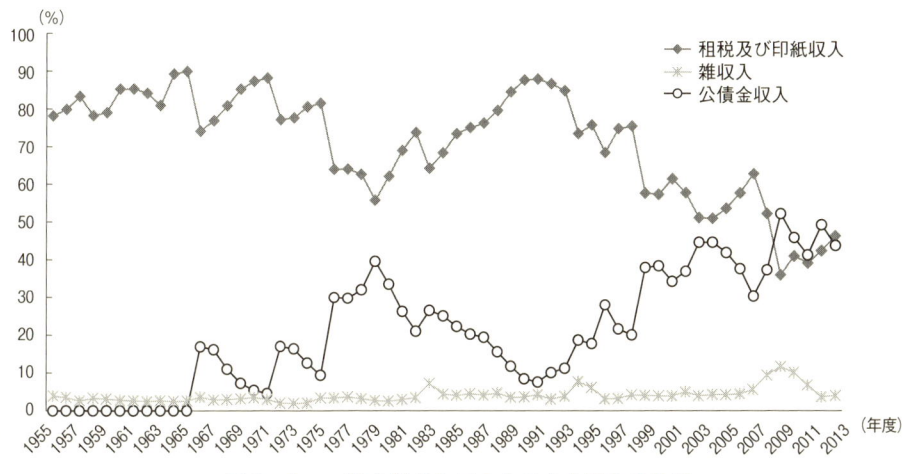

図2-6　一般会計歳入に占める主な収入の比率

(出所)『財政統計』(各年度版)を基に作成.

　1965年度までは，ドッジラインにより国債発行はゼロに抑えられていたが，その後は1979年度まで上昇している．行政改革がうまくいったためこの時期を境に減少に転じ，さらにバブルにより税収は伸びたため国債の比率は低下する．しかし，バブル崩壊を機に上昇に転じた後は上昇傾向を示し，最近は租税印紙収入比率とほぼ同じ水準を示している．このように最近は危機的な状態が続いている．

　一般会計歳入の租税合計と主な税の推移が図2-6に示されている．ここで取り上げている5つの税以外にも税はあるが，5つの税で租税合計の約80％を占めている．租税合計は，1973年の石油ショックの後で一時低下するものの，バブルが崩壊する1990年度まで上昇し続ける．その後は，失われた20年と言われる時期が続くが，この時期は経済はデフレ基調を示すことになり，租税合計は上下運動を繰り返しながら低下傾向を辿っている．最近は，やや持ち直している．主な税を見てみると，所得税が法人税を全体的に上回っており，特に，バブル崩壊以後は法人税の落ち込みが大きい．1989年に導入された消費税は，当初税率は3％であったが，1997年に5％に引き上げられ，その後は約10兆円を維持している．

　一般会計歳出の経費を主要経費別（重要施策別に分類），目的別（政府の基本目的に従って分類），使途別（経費の使途別に分類），所管別（行政管理の観点から各省別に

図2-7　主な税の推移

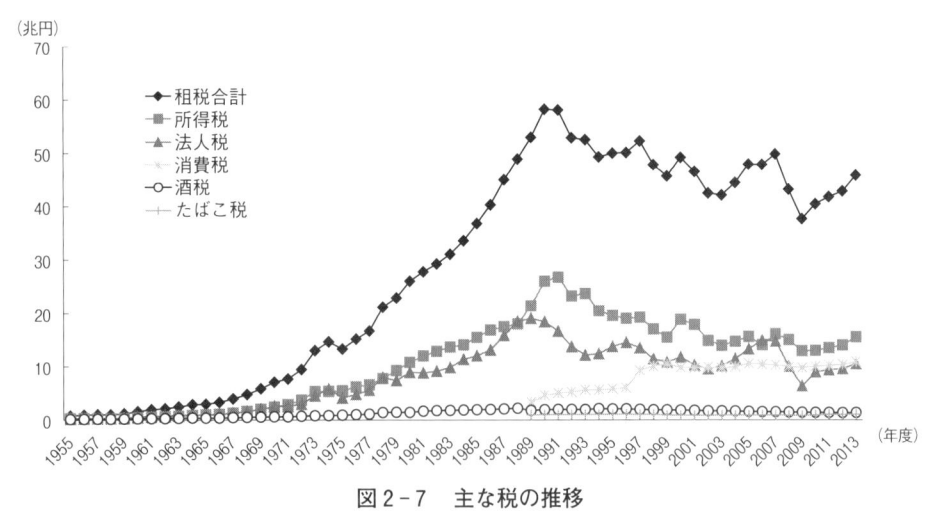

（出所）『財政統計』（各年度版）を基に作成.

分類）に分類する方法があるが，ここでは主要経費別分類と使途別分類に従って簡単に傾向を見てみよう．

- 主要経費別分類は一般会計歳出が，政府の諸施策にどのように配分されているかを示すもので，図2-8に示されている．この中で国債費，地方財政関係費および社会保障関係費の一般会計歳出に占める割合が高い．特に国債費の顕著な伸びが目立つ．一般会計歳出から国債費，地方交付税，産業投資特別会計繰り入れを除いたものは一般歳出と呼ばれている．地方財政関係費のほとんどを地方交付税が占めているので，一般会計歳出予算から国債費，地方交付税を除いたものを一般歳出と考えていいだろう．一般歳出は政府が独自に政策を決めることができる経費の規模と考えることができる．一般歳出の中で社会保障関係費が一番高い水準にある．社会保障関係費には生活保護費，社会福祉費，社会保険費，保険衛生対策費，失業対策費があり，この中では社会保険費の占める割合が高い．公共事業関係費，文教及び科学振興費は低下傾向にあり，防衛関係費は安定的な推移を示している．
- 使途別分類は予算を使途別に，あるいは支出対象別に分類するもので，図2-9で示されている．他会計への繰り入れが高い水準で推移してい

第2章 日本の財政　27

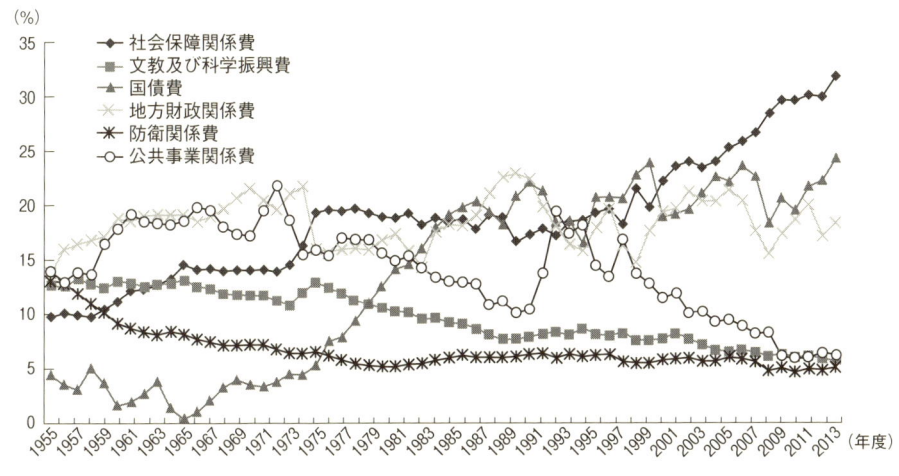

図2-8　一般会計歳出に占める主要経費の割合

（出所）『財政統計』（各年度版）を基に作成.

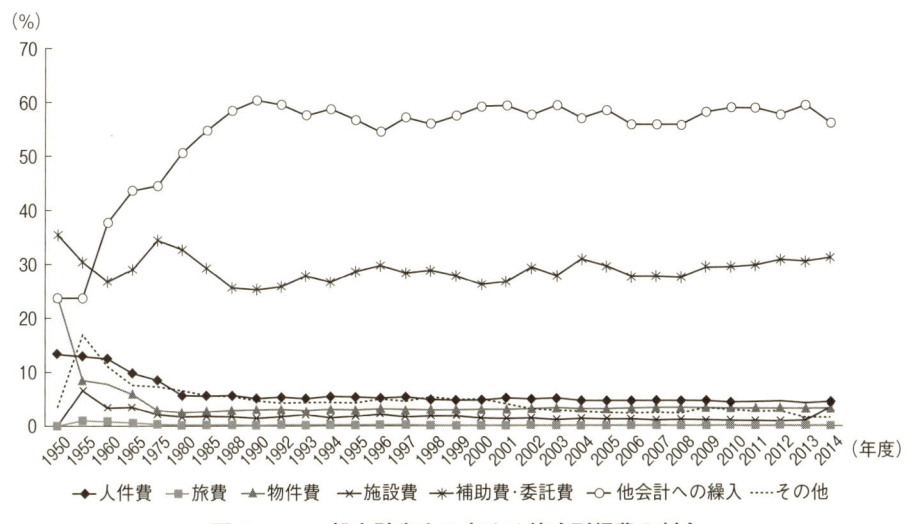

図2-9　一般会計歳出に占める使途別経費の割合

（出所）『財政統計』（各年度版）を基に作成.

　る．補助費・委託費は他会計への繰り入れより低いが大きな割合を占めている．これらを加えると歳出に占める他会計への繰り入れの割合は80％を超え，一般会計は資金の配分機関として機能していることが分か

る．

（6）公会計改革

　国の会計である公会計は，企業会計のように複式簿記に基づくものでないし，発生主義に基づくものでもない．したがって，自動的に損益計算書や貸借対照表が作成できる仕組みになっておらず，資産・負債などのストック情報を正確に把握できなかったり，フロー変数やストック変数との関係づけることができなかったりした．これでは予算の効率的配分を実行することができない．そこで，企業会計の考えに基づく公会計を導入しようとする，いわゆる公会計改革が起こっている．このような改革によって，予算を総合的に把握することができ，このことが資源の効率的配分をもたらすことになる．

　最近，企業会計における貸借対照表を用いた「国貸借対照表」の作成，フロートストックの財政状況を示す「国の財務書類」，企業会計を参考にして作成された「省庁別財務書類」など公会計の整備は積極的に行われている．

　公会計は地方でも導入の動きがあり，統一的な基準に基づく地方公会計の整備促進がすすめられている．

（7）国民負担率

　政府は財政支出を行うため，税や国債で資金を調達しなければならない．国民所得に対する租税負担を租税負担率，国民所得に対する社会保障負担を社会保障負担率と呼ぶと，2つをたしたものは国民負担率と言われる．さらに，国民所得に対する財政赤字負担の比率と国民負担率をたしたものは潜在的な国民負担率と言われる．

　図2-10によると，日本の租税負担率は24.1％で，イギリス，ドイツ，スウェーデン，フランスと比べて一番低い．国民負担率で見ると，アメリカは社会保障負担率が低いため，アメリカを上回るが，イギリス，ドイツ，スウェーデン，フランスよりは低い．財政赤字を考慮した潜在的な国民負担率で見ても，イギリス，ドイツ，スウェーデン，フランスに比べて低い値となっている．このように，日本の租税負担率などは諸外国に比べて低い．

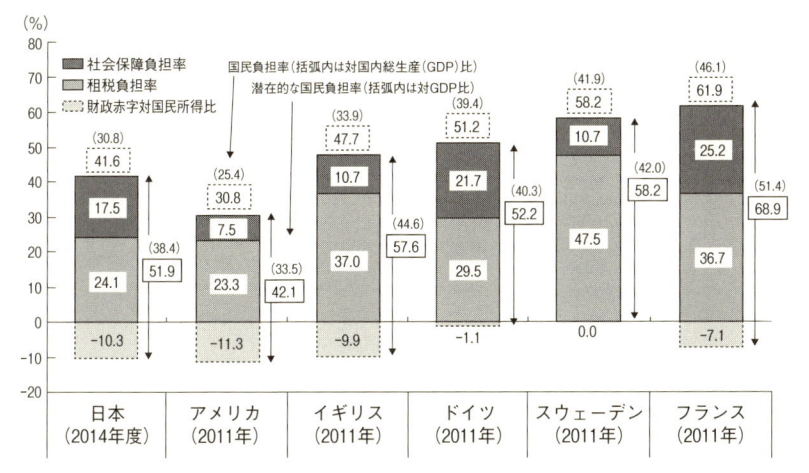

図 2-10　国民負担率の国際比較

(注) 1. 日本は2014年度（平成26年度）見通し．諸外国は2011年実績．
　　 2. 財政赤字の国民所得比は，日本及びアメリカについては一般政府から社会保障基金を除いたベース，その他の国は一般政府ベースである．
(資料) "National Accounts"（OECD），"Revenue Statistics"（OECD）等．
(出所) 総務省ウェブサイト．

3　財政投融資

　従来，郵便保険，簡易保険などの公的資金を原資とし国の政策目的を達成するために行われる投融資活動は財政投融資と言われていた．しかし，2000年5月24日に「資金運用部資金等の一部を改正する法律」が成立し，2001年度より新たな財政投融資が実施されている．新たな制度の下では，郵便貯金や年金積立金の預託業務が廃止され，必要な資金は市場から調達されるようになっている．これは運用効率化へのインセンティブを高めようとすることを意図したものである．新たな財政投融資の仕組みは図2-11で示されている．ここで示されているように，財投機関が必要とする資金は，財投機関債（各機関がその信用力で個別に発行する債券），財投債（国の信用で一括して調達するために発行する債券）の形で市場において調達される．このため，従来，郵便貯金や年金積立金から財政投融資に流れていた資金は制度的に断ち切られることになった．資金調達の仕組みの改革のほか，民間準拠の財務指標を作成・公開したり，政策コスト分析を行ったりして効率的運営に努めている．

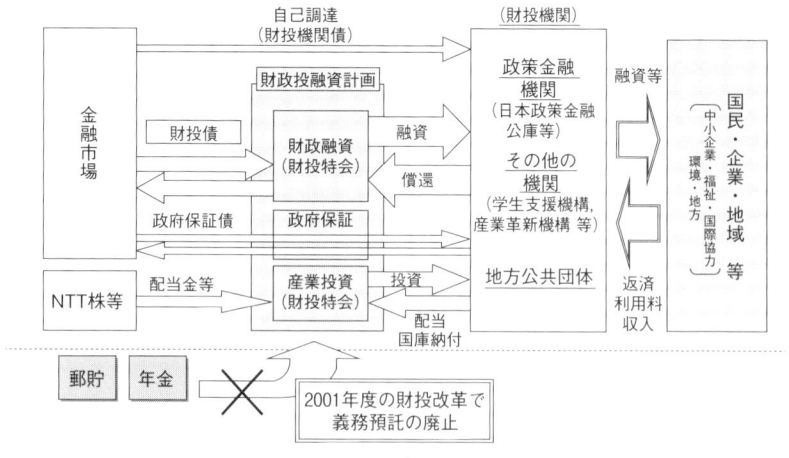

図2-11　財政投融資

（出所）財務省ウェブサイト．

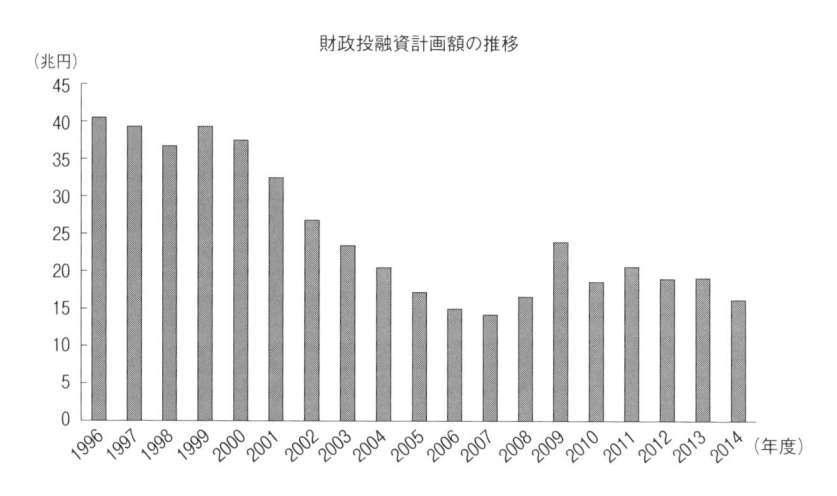

図2-12　財政投融資計画額の推移

（出所）「財政投融資を巡る課題と今後の在り方について」『ファイナンス』，2014年8月号．

　2001年度から7年間は経過措置として郵便貯金は一定額の財投債を引き受けることになっているため，しばらく資金は財政投融資に流れたが，2007年度から郵便貯金と財政投融資の資金的関係は解消されている．財政投融資計画は，資金計画，財政投融資資金原資内訳，使途別分類表からなっている．

財政投融資対象機関としては，株式会社日本政策金融公庫，独立行政法人日本学生支援機構，独立行政法人日本高速道路，地方公共団体などがある．

　財政投融資の機能としては，資金市場における市場の失敗による資源配分上の非効率性を矯正するための資源配分機能，機動的・弾力的な運用による景気調節機能があると言われている．

　財政投融資計画額の推移は**図 2-12**で示されている．計画額は改革が始まった2001年度以降減少傾向を辿る．2008年に起こったリーマンショックに対応するため，さらには2011年に起こった東日本大震災に対応するため計画額は上昇している．このような経済危機が起こったときには，民間金融機関にはリスクテイキングで限界があるため財政投融資を通じて公的金融機関が補完的に経済を支える必要がある．

注

1) 特殊法人とは，「法律により直接に設立される法人または特別の法律により特別な設立行為を持って設立すべきものとされる法人」である．これには，政府関係機関，すべての公団，日本放送協会，日本電信電話株式会社，日本たばこ産業株式会社などが含まれる．認可法人とは，本来民間が行うために民間等の関係者が任意に設立する法人である．日本銀行，各省庁の共済組合などが含まれる．

第3章　公　共　財

▶▶ 政府が行うべき活動の1つとして「公共財」の供給がある．この章では公共財という言葉について考察しながら，その言葉の経済学における厳密な定義を確認し，民間事業者ではその供給が困難な理由を説明する．さらに，政府が公共財を供給する際の最適な供給水準を考える際の理論的な枠組みについても解説する．

1 「公共財」という言葉について

「公共財」という言葉は様々な場面で使われている．たとえば，日本プロ野球の統括組織である一般社団法人日本野球機構の定款では，その目的を定める第3条は，「この法人は，日本における野球水準を高め，野球が社会の文化的公共財であることを認識し，……」と始まり，「野球は公共財である」ことを前提としている．また，一般社団法人日本新聞協会が2013年1月に発表した消費税の「軽減税率を求める新聞協会声明」には，「欧州各国では，民主主義を支える公共財として一定の要件を備えた新聞，書籍，雑誌にゼロ税率や軽減税率を適用し，消費者が知識を得る負担を軽くしています」という文章が含まれている．ここでは「新聞は公共財である」とされている．さらに，2012年に，当時の野田佳彦首相が第180回国会冒頭で行った施政方針演説の中で「特に日米同盟はわが国の外交・安全保障の基軸にとどまらず，アジア太平洋地域，そして世界の安定と繁栄のための公共財です」と述べている．ここでは「日米同盟は公共財である」との認識がある．

「公共財」という言葉のこうした使用は，言葉のそもそもの意味を踏まえているのだろうか．次節ではこの言葉の経済学における厳密な定義を説明し，その供給に政府が果たすべき役割があることを明らかにする．

2　純粋公共財とは

（1）消費の競合性と排除性

　一般的な財は，誰かが消費すれば，別の人が同時に消費することはできない．Aさんが食べてしまった弁当は当然Bさんには食べられないし，Bさんに弁当の一部を分けてあげようとすれば，Aさんは弁当を食べる量をその分減らさねばならない．これを消費の競合性（rivalry）と呼ぶ．多くのサービスにも競合性は存在する．Cさんに散髪サービスをしている理容師が，同時にDさんの髪を切ることは通常考えられないし，Eさんの引越しを請け負っている業者が同じ時間に別の場所のFさんの荷物を出し入れすることは不可能である．

　また，Aさんが食べようと思って弁当の代金を支払えば，その弁当はAさんのものとなりBさんに食べられてしまうことはない．弁当店の視点に立てば，代金を支払わない人に，弁当を食べられてしまうことはあり得ない．Aさんが代金を支払ったからこそ，Aさんによる弁当の消費が認められるのである．これを消費の排除性（excludability）と呼ぶ．サービスでも同様である．理容師は，散髪後にCさんが代金を支払うことを前提として髪を切ってくれるのであり，Eさんが引越し代金を払ってくれないと思えば引越し業者は荷物を運んではくれない．市場で取引されるほとんどの財・サービスはこの競合性と排除性の両方の性質を備えており，私的財と呼ばれている．

（2）純粋公共財の例

　しかし，財・サービスにはこの競合性と排除性を持たないものもある．たとえば，町内会で花火職人を雇って花火大会を開催すると，町内会以外の近隣住民もその花火の美しさを楽しむことは可能となるが，それは町内会の人々の楽しみには影響を与えない．この特徴は非競合性（non-rivalry）と呼ばれる．また，代金を支払わないものに対して消費・利用を妨げることが困難な非排除性（non-excludability）の特徴を持つ財・サービスも存在する．そして，非競合性・非排除性の双方の特徴を併せ持つものこそが経済学の厳密な定義での公共財，すなわち純粋公共財（pure public goods）[1]である．

　それでは何がこの純粋公共財の範疇に入るのであろう．公共経済学の教科書

に必ず用いられる例は国防である．これは防衛装備品とその運用の組み合わせにより提供される国民の生命と財産を守るサービスとして捉えることができる．国防サービスを国民の一人である甲さんが享受していても，それによって別の国民乙さんの生命と財産が守られることは妨げられない．すなわち国防には消費の非競合性がある．また，国防サービスはその性格上国民の間に選択的に提供することは不可能であり，費用負担の有無に応じて甲さんに提供して乙さんには提供しないということは不可能である．すなわち国防には消費の非排除性もある．したがって，国防というサービスは純粋公共財である．

一般道路もしばしば挙げられる純粋公共財の例である．道路を建設すれば，その非競合性により多くの歩行者・自動車の通行を可能にすることで，社会構成員に多大の便益をもたらす．一般道路は出入り口が設けられている自動車専用道路とは異なり，利用料金支払いの有無により利用者を管理することは困難である．しかし，道路の非競合性については「道路が渋滞していない限りにおいて」という但し書きが必要である．混雑した道路では，自動車が道路に追加的に進入することで，他の自動車の道路利用に影響を及ぼす場合もある．この場合には競合性が発生している．

純粋公共財のもう1つの例は伝染病予防である．伝染病が社会に蔓延することを防ぐためには，隔離・予防接種などの対策を社会的に実施することが必要である．伝染病予防をサービスとして捉えれば，仮にそれが特定の個人を守るために行われたとしても，そのサービスの恩恵は別の個人でも享受することができる．つまり，非競合性が存在する．また，伝染病予防の費用を負担する個人を守りつつ，費用を負担しない者については伝染病に罹ることを放置することも困難である．そもそも伝染病予防は社会全体を包括的に対象としない限りは効果がないため，非排除性からは逃れられない．

（3）公共財のただ乗り行動と政府の役割

次に誰が純粋公共財の供給を担うことができるのだろうか．民間事業者が弁当や散髪・引越しサービスを市場で提供できるのは，消費の競合性によりそれらの財・サービスを消費する顧客を特定でき，消費の排除性によりその費用を代金という形で顧客から回収できるからである．しかし，純粋公共財については，消費の非競合性のために顧客を特定することができず，非排除性によって代金の回収も困難であることから，その提供を民間事業者に期待することは難

しい.

　さらに純粋公共財の民間事業者による供給については，それを利用する需要者側でも特有の問題が発生する．ある個人がある財・サービスの消費・利用を本心では望んでいたとしても，その個人はそれを隠して自分以外の誰かの費用負担により純粋公共財として供給されることを待つだろう．純粋公共財が一旦供給されてしまえば，それを待っていた個人は費用負担をすることなくその財・サービスから便益を享受することが可能だからである．このただ乗り（フリーライダー）行動は，純粋公共財の非競合性・非排除性により生じる個人にとっては合理的な行動である．

　このただ乗りの問題をゲーム理論の枠組みで整理してみる．ある社会の構成員が自分達で自発的に費用を出し合って，ある公共財を供給するケースを考えてみよう．この社会構成員がA, Bの代表的な2人で表されるとしよう．A, Bはともに当該公共財供給から便益を得る．そのため，A, Bの間で費用が負担され，公共財が充分に供給された場合，それぞれ10の利得を得られる．しかし，どちらか一方だけが費用を負担し，もう一方は「ただ乗り」した場合，当該公共財の供給のすべての費用を負担したほうは-5，費用負担せずに「ただ乗り」したほうは15の利得をそれぞれ得るとしよう．さらに，2人とも費用負担をしなかった場合には公共財は供給されないため，利得はともに0である．以上を表にまとめたものが**表3-1**である．

　このような場合，Bがどちらの選択をしても，Aにとっては費用負担をしないほうが，費用負担する場合の利得よりも必ず大きくなる．同様のことはBについても言える．そのため，結果的に双方ともに費用を負担せず公共財は供給されない状態がゲーム理論のナッシュ均衡になる．このような現象は，「囚人のジレンマ」として知られている．公共財の自発的供給におけるナッシュ均衡では，社会全体に及ぶ効果を考慮しないで公共財の供給量が決定されるので，社会的に望ましい水準よりも過小にしか公共財が供給されないのである．

表3-1　公共財供給の利得表

A \ B	費用負担する	費用負担しない
費用負担する	(10, 10)	(-5, 15)
費用負担しない	(15, -5)	(0, 0)

ただ乗り行動により公共財の市場での自発的供給は困難である．したがって，純粋公共財の供給を可能とするのは政府の役割である．非競合性により国民に幅広い便益を与える財・サービスを提供する一方で，税金という形で強制的に費用回収をすることで非排除性の問題も乗り越えられる．前節で純粋公共財として挙げられた国防，一般道路，伝染病予防が政府により供給されるのはこの理由からである．市民生活を守るための必要最小限の活動を担う所謂「夜警国家」が，警察，消防といった活動を行うのもこうした理由からである[2]．

3　準公共財とは

(1) 準公共財

国防，警察，消防，一般道路，伝染病予防のほかに，非競合性・非排除性の2つの条件を厳密に満たす財・サービスの例を挙げることは容易ではない．たとえば住民が自由に利用できる空間を公園として提供するサービスは，しばしば政府が提供すべき公共財として議論される．しかし，公園の周囲に壁・柵をめぐらして出入り口を管理すれば，公園サービスの消費・利用には排除性が認められるため，公園であればすべて純粋公共財に該当するとは言えない．

非競合性・非排除性の条件のうち，片方のみ満たしている財・サービスは準公共財と呼ばれる．準公共財は，2つの条件のどちらの特徴を持つかにより，「クラブ財」と共同で利用される資源「CPR（Common Pool Resources）」に分けられる．そのうち，クラブ財は多くの人が同時に消費することができるため非競合性はあるものの，技術的に排除性があるものである．入場料金の徴収を行う公園はこの範疇に入る．同様に，図書館，美術館，博物館，さらに高速道路を含む有料道路もクラブ財である．一方，CPRは漁業資源・森林資源に代表され，ある個人が利用（獲得）した資源は別の個人にとっては利用不可能となるために競合性が存在する．しかし，資源利用に対して代金を支払わない者を排除することは困難であるために，純粋公共財と同様にただ乗りの問題が発生する．ただ，CPRの準公共財としての理解が難しいのは，こうした資源は誰かが生産して市場に供給するというよりも，既に存在している資源の管理として認識することが妥当な場合が多いからである．

**写真3-1　京都国際マンガ
　　　　　ミュージアム**

（2）クラブ財の供給主体

　準公共財のうちクラブ財については排除性があり，代金を支払わないものにその消費を認めないことが可能である．すなわち，民間事業者による供給の可能性がある．テーマパークを広義の公園とすれば，公園の多くは政府の関与なしに供給されている．風光明媚な観光地の眺望を楽しむことのできる自動車道路も，公共事業とは無関係に建設され，通行料金を徴収することでその費用を回収している．また，特定の分野での図書・資料を収集する図書館・資料館には，利用料金を定めクラブ財として供給されるものが存在する．国内外のマンガ，アニメーションの資料を収蔵している京都国際マンガミュージアムや，雑誌図書館である大宅壮一文庫はその一例である．

　しかし，公園，自動車専用道路，図書館が政府により供給されるケースも数多く存在する．また，同様にクラブ財に分類できる美術館，博物館にも，税金により設立されているものもある．ここでは供給主体は政府でもあり，民間事業者でもある．また，もう1つの準公共財であるCPRについても，私有地として利用されている資源もあれば，公共の資源として管理が行われている場合もある．つまり，純粋公共財は民間事業者が消費者から得る対価によって供給することは困難だが，準公共財についてはその取引，管理に民間事業者が関わることもありうる．

　それではクラブ財の供給主体については，どのように考えればよいのだろう．先ず，市場でクラブ財が提供されるのは，その財・サービスに対する需要があり，代金・利用料収入が供給費用を上回ることが事業者にとって見込まれる場合である．映画館での映画上映サービスがこれに当てはまるが，この場合には政府の関与は必要ない．逆に，利用についての潜在的な需要はあるが，それが利用者にとっては事前には意識されず，利用者が料金支払いに応じない可能性がある場合がある．一般的な図書館の利用者が，閲覧する図書について確固とした考えがないままに入館し，入館後に読みたい本にめぐり合うケースはこれ

に該当する．この場合には，利用に先立ってはサービスへの需要が不確定であり，利用料金を設定してしまうと潜在的な利用者を排除してしまう可能性がある．特定の分野に特化しない図書館が通常は政府により供給され，利用料金が課されないことはこれにより理解できる．公園についても同様の考察が可能である．緑に囲まれてのんびりと過ごすという行動が料金を徴収されないことで可能になっているとすれば，市民の憩いの場としての公園を市場で供給することは困難である．

写真 3-2　シンガポールの電子道路課金システム

（写真提供：Daren Tang 氏）

(3) 技術革新と公共財

　純粋公共財と準公共財を分けるものは，クラブ財の場合には非排除性である．料金の徴収が可能な場合はクラブ財として市場での供給の可能性が発生する．この分岐点には技術革新も大きく関わってくる．たとえば電子道路課金制度（Electronic Toll Collection System：ETC）として，通行する車両から道路使用料金を自動的に徴収する技術が開発された．これにより，従来は道路への出入り口がある自動車専用道路だけに存在した道路

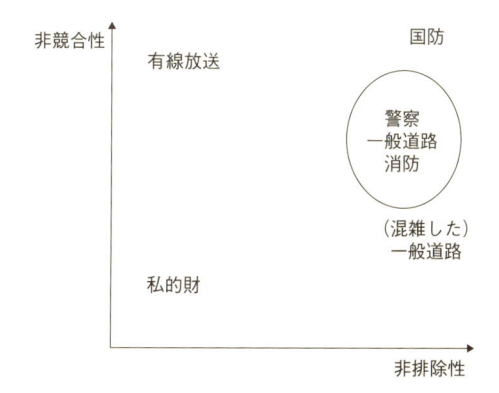

図 3-1　公共財の「非排除性」「非競合性」による分類

（非競合性の軸に沿って：有線放送／私的財、非排除性の軸に沿って：国防、警察・一般道路・消防、（混雑した）一般道路）

使用の排除性が，市街地の一般道路にも拡大される余地が大きくなった．シンガポールではこのシステムを Electronic Road Pricing（ERP）として運用し，価格を調整することで渋滞緩和の手段としても活用している（**写真3-2**）．**図3-1**は様々な公共財・準公共財を「排除性」「競合性」の度合いによって分類したものである（丸で囲まれている財・サービスは同程度の「非競合性」を持つことを示している）．

4 公共財の供給

（1）理論的最適供給水準

それでは，公共財が供給される場合には，その望ましい水準についてはどう考えれば良いのだろうか．**図3-2**は社会構成員が国民Aと国民Bの2人である時の公共財の最適供給条件をグラフで示したものである．横軸は公共財の供給量G，縦軸は公共財から得られる限界便益MBと，その供給のための限界費用MCをあらわしている．国民A・Bの限界便益をそれぞれMB_A，MB_Bとすると，公共財が国民全体にもたらしうる限界便益の合計は，構成員それぞれの限界便益を垂直に足した$MB_A + MB_B$となる．ミクロ経済学における最大化の限界条件により，$MB_A + MB_B = MC$となる点で公共財が供給された時に総便益と総費用の差が最大となる．すなわちG^*が公共財の最適供給水準である．

このグラフから分かることは，人口が多い地域ほど公共財の最適な供給量は大きくなることである．また，同じ人口の社会であれば，公共財が個々人にもたらす限界便益が大きければ大きいほど，その公共財は多く供給するべきである．

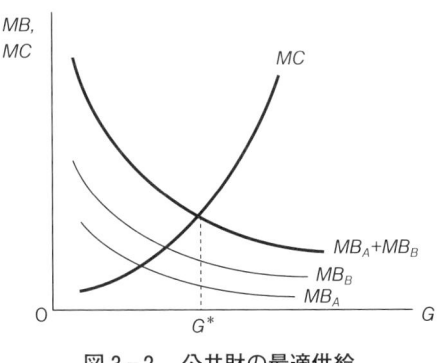

図3-2　公共財の最適供給

（2）共同的意思決定としての公共財供給

（1）で解説したのは公共財の最適供給量についての理論的考え方であるが，現実には，どの公共財をどの程度供給すべきかをこの枠組み通りに決定することは難しい．私的財であれば，各個人は自ら認識する限界便益と市場で与えられる価格とを比較して，自分にとって最適な消費量を決定することができる．しかし，政府が公共財を供給する場合には，有権者，政治家，官僚などの間での相互への働きかけの結果として，共同的意思決定として予算を通じて公共財の供給が決定される．

有権者がある公共財の供給を要求する際には，その公共財から得られる限界便益 MB は大きなものであるとの主張を展開することになるが，その便益は各個人にとっての主観的な評価であり，他の意思決定者には容易に観察できない．勢い，当該公共財の供給に政府の予算を用いることが適切であると論じるために，便益を過大に見積もる誘因が発生する．一方政治家は，自らを支持してくれる有権者グループへの利益誘導のために公共財の供給を利用しようとする可能性がある．さらに，官僚は自らの権限を拡大することを目的に，自らが管轄する公共財の供給に努めるかもしれない．防衛省が国防の強化の必要性を論じ，国土交通省が道路網ネットワークの拡充を訴え，厚生労働省はより幅広い感染症対策の緊急性を強調する背後には，こうした要因も潜んでいる．

（3）供給の地理的範囲

公共財を政府が供給する場合には，その費用には税金が充てられ，社会構成員が広く負担することになる．その便益は，非競合性の性質のために広く享受されるが，その恩恵が及ぶ範囲は公共財によって異なっている．たとえば，中央政府が供給する国防の恩恵は国民の間に広く及ぶが，一般道路の場合にはその便益は地理的に限定的になる．さらに道路が所謂「生活道路」と呼ばれるものであれば，利用する主体は地域住民に限られる可能性が高い．前者の国民全体に便益を与える公共財を「国民公共財」と呼び，後者の公共財は「地域公共財」と呼ぶ．

この違いは，どのレベルの政府が公共財を提供するべきかという問題とも関連する．国民一般を守る国防は中央政府が提供する．また，全国各地を結ぶ主要な交通ネットワークとしての幹線道路は中央政府が建設する．しかし，地域公共財については，中央政府ではなく，地方公共団体が供給するのが適切な場

合もある．日本において一般道路の大きな割合が都道府県道，市町村道として供給されていることも，この考え方に対応している．さらに，このことは費用負担の面からも合理的である．地域性のある公共財は，その費用もその地域の社会構成員が負担すべきである．[3)]

5　公共財の供給メカニズム

　純粋公共財の供給には，第2節で紹介したようにただ乗りの問題が横たわる．この節ではその問題を乗り越えるための理論的枠組みとして，リンダール均衡，クラーク税を紹介する．

（1）リンダール均衡

　公共財の最適な供給水準の決定に政府が大きな役割を果たす方法として，リンダール均衡がある．これは，受益者負担の原則を公共財にも応用したものである．リンダールは適正な所得分配が達成されているという仮定のもとで，以下のプロセスにより公共財の効率的な供給が実現する可能性を示した．そのプロセスでは，先ず政府が各個人に公共財の価格，すなわち税負担率を提示し，各個人は自らに示された税負担率のもとでの公共財需要水準を表明する．この時，各個人の需要量が一致しない場合には，政府は各個人の税負担率を変更して新たな需要量を表明させる．この2段階のプロセスが必要な理由は，政府が供給した公共財はすべての社会構成員に利用可能であるため，各個人が需要する量を同一にする必要があるためである．

　このプロセスを理解するために，A，Bという代表的な個人からなる社会を考え，**図3-3**により公共財の費用をA，B間でどう分担するべきかを示す．aを個人Aの公共財の費用の負担率とし，公共財の供給・需要量はGとする．aは0点から測られており，aが増加すると個人Aの公共財に対する需要は減少するので，個人Aの需要曲線は右下がりになっている．また，Aの負担率がaであれば，Bの負担率は$1-a$であるが，それは縦軸左上の1から測られる．1から下に移動することはBにとっての税負担率が増加することを意味する．したがって，個人Bの需要曲線は右上がりになっている．

　まず，個人Aに対して政府が税負担率a_0を提示すると，個人Aは公共財をG_Aだけ需要すると表明する．一方，個人Bはこの場合の負担率$1-a_0$のも

図3-3 リンダール均衡

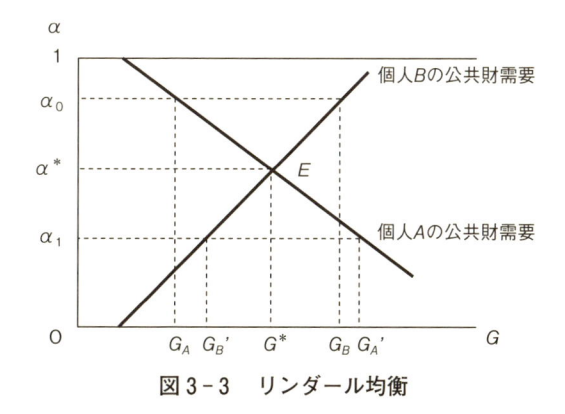

とで，G_B の需要量を表明する．ここでは両者の需要量は一致しないため，政府は個人 A の負担率を引き下げ，新たな負担率 $α_1$ を提示する．すると，個人 A は G_A'，個人 B は G_B' の需要を表明する．ここでも依然として両者の需要量は一致しないため，政府はさらに新たな負担率を設定する．その過程で $α^*$ が設定されたときに，両者の需要量は G^* で一致する．こうして得られた E がリンダール均衡である．

では，このリンダール均衡において公共財は効率的に供給されているのであろうか．個人 A，B の公共財に対する需要曲線は，公共財の限界便益曲線であるため，点 E において，それぞれの税負担の合計が公共財供給の費用に見合っており，サミュエルソン条件が成立している．すなわち各個人が正直に公共財に対する需要を表明して，それに応じた負担を受け入れるならば，公共財は効率的に供給される．このように，リンダール均衡は，政府が税負担率を市民に提示し，市民の反応を見てそれを変更するという手続きを繰り返せば，効率的な公共財の供給が可能になることを示したという点で評価されている．

リンダール均衡に問題はないのであろうか．リンダール均衡は，政府に対して各個人が正直に自らの公共財需要量を表明することを前提としている．しかし，本当は公共財を高く評価している個人が，示された負担率に応じた需要量を本当の量よりも少なく虚偽の表明をすれば税負担を回避することができる．この場合でも消費の非競合性と排除不可能性という純粋公共財の性質からその個人には公共財の消費は可能である．しかも，虚偽の表明をして負担を回避する個人が存在すれば，正直に需要量を表明した個人の負担は高くなってしまう．つまり，リンダール均衡には，公共財に対する評価を正直に表明するインセン

ティブが欠けているのである．

（2）クラーク税

このように，公共財に対する真の選好を社会構成員に明らかにさせる仕組みは重要であるが，これを可能にする方法としてクラーク税がある．ある個人がクラーク税を支払うかどうかは，その個人が選好（便益）を申告するとき，その情報がなければ選択されていたであろう決定が覆されるならば，その個人はクラーク税を支払う．そして，その税額は当該個人の参加によって覆される決定によって，本人以外が被る純損失に等しい額である．

このクラーク税の説明のため，あるプロジェクトを採択するか否かを決めようとしている状況を想定する．個人1，2，3の真の便益は**表3-2**の通りとする．便益の合計を純便益とするとき，純便益がプラスなら，プロジェクトは採択されるものと想定する．そうすると，個人1が参加しないとき，個人2の便益は100，個人3の便益は-120なので，純便益は-20となりプロジェクトは採択されない．しかし，個人1が200の便益を申告して参加すると純便益は180となり，プロジェクトは採択されることになる．個人1が参加することによって決定が覆されたので，個人1はクラーク税を支払うことになる．個人1の参加によりプロジェクトが採択されたことで，個人2に便益100が，個人3には便益-120が発生する．この2者に及ぼす純損失は-20なので，個人1のクラーク税は20である．

個人2の場合，個人2が参加しない場合のプロジェクトの純便益は80であり，採択されると決定されていたであろう．個人2は便益100を申告して参加するので，プロジェクトはやはり採択される．個人2の参加によって決定は覆されないので，個人2はクラーク税を支払わない．同様に，個人3の場合にも，個人3の参加はプロジェクトの採択に影響を与えないので，個人3のクラーク税はゼロである．

この例では，個人1は真の便益200を申告しているが，クラーク税は個人2,

表3-2　クラーク税

	個人1	個人2	個人3
プロジェクトXからの便益	200	100	-120
クラーク税	20	0	0

3によって決められるため，虚偽の便益を申告する誘因は存在しない．クラーク税の負担を避けるため，個人1が便益を過小に(たとえば20未満と)申告すれば，プロジェクトは採択されない．これでは真の便益200を実現することはできないので，個人1にとって過小申告の誘因は存在しない．また，過大申告をしても，クラーク税も便益も変化しないので，過大申告する誘因も存在しない．このように，クラーク税は人数が少ないときには真の選好を明らかにする仕組みとして優れている．しかし，考慮する個人の数が多くなるにつれて，ある特定の個人のプロジェクト採択の決定に及ぼす影響が小さくなるため，ただ乗りが起きる可能性が発生する．同時にルールが複雑化するなどの問題も起きることが避けられない．

6 再び「公共財」という言葉について

この章を終えるにあたり，冒頭で紹介した「公共財」という言葉の使い方について考えてみたい．野球，新聞，日米同盟は果たして公共財なのだろうか．「財」は潜在的に市場で取引が可能であるという観点に立てば，その基準だけで野球，日米同盟は公共財から除外される．野球の試合を見るための切符は購入できるし，プロ野球の球団が買収されることはありうる．しかし，「野球」そのものは取引できない．また国と国の同盟も，経済援助を梃子に同盟を求めるという議論に入り込まない限り，売り買いされるものではないだろう．残るのは新聞であるが，新聞は競合性，排除性ともに備えた明らかな私的財である．

言葉は生き物である．初めは厳密な意味を持って生み出された言葉が，時の経過とともに当初想定されていたのとは異なる意味，文脈で使われるようになることはよくあることである．しかし，正確な定義を知ったうえで，そこから離れた用い方がどのようにされているかを考えることで，言葉を発するものの意図を推察することも可能である．「公共財」という言葉の意味を拡大解釈して，非競合性に関わる「社会の多くの人々に便益をもたらし得る」ことを指摘するのが趣旨であるならば，野球だけでなくサッカーも相撲も公共財である．また日米同盟だけでなく，あらゆる国際的取り決めが公共財である．世の中には多くの人々に有益なものは数多く存在する．しかし，それらを公共財と呼ぶことが学問的見地から適切かどうかは別の問題である．

注

1 ）ノーベル経済学賞受賞者のポール・サミュエルソン（Paul Samuelson）教授は，1954年の論文 "The Pure Theory of Public Expenditure"（*Review of Economics and Statistics*）の中で，いくつかの財の持つ非競合性の性質を明らかにし，公共財の研究に貢献した．
2 ）このいずれの活動も，その遂行の過程で個人の自由を制限する公権力の行使が必要な場合がある．そうした意味からも，これらの活動が政府により行われることは理解しやすい．
3 ）国土交通省『道路統計年報 2013』（表 3．道路実延長内訳の総括表）によると，高速道路を含めた日本の道路総延長は，札幌〜那覇の直線距離の 540 倍にあたる約 121 万 5000 キロメートルである．その構成は国道 5.2%，都道府県道は 10.7%であり，残りの 84.1%は市町村道である．

第 4 章　外　部　性

▶▶ なぜ，地球温暖化や水産資源の枯渇といった環境問題は生じるのだろうか？　教育や社会保障といった公共サービスはなぜ政府によって提供されるのだろうか？　実はこれらには民間で提供される一般的な財やサービスとは異なる性質がある．それが「外部性」と呼ばれる重要な性質であり，「公」と「私」の役割分担を考える際に重要な意味を持つのである．

1　外部性とは

　一般に，経済主体間の関係は売買契約のような合意にもとづいて取引が行われる．しかし，現実はこうした合意がなくても個々の経済活動が様々な影響を及ぼす例は少なくない．たとえば，教育サービスは高度な知識や技能を得た本人の将来の所得に大きな影響を与えるのはもちろん，熟練労働者の増加や，発明・発見がもたらす技術革新を通じて社会全体にも大きな影響をもたらす．あるいは，工場から有害物質が処理されることなく環境中に流出した結果，大気汚染や水質汚染などをもたらし，深刻な公害問題として社会問題化することもしばしばみられる．

　これらの現象に共通していえることは，個人や企業などある経済主体の活動が市場を経由することなく，他の経済主体に影響を及ぼすことであり，これを外部性とよぶ．また，外部性が他の経済主体にとってプラスの影響をもたらす場合には正の外部性（外部経済），マイナスの影響を与える場合は負の外部性（外部不経済）という．

　新発明による技術革新を例に考えてみよう．蒸気機関の発明とともに18世紀にイギリスで始まった産業革命は，経済の生産性を大きく向上させただけではなく，社会のあり方をも変え，世界中の人々や企業に大きな便益をもたらした．現代では，IT革命がやはり大きな変化を世界にもたらしている．もちろん，こうした新しい技術の発明者は特許制度を通じて一定の利益を得ることが

できるが，それでも社会全体の利益のごく一部を受け取っているに過ぎない．こうした技術革新の例では，発明により経済の生産性が向上したことで人々の所得が大きく向上する正の外部性が発生しているのである．

　一方，産業革命以降，石炭や石油といった化石燃料の使用が増大したことにより二酸化炭素をはじめとしたいわゆる大気中の温室効果ガスの濃度が急激に増加し，地球温暖化問題を引き起こしてしまった．その結果，世界各地で異常気象の頻発や，砂漠化，海岸浸食，生態系の破壊，伝染病の流行など深刻な問題が生じている．この例では，人類の経済活動によってもたらされた地球温暖化問題という負の外部性が発生しているのである．

　こうした外部性の例は，私たちの暮らしに身近なところでもみられる．たとえば美しい自然景観や快適な住環境に恵まれた地域では，人々はこれらを眺めたり，散策したりするといった形で，対価を支払うことなく利用している．日本庭園の特徴的な造園技術である「借景」はその顕著な例であろう．また，すべての国民に教育機会を保障する義務教育は，一定の学力水準を保障することで経済活動を支えている．これらは正の外部性の一例といえよう．

　一方，自動車や鉄道から生じる騒音や振動，ごみによる異臭や景観の悪化などが人々の生活に負の影響を及ぼすこともしばしばみられる．

　このように，私たちの暮らしに身近な場面から地球規模の課題まで，あらゆる場面で見られる外部性は，社会にどのような影響をもたらすのか，また問題の解決にはどのような方法があるのかについて考える．

（1）正の外部性

　正の外部性をもたらす代表的な例として森林を例に考えてみよう．森林は単に木材やまき，炭などの燃料，肥料としての落ち葉など様々な資源の供給源であった．さらには，水源涵養や洪水の防止，二酸化炭素の吸収，あるいは景観といった多くの機能を有しており，下草刈りや間伐，植林といった適切な管理を行うことで，その機能を最大限に発揮する．しかし，われわれはこれらの森林のすべての便益を認識できるわけではない．

　では，たとえば森林の利用に際して，その便益が適切に認識されないことはどのような問題を引き起こすのであろうか．図4-1では，森林に対する需要曲線と供給曲線が描かれている．消費者は，木材生産など個々人が認識できる便益である私的限界便益（PMB）に対してのみ対価を支払う．このとき，自由

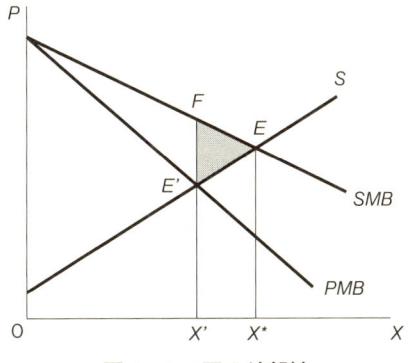

図4-1 正の外部性

な市場における森林の供給水準は PMB と供給曲線 S の交点 E' において決定される．しかし，森林が持つ多様な便益を含んだ真の限界便益は，正の外部性の分だけ PMB を上回る．このような森林がもたらす真の限界便益は社会的限界便益（SMB）とよび，正の外部性が存在する場合，PMB の上方に描かれる．

このような場合，社会的に最適な資源配分は，SMB と S の一致する E で達成され，このときの森林の供給量 X^* は，PMB しか存在しない場合における供給量 X' よりも多くなる．いいかえると，正の外部性が存在する場合，自由な市場においては社会的に望ましい水準に比べて過小供給となり，厚生損失 FEE' が発生しているのである．

（2）負の外部性

代表的な負の外部性として公害が挙げられる．たとえば，工場が廃水をそのまま処理せずに海に流したとしよう．この状態をそのまま放置すると漁業被害や，悪臭，ひどい場合には健康被害が発生するなど住民の生活にも大きな影響を与えることとなる．しかし，その一方でこの工場は，汚水を処理する設備を備えた費用よりも安い費用で生産活動を行っているために，より多くの利益を得ている．あるいは漁業者や住民への損害賠償を行っていないとすれば，損害賠償を行う場合と比べてやはり安い費用で生産を行っていることとなる．

図4-2では，この工場の生産する財の供給曲線と需要曲線が描かれている．工場は廃水を処理する費用を負担することもなければ，損害賠償を支払っているわけではないので，財の生産は私的限界費用（PMC）のもとで行われている．

市場均衡では，生産量と価格は PMC と需要曲線 D の交点 E' において決ま

図4-2　負の外部性

り，生産量は X' である．しかし，生産活動に伴って生じる様々な悪影響である負の外部性が存在する場合は，社会的限界費用（SMC）は PMC よりも上方に描かれる．すなわち，外部性を考慮すると，工場の生産する財の需要曲線 D と SMC の一致する E が社会的に最適な均衡点であり，このときの生産量は X^* である．すなわち負の外部性が存在する場合，自由な市場においては社会的に最適な生産水準に比べて過大供給となり，厚生損失 EFE' が発生する．

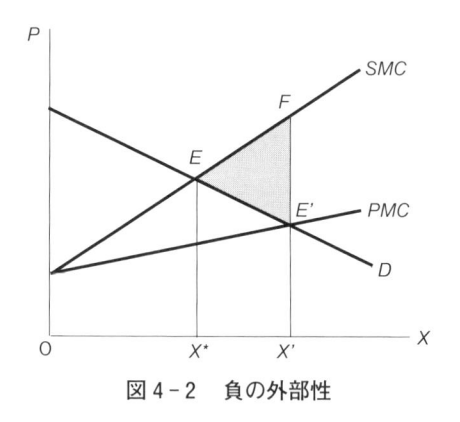

このように，負の外部性が存在する場合，自由な市場では外部性が評価されないために社会的に望ましい水準よりも過大に生産が行われ，より大きな被害をもたらすのである．

2　外部性の内部化

(1) 合　　併

合併とは当事者どうしが1つの経済主体として行動することである．たとえば，近年ではレストランやホテルなど商業施設が鉄道駅と併設して建設される例が多くみられる．従来は騒音や振動が生じる線路そばは，特にホテルのような静かな環境が求められる施設には向かないとされてきた．しかし，鉄道会社が鉄道事業とホテル事業という2つの事業を同時に駅構内で行うとしたらどうだろう．もし，騒音や振動の対策を講じなかったら，ホテル事業は顧客から敬遠され，利潤が減るので，何らかの対策をとることが経済的な観点から合理的となる．これが合併による外部性の内部化である．

しかし，関係する経済主体の利害対立が激しい場合，当然ながら合併による

問題解決は困難である．そのため，実際には政府による何らかの介入が必要になる場合が多い．

(2) ピグー税

ここでは，図4-2で示した工場の生産活動にともない発生する公害を例に考えてみよう．この場合，図4-3に示すように負の外部性が発生しているために私的限界費用（PMC）と社会的限界費用（SMC）が乖離している．

ピグー税とは政府が外部性を相殺するように課税することで，社会的に最適な生産量を実現する手法である．すなわち，社会的に最適な生産量におけるPMCとSMCの乖離分に相当する金額を単位当たりの税（税率）として負の外部性の発生者に課税し，いわば公害の排出を高価なものにすることで最適生産量を達成するものである．

汚染をもたらす工場のPMCと，外部費用を含めたSMCの差に相当するのが，この工場の生産活動によってもたらされる限界外部費用である．社会的に最適な均衡点はEとなり，このときの生産量はX^*であるが，何らかの対策を行わない場合の均衡点はE'となり，そのときの生産水準はX'となることはすでに述べたとおりである．

ここで政府が，社会的に最適な生産水準におけるSMCとPMCの差に相当する額を，生産量1単位当たりTの税として生産者に課したとしよう．工場にとっては，課税は人件費や原材料費などの費用の上昇と同じ効果を持つため，税込みの私的限界費用曲線である$PMC + T$のもとで生産活動を行う．この

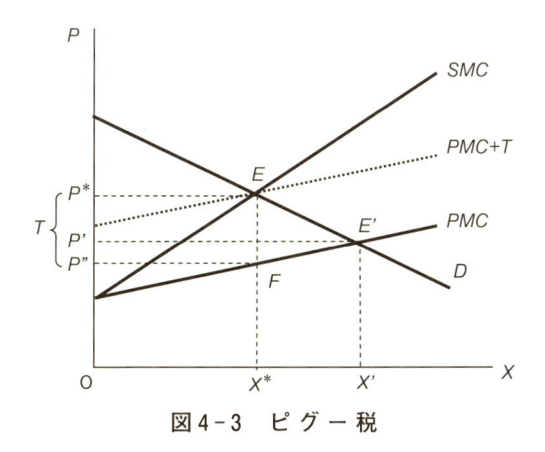

図4-3 ピグー税

ため，結果的にこの工場の生産量は X' から社会的に最適な生産水準 X^* に抑制されることになる．

では，負の外部性の発生者に対して税を課すだけが唯一の解決策であろうか．実は負の外部性の発生者が，社会的に最適な水準まで生産量を減らす際に政府が補助金を出すことでも問題の解決は可能である．先ほどの例では，水質汚染の原因となっている工場が生産量を1単位削減するたびに T だけ補助金を支払うことでも，社会的に最適な汚染水準を実現することが可能である．これはピグー補助金とも呼ばれている．

また，正の外部性をもたらす主体に対しても，私的限界費用と社会的限界費用の乖離分に相当する金額を補助金として交付することで社会的に最適な生産量を実現できる．

ピグーの考えた，税や補助金を用いた外部性の内部化という考え方は広く知られるところとなった．しかし，現実にはこのピグー税を用いて外部性を内部化し，社会的に最適な資源配分を実現するためには大きな困難がともなう．ピグー税を用いた外部性の内部化を実現するためには，① 政府が外部費用（便益）を正確に測定できる（政府の情報能力の完全性），② 外部性を発生させる財にのみ課税ないし補助金を出す（政策関与の非対称性），③ 租税・補助金の収入・支出を同額にすべきである（財政の中立性），という条件を満たす必要がある．

しかし，現実には外部性の程度を正確に測定し，貨幣価値に換算することは困難な場合が多い．また，たとえば大気汚染や地球温暖化のような複合的な問題においては原因と被害の特定が困難である．つまり，適切なピグー税の額の決定は非常に困難であるといえる．

（3）コースの定理

外部性の内部化は，ピグー税のような政府による介入によってしか実現できないのであろうか．この問題に対して，コースは当事者間が交渉することによって社会的に望ましい資源配分が達成されることを示した．これは，もし当事者間の交渉に取引費用が無視できるほど小さなものであるならば，所有権の割り当て方に関わらず当事者どうしが交渉することでパレート最適な資源配分が達成されるというものであり，コースの定理と呼ばれている．

ここでは，図4-4を基に工場と漁業者の例を用いて考えてみよう．コースの定理を分かりやすく説明するため，先の例とは想定を変更して，工場の生産[1]

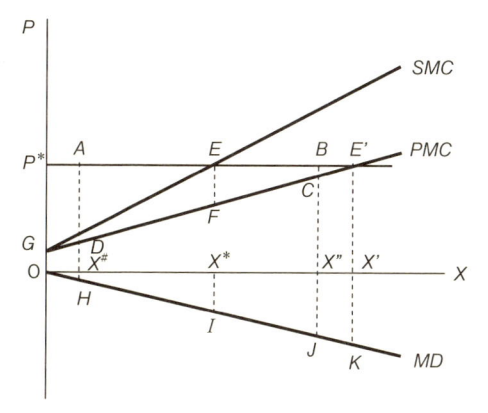

図4-4 コースの定理

する製品価格はP^*で一定とする．また，MDは工場の生産1単位につき発生する漁業被害を表す限界被害曲線であり，これにPMCを加えたものがSMCである．ここで，SMCとP^*が交わったE点がパレート最適な点であり，このときの生産量はX^*である．

ここで，工場の廃水が流れ込んでいないきれいな海で魚を自由に獲ることができる権利が漁業者に与えられたとしよう．その場合，工場はまったく操業することができないため，生産量は0である．このとき，次に示すような交渉によってパレート最適な点が達成される．

工場が$X^\#$だけ生産することによって漁業者が受ける被害は$OX^\#H$であり，いっぽう工場が得る利益はP^*ADGである．漁業者が受ける被害よりも工場の得る利益が大きい限り，両者の間には取引を通じてともに利益を得る余地がある．つまり，工場の操業によって得られる利益が漁業者の受ける被害よりも大きければ，工場は漁業者に対して損害賠償ルールにしたがって賠償金を支払い，その代わりに操業を認めてもらおうと交渉をもちかけるだろう．

工場が1単位生産を増やすたびに工場が得ることのできる利益は，工場の製品価格であるP^*とPMCの距離に等しい．一方，漁業者が工場が生産量を1単位増やすごとに受ける被害は横軸とMD曲線の距離に等しい．つまり，工場は生産量を1単位増加するごとに漁業者に与える損害について賠償金を支払うことで，漁業者の同意を得て生産量を増やすだろう．そして，工場の利益の増加分（EF）と漁業者への賠償額（X^*I）が一致する生産量（X^*）までこの取引は継続される．工場の生産量がX^*を超えると，漁業者に対して支払わなけ

ればならない賠償金が工場を操業することによって得られる利益よりも大きくなってしまうので，工場は生産をやめて撤退するであろう．つまり，交渉の余地がなくなる X^* がパレート最適な生産量となるのである．

このように，損害賠償責任が海の汚染原因となっている工場にある，というルールが定められ，そのもとで当事者間の自由な交渉が行われれば，効率的な資源配分が実現する．

しかし，まったく同じことが工場に損害賠償責任を課さずとも実現する，という「常識」からは考えにくいこともコースの定理は示している．もし，逆に自由に生産を行うことができる権利が工場に与えられた場合は，どのような結果がもたらされるだろうか．

工場が自由に生産を行える場合，工場は利益を最大にするため X' まで生産を行うが，この場合もパレート最適ではない．工場が生産水準を減らすことで，漁業者の被害を減らす交渉の余地があるからである．いま，工場の生産水準を X' から X'' に減らすとしよう．これによって工場が失う利益は限界収入から限界費用を差し引いた $BE'C$ である．一方，漁業者の被害の減少，すなわち漁業者が得る利益は $X''X'KJ$ である．工場が失う利益が漁業者が得る利益よりも小さい限り，両者の間には交渉の余地がある．つまり，漁業者は工場が生産量を1単位減らすことで失う利益を補償することによって，生産量を減少させることに同意させることができる．もしこのような取引が成功するならば，先ほどと同様にパレート最適な生産量である X^* が実現するのである．

このように，もし当事者間の交渉に取引費用が無視できるほど小さいなら，きれいな海で魚を自由に獲る権利が漁業者に与えられても，あるいは自由に生産を行う権利が工場に与えられても，漁業者と工場が交渉することによってパレート最適な資源配分が達成される，というのがコースの定理である．

では，このような例は現実に存在するのであろうか．実は，コースの定理が成立するケースは，かなり限られたものである．情報が完全で取引費用が無視できるというコースの定理の仮定が成立する状況は，現実にはきわめて少なく，当事者間の対立が激しい場合には交渉そのものが実現しない．また，権利関係と因果関係が確定していないために，因果関係を特定することさえも困難なケースも少なくない．とくに環境問題のようにその影響が将来にわたって広範囲に及ぶような問題では，そもそも被害の大きさ自体が測定不可能な場合が多く，やはり因果関係が特定できないために交渉そのものが成立しえないだろう．

また，コースの定理は資源配分の効率性について議論しているのみで，公平性の観点からすれば，所有権の割り当て方によって分配は大きく異なってしまう．
　ただ，コースの定理は，ピグー税のような政府の介入による外部性の内部化以外にも，政府の役割を最小限にとどめながらも効率的な資源配分を実現するメカニズムも示したという点で評価されている．
　そしてまた，コースの定理は市場における法的ルールの重要性を示した，という点でも重要な意味をもつ．たとえば公害のような，工業生産が環境に大きな影響を与えるケースを考えてみよう．企業に対して厳しい公害対策を求める国と，そうでない国があると，企業の生産活動において著しい費用負担の格差が生じてしまい，市場で有利な立場に立つ企業が現れることによって一種の非関税障壁が生じてしまう．そして，その結果公正な貿易ができなくなるおそれがある．そこで，こうした事態を避けるために，公害防止のために必要な対策を取ったり，汚された環境を元に戻すための費用は，汚染物質を出している者が負担すべきである，という「汚染者負担の原則」が経済協力開発機構（OECD）によって1972年に提唱され，世界各国で環境政策における責任分担の考え方の基礎となった．
　OECDの「汚染者負担の原則」は，空気，水，土地などの環境資源を利用し，その利用に対する支払いがなされないことに環境劣化の主因があるという考え方にもとづいている．すなわち，環境を利用することによって生じる外部費用を製品やサービスなどの価格に反映させることによって，外部性を内部化し，汚染者が汚染による損害を削減しようとするインセンティブ（誘因）を作り出すことを狙いとしている．

（4）排出権取引制度

　現在，化石燃料の使用の増加にともなって急増したCO_2（二酸化炭素）などの温室効果ガスによる地球温暖化問題が世界的な問題になっている．石油などを大量に消費する現代の経済活動においてはCO_2の排出はやむをえないものであるが，これは逆にいえばCO_2を排出し，地球環境に悪影響を与えることで経済活動を行っているともいえる．
　そこで，地球全体のCO_2排出量を抑制するために，あらかじめ国や自治体，企業などの排出主体間で大気中に排出する権利を決めて割り振っておき，権利を超過して排出する排出主体と権利を下回る排出主体との間でその権利を売買

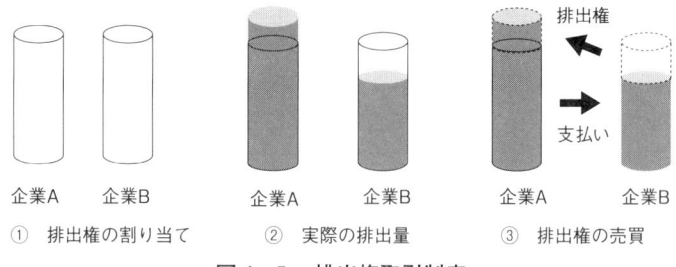

①　排出権の割り当て　　②　実際の排出量　　③　排出権の売買

図4-5　排出権取引制度

することで全体の排出量をコントロールする仕組みが排出権取引（排出量取引，排出許可証取引とも呼ばれる）である．

排出権取引は，**図4-5**のようにして行われる．

① 各企業に排出権があらかじめ割り当てられる．
② 生産活動の結果，企業Aは排出権より多く排出し，企業Bは排出権より少ない排出量となった．
③ このとき，お互いの足りない，あるいは余っている排出権を売買することで，社会全体の排出量を抑制する．

　それぞれの排出主体にとっては，排出量が決められた枠を超えた場合には，排出権の購入という形で余計な費用負担が発生する一方，省エネを進め排出権に余剰が出た場合には，その排出権を市場で売却することができる．つまり，同じ品目を生産する場合でも CO_2 を多く排出する企業はその分だけ費用が高くなるため，結果的に CO_2 削減対策の進んだ企業あるいは国家は安価に生産でき，有利となる．このため，個々の排出主体や国には排出量を抑制しようとするインセンティブが働くのである．さらには，排出可能な総量規制を強化することで，数年後に排出量を大きく減らすことができる．実際に，アメリカでは1990～95年にかけて，大気汚染や酸性雨の大きな原因となる硫黄酸化物の排出量削減にこの制度を導入し大きな成果を挙げた．こうした経験を踏まえ，地球温暖化防止を目指す国際条約である京都議定書にはいわゆる京都メカニズムの1つとして国際的な排出権取引制度が組み入れられた．これは排出枠の対象を温室効果ガスに変え，対象も国単位としたものである．

　ただし，初期の排出権の割り当てをどのように行うのか，ということがこの制度の大きな課題として挙げられている．すなわち，排出権が多く設定される

ほど環境の所有権が排出主体により多く与えられているといえ，その決定は政策的に操作可能なものであるため，大きな論点となることが多い．

(5) デポジット制度

デポジット制度は，正式にはデポジット・リファンド・システム，あるいは預かり金＝払い戻し制度と呼ばれる．この制度は，購入時に製品価格に一定の預かり金（デポジット）を上乗せして販売し，製品の使用後に消費者がそれを捨てずに所定の場所に返却することで，預かり金の全部または一部を払い戻すという制度である．この制度は，経済的インセンティブを持たせることで廃棄物の回収率を向上させる仕組みであり，OECDは拡大生産者責任（EPR：Extended Producer Responsibility）を具体化する方法として取り上げている．

デポジット制度が導入される背景には，不法投棄をはじめとした廃棄物の不適切な処理に対して，監視費用が膨大になるため，罰金を科すことが事実上不可能である，ということが挙げられる．言い換えると，デポジット制度は，製品の投棄に対する罰金と，回収に対する同額の補助金の組み合わせと理解することも可能である．また，不法投棄などのために払い戻されなかった預かり金は，環境回復のための財源として活用できる，というメリットもある．

近年，大量のプラスチックが環境中に流出し，生態系への影響が懸念されるなど大きな問題となっている．たとえば1990年代以降，急速に普及した飲料用ペットボトルの散乱は各地で深刻な問題を引き起こしており，それを防ぐ有効な手段として世界各国でデポジット制度が導入されている．広範囲に散乱するペットボトルを最も低い費用で回収できるのは，それをポイ捨てした人自身だろう．その次に低い費用で回収できるのはポイ捨てされたペットボトルを見つけた人だろう．そしてこうした人々がペットボトルを回収し，市町村などが引き受け，処分することになる．いうまでもなく，ペットボトルのポイ捨てはその回収費用と，散乱したペットボトルは景観の悪化や，さらに紫外線などで劣化し微細化することで生態系への悪影響を及ぼす，といった負の外部性をもたらす．しかし，こうした費用は消費者が直接負担するわけでもないため，無料と錯覚され，ペットボトルは社会的に最適な水準を超えて利用され，大きな外部費用を発生させる．

では，どうすればペットボトルのポイ捨てを防ぐことができるだろうか．そのためには，ポイ捨てが社会に及ぼす費用に見合った税額を販売価格に上乗せ

写真4-1 ペットボトルのデポジット料金の表示

すればよいが，広範囲にわたって不特定多数の人によって利用されるペットボトルに正確に課税することは不可能である．そこで考え出されたのが，デポジット制度である．**写真4-1**はペットボトル入飲料のデポジット料金が課されていることを示す，フィンランドにおける表示である．デポジット料金はポイ捨てという行為そのものに直接課税するのではなく，ペットボトル入飲料の販売数と回収数の差を把握してデポジット料金を課すというものである．また，デポジット制度はペットボトル入飲料に対する課税と，回収に対する同率の補助金と見ることもできる．これについて，**図4-6**を基に考えてみよう．[2]

横軸にペットボトル入飲料の生産量，縦軸に価格をとると，ペットボトル入飲料需要曲線はDD'のように描かれる．また，P_0はペットボトル入飲料の市場価格である．もし，何ら対策がとられなかったとすると，消費者は20本のペットボトル入飲料を購入し，それをポイ捨てすることとなる．

ここでP_0Bをペットボトルの限界回収費用とする．もし，P_0Tのデポジット料金がペットボトル入飲料に課されたとしよう．この時，消費者は回収費用がデポジット料金より少ない限り，ペットボトルを回収してデポジット料金の返還を求めるだろう．また，回収費用がデポジット料金を上回るようになれば，回収せずにポイ捨てしたほうが安くつくことになる．したがって，供給曲線P_0Bと直線TAの交点Hよりも少ない区間では，消費者にとってのこのペットボトル入飲料の費用は市場価格に限界回収費用を加えたものとなり，Hより多い区間では市場価格にデポジット料金を上乗せしたものとなる．すなわち，ペットボトル入飲料の供給曲線はP_0HAとなる．もし，デポジット料金をP_0T'以上に引き上げると，ポイ捨てはなくなり，散乱しているペッ

図4-6 デポジット制度

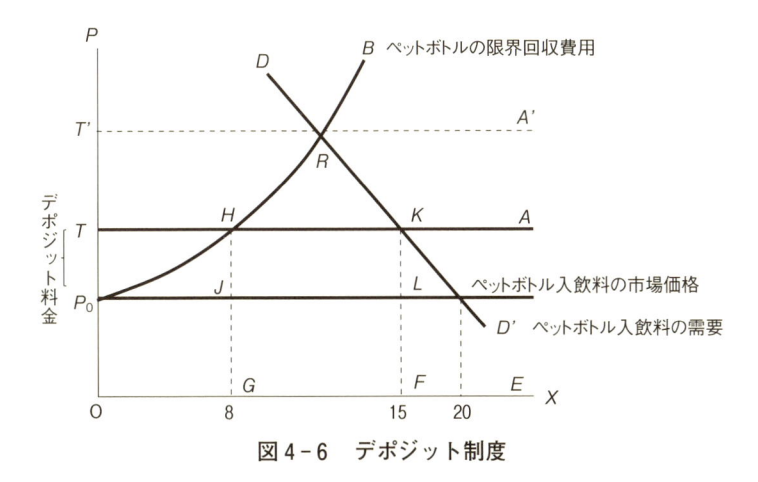

トボトルもこぞって回収されるであろう．

　このようにデポジット料金は，消費者の効用を最大化しつつ，社会的にも望ましい状況，すなわちポイ捨てゼロを実現することが可能である．

　デポジット制度のメリットは2点挙げられる．第1に，原因と被害が広範囲に及ぶポイ捨てのような問題に対して，直接的な処罰や啓発的な広報キャンペーンよりも経済的なインセンティブによってより少ない費用で確実に人々の行動を社会的目的に沿わせることができる，という点である．第2に，そうした経済的インセンティブは，ポイ捨てに対する事実上の課税，あるいはそれを抑制する行動に対する補助金で実際に作り出すことが可能である，という点である．

　デポジット料金は，人々の非モラル的な行動を価格メカニズムにもとづいて解決可能である，ということを実際に示したという意味でも評価されるものである．

3　コモンズの悲劇とコモンズの長期存立条件

　負の外部性の1つの例として，生物学者ギャレット・ハーディン（Garrett Hardin）によって示された「コモンズの悲劇」あるいは「共有資源問題」として知られる現象がある．コモンズとは，写真4-2のような，もともとイギリスにおける住民の共有の放牧地（コモン）を意味していた．現在では多くのコ

写真 4-2　英・ノリッチのコモン（Mulbarton Common）

モンは放牧地としての役目を終え，人々の憩いの場として親しまれているが，その管理は今でも地域のコミュニティ（共同体）によって行われている．

　ハーディンはこのコモンズを例に，共有，すなわち明確な所有権がない放牧地では，個々の利用者は牧草という共同で利用される資源（CPR）を保全しようというインセンティブを持たず，過放牧の状態となって結果的に放牧地は荒廃してしまうことを示し，完全な公的管理もしくは私的管理による環境や資源の管理と利用が必要であるとした．

（1）コモンズの悲劇とは

　複数の人々によって共同利用される羊の放牧地を例に考えよう．羊飼いたちは，当然ながら自分の利益をより多くしたいと考えている．そこで，現在飼育している羊に加えて，さらにもう1頭増やして放牧地で育てるとしよう．このとき，羊飼いは新しく放牧した分だけ利益を得ることができる．

　では，1頭が新たに加わったことでどのような問題が起こるのであろうか．羊を1頭増やすことで，餌となる牧草がわずかではあるが減るという損害が発生する．しかし，この損害は放牧地を共有している羊飼い全員に分散される．つまり，羊飼い1人1人にとっては追加的に1頭放牧することによって得られる利益は損害よりもはるかに大きく，どんどん自分の羊を牧草地に放ってしまうだろう．しかし，あまりに羊の数が増えすぎると牧草は減少し，羊を1頭放牧するたびにすでに放牧を行っている他の羊飼いの利益も減少させる．つまり，

放牧地が誰のものでない共有の場合においては，羊飼いが自分の利益だけを考えて羊を無秩序に放った結果，やがては放牧地が再生不可能なほどに荒廃してしまうのである．

(2) コモンズの悲劇を回避する方法

こうした問題は，森林の乱伐や漁場資源の乱獲といった形で実際に目にすることが多い．こうした市場の失敗，すなわち資源の枯渇を防ぐためには，特定の個人や企業に資源を所有させることで原理的には解決可能であるとされ，各国の資源管理政策に大きな影響を与えた．

しかし，ハーディンの論文が発表されて以降，「コモンズの悲劇」はコモンズの実態を表しているとはいいがたいものであると様々な批判・反論が相次ぎ，コモンズはむしろ資源保全に果たす役割が大きいという指摘が多くなされてきた．2009年にノーベル経済学賞を受賞したエリノア・オストロム（Elinor Ostrom）は，世界各地のコモンズの実態を詳細に研究し，**表4-1**のような自治的な管理が長期にわたってうまく機能する条件をまとめた[3]．

近年では，コモンズとは単に共同で利用される資源そのものだけを指すのではなく，資源の枯渇や乱獲を回避するための様々な規則を設けることによって持続的な管理・運営を図っていこうとする制度や組織も含めたものとして考えられている．

いわばコモンズの悲劇は，資源の利用に何のルールもない，いわゆるオープン・アクセスの状態であったがゆえに起きる問題であり，実際には古くから人々は資源利用のルールをお互いに工夫するなどして，共同で利用しつつもコモンズの悲劇のような状態に陥ることなく，長期にわたって資源を維持してい

表4-1　コモンズの長期存立条件

1．コモンズの境界が明らかであること
2．コモンズの利用と維持管理のルールが地域的条件と調和していること
3．集団の決定に構成員が参加できること
4．ルール遵守についての監視がなされていること
5．違反へのペナルティは段階を持ってなされること
6．紛争解決のメカニズムが備わっていること
7．コモンズを組織する主体に権利が承認されていること
8．コモンズの組織が入れ子状になっていること

（出所）E. Ostrom（1990）を基に筆者作成．

る例は世界各地に多く見られる．

注
1) ここでの説明は柴田弘文・柴田愛子『公共経済学』東洋経済新報社，1988年，100〜102ページの説明を参考にしている．
2) ここでの説明は柴田弘文・柴田愛子『公共経済学』東洋経済新報社，1988年，132〜137ページの説明を参考にしている．
3) E.オストロムは，膨大な実証研究および理論研究を通して，共同的に利用される資源（CPR）の保全管理に当たって，国家や市場だけではなく，資源の利用に利害関係をもつ当事者が自主的に適切なルールを取り決めて管理するセルフガバナンス（自主統治）の可能性を示した．初期の主要な研究は，著作 "*Governing the Commons - The Evolution of Institutions for Collective Action*", Cambridge Press, 1990 にまとめられている．

第5章　自然独占

▶ なぜ，水道や電力は地域においてただ1社しかサービスを提供していないのだろうか．なぜ，電話料金やガス料金，鉄道やバスの運賃といった公共料金は政府への届け出や認可が必要なのだろうか？　この章では，これらの産業に特徴的な構造に注目し，なぜ政府が介入するのかについて考える．また，近年は規制緩和が叫ばれるようになり，公益事業に対する政策も大きな変化をみせているが，その中心となっている価格規制についても考える．

1　自然独占とは

　市場メカニズムが機能していれば，市場で実現される資源配分はパレート最適なものとなる．そこでは，売り手も買い手も価格支配力を持たず，プライステイカーとして行動する．しかし，市場によっては，自由な競争が行われているにもかかわらず，生産者が1社しか存在しない独占や少数しか存在しない寡占になってしまうことがある．このような場合，市場での自由な取引だけに任せておいた場合，パレート最適な水準に比べて財の供給が過少になり，資源配分の非効率性が発生するため政府による規制が必要とされる．

費用の劣加法性

　ある産業に費用の劣加法性とよばれる性質が存在する場合，その市場は自然独占となる．これは，1つの企業ですべて生産した場合の総費用が，複数の企業で個別に生産するよりも低くなる，という性質である．

　ある財の産業全体での生産量を X としよう．この財を n 社（$n \geq 2$）の企業で生産する際の第 i 企業の生産量を X_i とする．ただし，$X = X_1 + X_2 + \cdots + X_n$ である．企業 i がこの財を生産する際の費用関数を $C(X_i)$ とすると，個々の企業が生産したときの総費用の合計は $C(X_1) + C(X_2) + \cdots + C(X_n)$ と表される．

もし，この全企業の総費用の合計が，

$$C(X_1 + X_2 + \cdots + X_n) < C(X_1) + C(X_2) + \cdots + C(X_i)$$

を満たすとき，費用関数は劣加法的であるという．

　費用の劣加法性を満たすような財の市場においては，複数の企業がそれぞれに生産するよりも，1社で生産するほうが経済全体ではより低い費用で生産することができるため，自由な競争の結果，市場には1社しか生き残れないのである．では費用の劣加法性はどのような場合，みられるのであろうか．

① 規模の経済

　自然独占の代表的な例として，水道事業を例に考えてみよう．水道事業では，水道水の供給を開始するよりも前に，地下水やダムなどによる水源の確保にはじまり，消毒を行う浄水場，配水を行うポンプ場や水道管の敷設など固定資本に巨額の投資が必要になる．このように生産規模にかかわらず一定で変化しない巨額の固定費用が存在する場合，規模の経済性が存在するとされる．

　通常の産業であれば総費用に占める固定費（FC）の割合はそれほど多くなく，生産量が増加するほど可変費（VC）の占める割合が高まる．そのため，生産物1単位当たりの費用である平均費用（AC）は生産量にあわせて増加する．しかし，総費用の多くを固定費用が占める場合，生産量が増加するほど平均費用は低下する．このような性質を持つ産業を費用逓減産業とも呼び，もっとも多くのシェアを獲得した企業がもっとも安く生産することができるため，最終的には1社のみが供給を独占することとなる．なお，規模の経済性が存在するような産業は規模に関して収穫逓増であるともいわれる．

　また，このような産業に新しく参入する企業があったとしても既存の大企業の生産規模を上回らない限り，より安い費用で生産を行うことができないため，事実上その市場への参入は不可能である．つまり，規模の経済性を有する産業においては，そのまま市場を放置しておくと自然と独占状態となってしまうのである．

② 範囲の経済

　費用の劣加法性が生じるもう1つの代表的な理由として，範囲の経済があげられる．範囲の経済とは，ある企業が複数の種類の財・サービスを同時に生産する場合の費用の合計が，それぞれの財・サービスを個別に生産するよりも少なくなることをいう．

複数の種類の財・サービスを生産することで費用が安くなる要因としては，共通費用の存在が挙げられる．たとえばある鉄道会社が旅客列車と貨物列車を運行する時，鉄道の線路や信号設備は共通費用として考えられ，旅客列車のみ，あるいは貨物列車のみを運行する鉄道会社よりも安い費用でサービスを供給できることが予想される．このように，複数の財・サービスを生産するほうが安くなるのであれば，企業は複数の市場にまたがって大々的に生産を行うことで，個別の市場で生産を行う企業との競争に勝つことになるため，自由な競争の結果，最後にはやはりただ1社だけが市場に残ることになるのである．

2 自然独占と規制

その市場が自然独占性を持つ場合，そのままでは厚生損失が発生し，最適な資源配分が実現しない．そこで，事業の許認可や価格規制など政府による何らかの介入が行われることが多い．

自然独占性を有する産業では，独占に至るまでの過程で多くの無駄が生じることが考えられる．巨額の固定資本を必要とする産業は，その設備の生産能力を超えない限り生産量にかかわらず固定費用は同じであるため，少しでも費用を回収できるのならば赤字となっても生産しようとするインセンティブが存在する．もし，このように規模の経済が存在する産業で複数の企業が競争すると，破滅的競争と呼ばれる猛烈な価格切り下げ競争が発生する．このような競争は，相手を追い出して市場におけるシェアを占有することに成功した場合，その後は独占的に価格を決定することができるために生じるものである．このとき，競争に破れた企業はこの市場から撤退するものの，その後には莫大な使用されない固定設備が残ることにもなり，資源の大きな無駄が発生することとなる．そしてまた，独占企業は価格支配力をもち，自由な価格設定を行うことが可能になるため，超過利潤を獲得することができる．これは，本来であれば消費者にもたらされるべき利益であり，社会的余剰が最大化されていないことを意味する．

こうした資源の無駄や分配上の問題を回避するために，政府は自然独占性を有する産業に対して無意味な競争に陥る前に規制によって独占を許す参入規制を行い，代わりに高額な独占価格を消費者に課さないよう価格規制を行うという政策をとることが考え出された．

（1）限界費用価格規制

完全競争市場においては，社会的余剰を最大化するよう最適な価格と生産量が決定され，そのときの価格は限界費用（MC）と等しくなる．では，代表的な自然独占の原因である規模の経済が存在する場合，価格はどのように決まるのかを図5-1を用いて考える．

自然独占性を有する産業では，生産量の増加にともない平均費用（AC）が低下するため，一定の生産量に到達し固定資本の増強が必要となるまでは，平均費用は右下がりの曲線として描かれる．

いま，需要曲線がDで表わされるとしよう．政府による規制がまったくない状況では，独占企業はどのような価格水準で財を供給するのであろうか．独占企業であっても利潤を最大化することには変わりなく，限界収入と限界費用が一致する点J，すなわちX_Mだけ生産し，価格はP_Mとなる．このとき，独占企業は$P_M HIA$の面積に等しい利潤を獲得するが，三角形HEJの死重損失が発生してしまう．

もし，社会的余剰を最大化することを目的に，完全競争市場と同様に価格を限界費用と等しくさせる限界費用価格規制が行われた場合はどうなるだろうか．この場合，企業は点Eで操業することとなり，生産量はX_E，価格はP_Eとなる．しかし，このときの平均費用はBとなり価格を上回るため，この企業には合計$BFEP_E$の損失が発生してしまう．

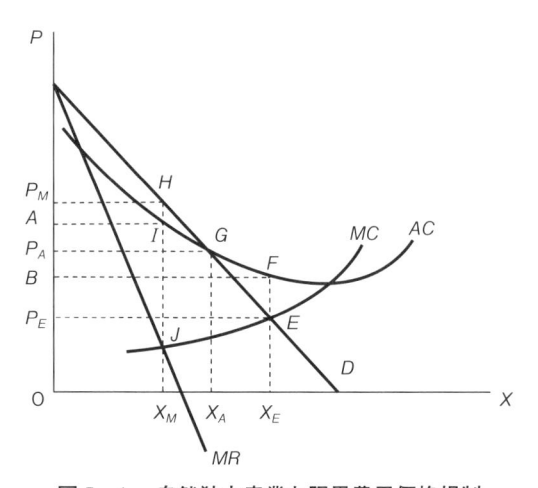

図5-1　自然独占産業と限界費用価格規制

限界費用価格規制はパレート効率的な資源配分を実現する一方で，いくつかの問題点もある．第1に，被規制企業に損失が発生してしまうために，補助金など何らかの赤字を補填する政策が行われない場合，企業の存続自体が不可能になってしまうということである．特に，自然独占産業はわれわれの生活に必要不可欠な財を供給している場合が多く，たとえ超過利潤を得ていた（＝消費者余剰を奪い取っていた）としても，まったくその企業が存在しないよりは社会にとっては有益である．第2に，政府がこの限界費用価格規制を実施するためには，当然ながら企業の限界費用曲線を十分に知っていなければならない．しかし，このことは実はそれほど容易ではなく，一般的には大変困難なことである．

　さらに，赤字が常に補助金によって補填されるのであれば，企業には費用削減のインセンティブが生じないため，経営の効率化が進まないという別の問題も生じる．その結果，社会的に望ましい水準よりも高い賃金や，過剰な人員，労働規律の緩みなどが生じたり，技術革新への投資を怠ったりすることで，労働者や経営者はより高い効用を得ることができる．これらはX非効率と呼ばれ，自然独占産業に対する規制において常に議論となる難しい課題である．

　また，赤字を補填するための政府の補助は，現実には政治的プロセスを経て決定される．すると，被規制企業は少しでも多くの補助金を得ようとして，補助金の決定権をもつ政治家や監督官庁の官僚との間に癒着を生じる可能性がある．つまり，被規制企業は超過利潤（レント）を得ようとして，政治家や官僚への直接的な利益の移転や，交渉や接待といった活動に資源を投下する強いインセンティブをもつ．このような活動をレント・シーキングといい，その結果，規制価格が本来の限界費用よりも高めに設定されてしまうため，やはり最適な資源配分が実現しなくなってしまう．

（2）平均費用価格規制

　自然独占性を持つ産業において，企業に赤字を発生させないという制約を満たしつつ社会的余剰を最大化するように行う価格規制を次善の価格規制という．この条件を満たすには，価格を平均費用と一致させ，利潤ゼロで生産させる平均費用価格規制が考えられる．これは，図5-1における点Gに相当し，このとき価格と平均費用が等しいため独占企業の利潤はゼロとなる．

　多くの公共料金は，財・サービスの供給に必要な原価をちょうどまかなえる

だけの収入を事業者が得られるような水準に決定されてきた．ここでいう原価とは企業が経営の効率化を進めることを前提として算定しており，日本では「能率的な経営の下における適正な原価」で財・サービスを供給することが多くの公益事業において求められている．この「適正な原価」を基に，事業を健全に運営していくために必要な資本費用を加えて価格を算出する方式は総括原価方式と呼ばれ，幅広い公益事業分野において採用されてきた．

また，日本では総括原価方式の一種として，電力や水道，ガス，鉄道，電気通信などのように公営や民営の企業が経営主体となる場合に，投下した資本費用（＝固定費用）に加えて適正利潤を含む公正報酬率規制（レート・ベース方式）が導入されてきた．これは事業に対して投下された固定費用，すなわち資本投資の総額をレート・ベース資産とし，これに適正な利潤率とされる公正報酬率を掛けた額を基に料金を設定する規制方式である．

平均費用価格規制における価格水準は，企業に赤字を発生させない分，限界費用価格規制を適用した場合よりもやや高くなるが，生産量も多く，社会的余剰も大きくなる．さらに，政府による補助金も不要となり，それにともなう税の超過負担を回避することができるとともに，サービスの利用者が生産費用のすべてを負担していることから受益者負担の原則も満たすなど，限界費用価格規制よりもすぐれているといえよう．しかし，この平均費用価格規制も独占企業に対して費用削減を促し，効率的な生産を行うインセンティブをもたらすものではない．なぜなら，企業の費用削減努力により，生産性が高まったとしても，結局は製品価格を引き下げなければならないだけであり，企業にとって魅力的なものではないからである．

また，平均費用価格規制における価格水準は，実際にかかった費用を基に算出されるため，とくに公正報酬率規制などにおいては，しばしば被規制企業が過大な資本蓄積を行う傾向にあることが指摘されており，これをアバーチ・ジョンソン効果という．利潤最大化行動をとる被規制企業は，不要不急かつ必要以上に高価な資産であっても購入するなどして，費用を最小化する場合の資本・労働比率に比べて過大な資本投資を行う．つまり，事業資産を過大に保有することでレート・ベースを大きくし，その結果算定される価格を引き上げることで事業報酬を大きくしようとする．このような行動は資本と労働の比率を歪め，最適な資源配分を実現しない．

このように企業に費用最小化にむけたインセンティブがない限り，経営の効

率化は実現せず，むしろ非効率性を温存することになってしまう．

また，水道事業や電力産業などでは，一般家庭向けと工場などの大口の事業者向けにサービスを供給しているが，これらのサービスは発電所や浄水場など共通の資本設備を利用して生産されている．このように共通費用が存在する場合，すなわち範囲の経済が存在する場合に，固定費用をどのように配分するのかは，大変重要かつ難しい問題である．

（3）ピーク・ロード料金と二部料金

限界費用価格規制では，資源配分の効率性は実現可能であるものの，政府の補助なしには企業に赤字が発生してしまうという欠点があった．一方，平均費用価格規制のもとでは企業の赤字やそれを補填する政府の補助金は必要なくなるが，資源配分の非効率性を生じさせてしまうという欠点があった．そこで，これらの価格規制が前提としていた，すべての需要者に対して同じ価格で販売するという仮定を外し，需要者ごとに異なる価格で財を供給するという前提に立って考えられたのがピーク・ロード料金と二部料金である．

① ピーク・ロード料金

鉄道産業や航空産業，ホテル，電力，水道といった産業では，時間帯や季節的な需要量の変動が大きいが，短期間での固定資本への投資は不可能であり，最大需要量をまかなえるような水準で生産能力が決定される．このような場合，需要のピーク時とオフ・ピーク時に同じ価格水準で供給すると，オフ・ピーク時には無駄になる供給設備が多くなり，ピーク時には需要をまかなえなくなってしまう．つまり，企業は一定の資本量のもとで，いわば2種類の異なる需要に対応しなければならず，ピーク時もオフ・ピーク時も同じ価格を設定することは合理的ではない．

そこで，需要のピーク時にはより高い価格を設定することで需要を抑制し，オフ・ピーク時にはより低い料金を設定することで需要を増加させることで，全体としての需要量を平準化させ総費用を削減しようと考案されたのがピーク・ロード料金である．**図5-2**の電気料金のケースでは，電力需要が増大する日中のようなピーク時には固定費用を回収できるように高い価格を設定し，逆に夜間のようなオフ・ピーク時には限界費用と等しくなるような低い水準に価格が設定されている．現在では，ピーク・ロード料金は電力やガス，電話，あるいは鉄道や航空機，高速道路など様々な公共料金に導入されている．

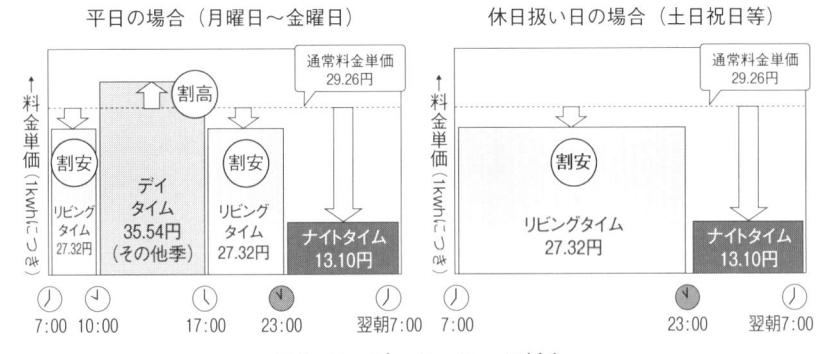

平日の場合（月曜日～金曜日）　　　　休日扱い日の場合（土日祝日等）

図5-2　ピーク・ロード料金

(出所) 関西電力ウェブサイト.

② 二部料金

　二部料金とは，消費量にかかわりなく月額あるいは年額などで支払われる基本料金と，消費量に応じて支払われる従量料金の2つの料金体系からなる方式をいう．この二部料金の基本的な仕組みは，基本料金で資本費用（＝固定費用）を回収することで損失の発生を回避し，従量料金で運営費用（＝可変費用）を回収することで事業の効率化も同時に実現しよう，というものである．また，企業の損失を税を財源とする政府の補助金によって補填する場合と比べて，その財を需要しない消費者には費用負担が及ばないために，受益者負担の原則にも反しない，という利点もある．

　二部料金方式は19世紀後半にイギリスの電気料金や電話料金において導入されたのが最初といわれており，現在では，ほとんどの公益事業分野において採用されている．図5-3では，日本の水道における二部料金の一例を示す．

　なお，実際の二部料金制度においては図5-3の水道料金の例のように，消費者の需要量の大きさによって基本料金や従量料金に複数のパターンを導入する場合も多く，こうした料金体系を多段階料金という．この例では，一般家庭用に広く使われている13mm・20mmといった直径の給水管と，店舗や事業所で使われるより大口径の給水管の間で異なる料金体系が取られている．これは，より効率的な価格に近づけるとともに，政策的に公平性も実現することを目指しているためである．

　しかし，最近ではインターネット接続サービスや携帯電話など一部の分野では，二部料金制から定額料金制が主流となりつつある．これは，料金制度が複

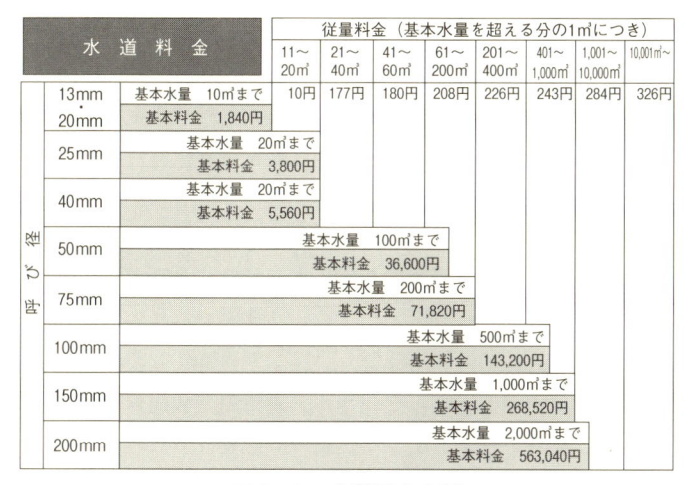

水道料金			従量料金（基本水量を超える分の1m³につき）						
			11～20m³	21～40m³	41～60m³	61～200m³	201～400m³	401～1,000m³	1,001～10,000m³	10,001m³～

口径	基本水量・基本料金
13mm / 20mm	基本水量 10m³まで　基本料金 1,840円 → 10円　177円　180円　208円　226円　243円　284円　326円
25mm	基本水量 20m³まで　基本料金 3,800円
40mm	基本水量 20m³まで　基本料金 5,560円
50mm	基本水量 100m³まで　基本料金 36,600円
75mm	基本水量 200m³まで　基本料金 71,820円
100mm	基本水量 500m³まで　基本料金 143,200円
150mm	基本水量 1,000m³まで　基本料金 268,520円
200mm	基本水量 2,000m³まで　基本料金 563,040円

図5-3　水道料金の例

（出所）京都市上下水道局ウェブサイト．

雑になりすぎて消費者にとっても理解しづらいものとなっていたことに加え，競争が激化するなかで利用者が1人増えても追加的な費用がほとんど発生しない特性を活かして定額料金制による割安感を打ち出し，より多くのシェアを獲得しようとする競争とみることもできる．

（4）インセンティブ規制

政府による規制が行われる産業や企業では，意図したかどうかに関係なく，結果的に規制が既存企業を保護することとなり，費用削減努力や生産性を向上させるような技術革新に向けた努力が積極的に行われないことが多い．そこで，1930年代から1940年代にかけて，多くの公益事業をはじめとした自然独占産業分野において，事業のより効率的な運営をめざして限界費用価格規制の適用可能性が議論されてきた．

これまでにも述べてきたように，費用逓減産業においては，事業者が限界費用価格規制を適用すると赤字が発生してしまうために，いかにして事業者の赤字を回避しつつ，より高い経営効率性が達成されるかが課題である．近年では，事業者の収支均衡を実現しながらも，価格規制を通じてより効率的な事業の運営を実現するインセンティブを事業者にもたせるインセンティブ規制とよばれる価格規制が多くの分野で導入されている．

① 免許入札制

　免許入札制とは，独占的な事業免許に一定の有効期間を設け，競争入札によって事業を実施する企業に免許を与えるというものである．この場合，独占期間には一定の期限があるため，非効率的な経営を行っていたら次の入札において新規参入者に事業免許を奪われてしまうだろう．つまり，この制度のもとでは常に競争圧力がはたらき，経営の効率化が期待できる．

　ただし，入札に負けた企業が事業を撤退する際に，それまでに投下した固定費用が回収できない，いわゆるサンクコスト（埋没費用）が存在し，その比重が大きい場合，免許入札制の採用は難しい．また，落札した事業者が必ずしも効率的な経営に成功するとは限らないため，事業免許の売買を認めて効率的な事業者が代わりに運営を行えるような仕組みも必要性であろう．

　現在では地方自治体が運営する公営バス事業などにおいて，民間会社への事業委託が広く行われているが，その中には委託先の選定にあたって入札を経て決定する場合もあり，事実上，免許入札制に近い形での運営が行われている事例もある．

② ヤードスティック競争

　ヤードスティックとは「基準」「尺度」の意味であり，ヤードスティック競争とは，規制の対象となる独占企業のうち，同じような環境にある企業どうしの経営実績を比較して間接的な競争が促進され，経営効率化を図る価格規制である．この方法のメリットは，政府が被規制企業の費用構造について詳細な情報を持たなくても望ましい結果を導くことができる点にあるが，実際にはある程度の企業数を確保しなければならないといった課題もある．

　たとえば，日本には数多くの鉄道事業者が存在するが，その中には同じような費用構造をもち，同じような環境のもとで事業を行っている事業者がいくつも存在する．そこで，これらの事業者のうち，生産性をより向上し費用を削減することに成功した事業者には，その報酬としてより多くの利潤を獲得できるような価格や補助金の水準を設定する．その一方で生産性の向上がみられず費用削減努力が不足していた企業に対しては，利潤が少なくなるような価格とすることで，各企業に効率的な経営を迫るものである．

　このように，ヤードスティック競争は，直接的には競争していなくとも，似たような費用構造をもつ他の企業を基準（ヤードスティック）とし，競争的な環境を作り出すことで，各企業に費用削減のインセンティブを持たせて効率的な

経営を実現するだけではなく,産業全体の生産性向上をも促すことができるのである.

日本では,現在,鉄道運賃や電気料金,ガス料金などに導入されている.また,国鉄などの公営企業の分割民営化(地域会社化)もこの考え方にもとづいて実施されたとされる.

③ 社会契約制・費用調整契約

社会契約制または費用調整契約とは,政府と被規制企業との間で,財の価格や,生産のための費用などに関して価格改定時に契約を結び,企業の経営努力の結果,契約よりも良い成果が実現した場合には報酬を支払う一方で,悪い成果しか実現しなかった場合には制裁を課すような方法である.アメリカの電力事業では,この方式が採用されている.

④ プライス・キャップ規制

プライス・キャップ規制は価格上限規制とも呼ばれ,イギリスの電気通信事業企業であるブリティッシュ・テレコム(BT)の民営化の際に考案された.この方式は,料金上昇率を「物価上昇率+不可抗力要因−生産性上昇によるコスト下落率」の枠内におさめるよう,上限価格(プライス・キャップ)のみを認可の対象として規制し,原則として下限は設けられていない.

この場合,事業の効率化を進めて費用削減を行えば行うほど,より多くの利潤を獲得することができるため,企業に対して経営効率改善のインセンティブが働く.また,価格の下限が設けられないことは,消費者にメリットがあるだけではなく,価格を引き下げることで需要量が拡大し増収が図られることとなり,さらに経営の効率化によって費用を引き下げることに成功すれば,利潤の最大化も可能となる.

また,複数の財を供給する企業に対しては,すべての財の平均費用に上限をもうける形での価格規制が行われる.たとえば,電気通信事業のように,市内通話や市外通話,データ通信,携帯電話など,複数のサービスを提供して,なおかつその一部が他社との競争にさらされているような場合,事業者は独自に各サービスの価格を設定できるため,競争にさらされている分野においては,特に迅速な料金の引き下げなどを行う必要があり,競争を通じて社会的に望ましい資源配分を実現できる可能性が高い.

ただし,上限価格を高く設定しすぎると,事実上規制が存在しなくなり,独占価格が実現してしまうという可能性がある.これは,政府が被規制企業の費

用構造を正確に把握するのが困難であるという根本的な問題であり，依然として大きな課題となっている．

プライス・キャップ規制は，現在は電気通信事業においてNTTグループが提供している一部のサービスなどに対して導入されている．

3　規制改革とコンテスタブル市場

市場が自然独占性をもつ代表的な理由として，巨額の固定費用の存在があげられるが，そうした条件のもとでも現実には航空産業のように競争的な市場となっている例もみられる．

これは事業を撤退する際に固定費用が回収可能かどうか，すなわち固定費用がサンクコストであるかどうかに大きく依存している．もし，市場への参入に際して仮に巨額の固定費用が必要であったとしても，それがサンクコストでなければ既存の企業のみならず，潜在的に新規参入企業が存在するだろう．これは既存企業と潜在的参入企業との間に需要条件・費用条件の格差が存在しないことを意味しており，既存企業が独占価格を設定し超過利潤を獲得していると，より安い価格でその市場に参入しようとする企業の存在を意識しないわけにはいかない．そのため，たとえ1社で市場を独占していたとしても，既存企業は効率的な経営を行い，安い価格で財・サービスを供給するであろう．このような市場をコンテスタブル市場と呼ぶ．市場がコンテスタブル市場ならば，市場が1社に独占されていたとしても，実は競争圧力が働いているのである．

かつては航空産業においては，参入にあたっては高価な航空機の購入に巨額の投資が必要であった．しかし現在においては，航空機の中古機市場の整備やリース市場の発達の結果，もはや航空産業においては航空機の購入費用がサンクコストではなくなったことで，航空市場がコンテスタブル市場であると考えられるようになり，政府による規制の根拠が失われたため，規制緩和が進められて大きな成果を挙げた．

さらに最近では機材購入の費用が安くなっただけではなく，パイロットなどの専門的な技能を持った人材の獲得も，以前ほどは困難ではなくなったこともあり，**写真5-1**のような，着陸料の安い地方の空港をベースにした格安航空会社（LCC）が世界各地で数多く設立されている．

従来の規制理論においては「費用逓減産業＝自然独占」ととらえられ，公的

写真5-1　新規参入の格安航空会社（英・リーズ・ブラッドフォード空港）

規制が正当化されてきたが，コンテスタブル市場の理論の登場によって，たとえその産業が自然独占性を有するとしても必ずしも政府による公的な規制が必要ではなく，むしろ市場競争にゆだねることによって，最適な資源配分により近づけることが明らかになったのである．しかし，実際には航空産業も完全なコンテスタブルな市場ではなかったために，規制緩和後，再び大手航空会社による寡占化が進み，再規制が必要だとも言われている点には留意したい．

第6章　情報の非対称性

▶▶ 市場は効率的な資源配分を実現する機能を持つが，その機能が発揮できず，政府による経済活動への関与が正当化される場合が大きく分けて3つある．それらは，前2章で議論された外部性，自然独占と，この章で取り扱う情報の非対称性である．ここでは市場での取引参加者の間で情報が偏在している場合にどのような問題が発生するかを説明し，政府がどのような役割を果たしうるか，また政府の関与なしに情報の非対称性を乗り越えるために民間事業者がどのような工夫を行っているかを解説する．

1　「情報」の市場での重要性

われわれは日々の経済的な取引において情報を活用している．スーパーで手に取った野菜を買い物カゴに入れる際には，価格は手頃か，新鮮か，国産か外国産か，などの情報を処理したうえで購入・非購入の意思決定をする．この一連のプロセスが通常は特に意識することなく行われるのは，意思決定のために必要な情報が与えられている（と感じる）からである．値札が破れてしまっている場合や，野菜が不透明な袋に入っていて状態が分からない場合，また野菜の採れた場所が不明な場合には，買い物カゴに入れることを躊躇することは容易に想像できるが，これは意思決定に必要な情報が利用できないからである．

毎日のスーパーでの買い物で「情報」の問題を意識しないのは，スーパーと買い物客の間で充分情報が共有されているからである．もちろん売り手であるスーパー側は，商品について客には必ずしも提供しない様々な情報を持っている．仕入れ値がいくらで，どの運送業者が店まで商品を運んで来たかなどということは，開示されない多くの情報の一例である．重要なことは，買い手にとって必要な情報がスーパーとの間で共有されている限りは，情報の問題が取引を阻害することにはならないということである．しかし，取引される財・サービスによっては，売り手と買い手の間での重要な情報の共有が困難になる

場合があり，情報の非対称性はこの場合に発生する．次に，そのケースを取り上げる．

（1）情報の非対称性と中古車市場

　情報の非対称性の説明にしばしば用いられるのは，中古車の市場である．中古車の状態はそれまでに所有していたユーザーがどんな運転をしていたのか，点検整備を定期的に適切に受けていたのか，などの要因により様々である．事故歴によっても将来の故障のリスクは大きく変わるだろう．売り手である販売店のスタッフは，中古車に関するこのような良い情報も悪い情報も詳細に把握しており，将来起こりうるトラブルについてもある程度予見できるだろう．一方で買い手である消費者は，展示されている中古車を見ても外装の傷程度しか分からない．販売店の周囲の道路で中古車を試乗してみたとしても，品質について短い時間で分かることは多くない．購入して何日か運転してみて，「はずれ」だったことに初めて気付くこともある．

　アカロフは，この中古車市場を例に，情報の非対称性が存在する取引では良い商品が売れなくなり，結果的に市場取引自体が成立しなくなってしまう可能性があることを示した．これを簡単な数値例で説明しよう．中古車販売店に品質の良い車（ピーチ）と品質の悪い車（レモン）の2種類があり，ピーチには100万円，レモンには50万円の価値があるとする．この場合，中古車を買おうとしている消費者が車の品質の良し悪しの判断ができるのであれば，当然ながらピーチには100万円を支払うが，レモンには50万円しか払おうとはしないだろう．この場合には，ピーチ，レモン双方が取引されるのである．

　しかし，消費者は中古車の品質について「良い」「悪い」の2種類が流通していることは知っているが，購入を検討している特定の車の品質について正確な判断を行うことはできない．仮に，流通している中古車の半分がピーチでもう半分がレモンとして，消費者もそのことは認識しているとする．このとき，客は個々の車の品質を把握することはできないため，その価値を期待値として確率的に評価しようとする．現在の例では，流通している中古車の平均的な価値としての期待値（E）は，

$$E = 0.5 \times 100 万円 + 0.5 \times 50 万円 = 75 万円$$

となり，消費者は市場にある中古車の平均的な価値を75万円として考えてい

る．この状況では，消費者は個々の中古車の品質・価値を判断できないため，その期待値の 75 万円より高い車は買おうとしないが，それよりも安い価格ならば支払うだろう．一方，中古車販売店は自らが販売している中古車の価値を正確に判断できるため，ピーチの車を 100 万円以下では売ろうとしない．消費者が 75 万円までしか支払わないために取引が成立する中古車はすべてレモンになってしまう．ピーチに対する市場での需要は存在せず，市場でのピーチの取引は成立しなくなる．

　これを情報の非対称性に起因する「レモンの原理」といい，市場において高品質の製品が選ばれるのではなく，「悪貨が良貨を駆逐する」として知られる貨幣に関するグレシャムの法則のように，品質の良いものが市場で供給・需要されなくなるため逆選択（アドバース・セレクション：adverse selection）とも言う．競争により生まれる「より良いものがより多く」供給される価格メカニズムがこの場合には働かない結果，社会的総余剰の一部が失われることとなり，そこで実現する資源配分はパレート最適とはならない．[1]

(2) 保険市場

　中古車市場では売り手に情報が偏在することにより情報の非対称性が発生するが，買い手が売り手よりも多くの情報を持っていることにより同様の問題が起きることもある．その代表的な例が保険市場である．ここでは自動車保険の例を取り上げてみよう．

　ドライバーがどのくらいの確率で事故を起こすのかは，運転技術や運転頻度，ドライバー自身の性格・マナーなど様々な要因によって左右される．同じ補償内容の保険サービスを提供するために，安全な運転をするドライバーには年間 5 万円，事故をよく起こす危険ドライバーにはその事故リスクを反映して年間 20 万円の保険料を設定することが妥当であったとしよう．しかし，保険会社にとって各ドライバーが普段どんな運転をしているのかを正確に把握することは困難である．そこで，仮に安全なドライバーと危険なドライバーが半分ずつであるとの前提をたてて，「0.5×5 万円 $+ 0.5 \times 20$ 万円 $= 12.5$ 万円」という保険料を保険会社が設定したとする．ドライバーはこの一律の保険料を受け入れて保険に加入するか否かの意思決定をする．保険会社とは異なりドライバーは普段の自分の運転から，自分にとって妥当な保険料を知っている．すると，保険会社が一律に設定した 12.5 万円という保険料は，安全な運転をする

ドライバーにとっては高すぎる一方で，危険な運転をするドライバーには魅力的だろう．すると，この保険には危険な運転をするドライバーしか加入しなくなってしまう．この状況では保険金支払いが相次ぐこととなって，保険会社は収益を得ることが不可能となり，保険そのものが成立しなくなる可能性がある．これが保険市場において情報の非対称性が引き起こす逆選択である．

保険サービスの仕組みは，加入者が保険料の支払いという定常的な費用を負担することで，病気・事故などによる大きな損害の発生リスクを低減することを可能にするものであり，危険回避的な経済主体にとっては有益な経済的取引である．情報の非対称性のために，市場で保険が効率的に提供されないことは，社会にとって望ましいことではない．

2　情報の非対称性への対処

それでは情報の非対称性に対処するためにはどのような方法が考えられるだろうか．必要なことは，売り手，買い手のいずれかに偏在している情報を開示させ，非対称性を解消することである．これが実現すれば，市場の持つ資源配分機能が発揮されることが期待される．このために政府と民間事業者が行っている取り組みを順に紹介する．

（1）公的規制

中古車市場を例に説明したように，売り手が開示する製品についての情報が必ずしも消費者に信頼されないことで，市場において「レモンの原理」が実現してしまう．それは経済的取引の機会を失うことであり，経済活動を阻害するという意味で国民経済的な観点からも望ましくない．売り手側での情報の偏在に対処するには，製品についての正しい情報を売り手に開示させることが必要である．政府が市場に介入することで情報の信頼性を高め，情報の偏在を緩和することができれば，売り手・買い手双方を含む多くの国民にとって有益である．

日本では「不当景品類及び不当表示防止法（景品表示法）」の第4条で，「自己の供給する商品又は役務の取引」について実際のものよりも著しく優良であると消費者に誤認させる表示をすることを禁じている．中古車販売業者が，中古車の事故・修理歴，走行距離などについて虚偽の表示を行った場合には，消費

者庁がその行為について一般に周知し，業者に対しては同様の行為を行わないことを命令することができる．これにより，販売店の説明に基づいて消費者は中古車の「ピーチ」と「レモン」を区別することができるのである．

　また，自動車保険についても，逆選択により保険サービスの提供が阻害され，多くの無保険車が道路を走行している状態は望ましいことではない．事故が起きてしまった時に，被害者に損害の保障をする経済的基盤が加害者にない場合には，被害者がその損失を回復する機会が失われてしまうからである．この問題に対処するため，日本では「自動車損害賠償保障法」に基づいて自動車損害賠償責任保険（自賠責保険）の制度が設けられ，保険加入が法律により義務付けられている．自賠責保険に加入せずに自動車を運転すると，1年以下の懲役または50万円以下の罰金が科せられ，免許停止などの処罰・処分の対象にもなる．この政策は情報の非対称性そのものを解消するものではないが，保険加入を義務付けることで逆選択の問題に対処するものである．

（2）民間事業者の取り組み
　中古車市場で情報の非対称性を緩和することは，個別販売店の側にとっても利益になることである．消費者が品質の良い中古車を認識できれば（「ピーチ」と「レモン」の区別ができれば），品質の良い車の取引が可能になり，市場が拡大する．それを目的に多くの販売店が行っているのは「ピーチ」について「（長期）品質保証」を提供することである．消費者にとって中古車の品質を見極めることの困難さは変わらないかもしれない．しかし，すぐに故障するかもしれない「レモン」に販売店が保証をつけることは，アフターサービスの費用がかさむことで販売店自身の利益にはならないことを消費者が認識すれば，保証が付いている車の品質について消費者は安心を得ることができ，「ピーチ」としての対価を支払うことができる．自動車メーカー系列のディーラーなどが行っている「認定中古車」の仕組みも，同様の効果をもたらす．ブランド化された認定中古車に「レモン」を混ぜて販売することは，ブランドの毀損を通じて会社にとって大きな損失に繋がることから，消費者はそこで売られている中古車を「ピーチ」として信頼するのである．

　また，中古車販売業者が協力して行う取り組みも存在する．たとえば，一般社団法人・自動車公正取引協議会は，消費者庁・公正取引委員会から認定された「自動車公正競争規約」を運用する機関として設立された公益法人であり，

写真6-1　中古車販売店のプライスボード

自動車メーカーや国産・輸入車の新車・中古車・二輪車販売店が会員となっている．その主な活動は，自動車（及びオートバイ）を購入する際に必要な，価格や品質等の適正な情報の提供と，不当な表示等を禁止することを通じ，消費者に信頼される自動車取引を推進することである．たとえば，この協議会は中古車価格表示に関するルールも定めており，そのルールに違反した販売店を罰する仕組みを設けている．この様にして会員販売店が提供する情報についての信頼性を高めることで，情報の非対称性の問題に対処する役目も負っている．

　情報の非対称性を乗り越えるための民間事業者による工夫は保険市場でも観察される．安全なドライバーと危険なドライバーの区別ができないために一律の保険料が必要となり，それが逆選択につながるため，保険会社は個々の顧客について入手可能な情報を利用することでドライバーの運転の危険度を判別しようとする．その1つは年齢により異なる保険料を設定することである．自動車保険の中には，35歳以下のドライバーが保険対象車を運転する場合には高い保険料の支払いを求めるものがある．これは若年者の乱暴な運転や状況判断の未熟さなどから「若いドライバーは事故が多い」という統計的事実に基づき，年齢を基準にして情報の非対称性を補う努力である．同様に，保険対象車に基づいて保険料を調整する仕組みもある．車種別の過去の事故実績により，事故率の低い車種に乗っているドライバーは安全なドライバーと分類され，保険料は低めに調整される．さらに，「ゴールド免許」による保険料の割引も逆選択

を防ぐ役目を持っている．過去の運転履歴から交通違反を犯す傾向が低いことを示すゴールド免許を持っているドライバーは，安全に注意した運転をする可能性は高いであろう．この情報を保険会社は利用して保険料を設定する．

　しかし，これらはいずれも保険料の調整を潜在的契約者の外形的特徴に依存して行うものであり，必ずしも個々のドライバーがすべてこのステレオタイプに当てはまる訳ではない．暴走運転を集団でする人々に好まれるタイプの車を所有しながらも，常に安全運転を心がけている若者もいるだろう．あるいは，日常的に不注意で危険な運転をしながらも，毎日の僥倖に恵まれてゴールド免許を所持しているドライバーもいるかもしれない．しかし，ドライバー1人ひとりの情報は顧客に偏在しているため，保険会社としては外形的特徴を活用した保険料設定を行わざるを得ない．そして，この仕組みが情報の非対称性がもたらす逆選択を抑制することにある程度成功していることは，自賠責保険が義務付ける以上の補償を求める多くの人々が，民間の任意自動車保険に自発的に加入していることからも明らかである．非営利法人・損害保険料率算出機構の資料によれば，対人・対物賠償の任意保険の加入率は2012年で73.4％に達している．

3　モラル・ハザード

　自動車保険の例をもう少し考えてみる．逆選択を乗り越えて，ドライバー各自のリスクを反映した保険料設定を保険会社が行うことで新しい契約者を獲得しても，そのドライバーが保険加入後に行う運転について保険会社は情報を得ることができない．保険で守られていることにより，保険がない場合よりも不注意な運転をしてしまう可能性はないだろうか．また不心得者がいて，故意に事故を起こし，保険金を受け取ることで生活費の足しにするかもしれない．このように，契約が結ばれた後で，当事者の一方が契約時の前提から逸脱する行動をとり，契約が想定した条件が当てはまらなくなることをモラル・ハザード（moral hazard）という．モラル・ハザードは情報の非対称性が引き起こす問題の1つである．すなわち，取引・契約の当事者間で，一方の当事者の行為を他方の当事者が観察できないときに発生する．自動車保険に加入したドライバーの運転を保険会社の社員が毎日観察できればこの問題は発生しないが，実際にはそれは不可能である．

そこで，自動車保険にはモラル・ハザードを防ぐ工夫も行われている．その1つが「ノンフリート等級制度」(以下，「等級制度」)である．この制度では[2]，契約者に1〜20の「等級」を与え，等級に応じて保険料を割引・割増する．具体的には，等級が高い(数字が大きい)ほど割引率が大きく，低いほど割引率が小さくなる．新規契約時には通常6(または7)の等級からスタートして，1年間無事故であれば(正確には保険金支払いがなければ)，毎年1等級だけ上がり，翌年の保険料は割引される．反対に，事故を起こして保険金の支払いを受けてしまうと，翌年の保険料が一度に3等級下がって保険料が上がってしまうため，ドライバーに対して，保険加入後にも安全運転するためのインセンティブを与えることになる．しかし，この「等級制度」は情報の非対称性を直接解消する手段ではない．その目的は，保険加入後のドライバーに安全運転を行う動機付けをすることでその行動をコントロールし，非対称性のもたらす悪影響を軽減することである．

「等級制度」はモラル・ハザードを防ぐ機能があるが，この等級が損害保険業界全体で共通化されていることで，逆選択を緩和する役割も持っている．すなわち，等級の高いドライバーは，過去においていずれかの自動車保険に加入しながら保険金の支払いはあまり受けておらず，安全なドライバーであると認識される．そのため，加入を検討しているドライバーが新規顧客であっても，その運転者の持っている等級を確認することで，リスクに応じた保険料を保険会社は設定することができる．これとは逆に，そもそも逆選択を緩和する仕組みであるものがモラル・ハザードを防ぐことにも役立っているものが，保険会社による「ゴールド免許」の利用である．ドライバーが「ゴールド免許」を持っているという情報により，保険会社は情報の非対称性を小さくすることができ，逆選択に対処できる．一方で，「ゴールド免許」所有者が保険加入後にモラル・ハザードにより乱暴な運転をしたり，交通規制を遵守しないで「ゴールド免許」の資格を失ってしまうと，そのドライバーは保険の更新時に保険料の割引を受けられなくなってしまう．こうして，「ゴールド免許」割引は，保険加入後も安全に注意して運転し続けるインセンティブをドライバーに与えることにもなる．

4 シグナリング

これまでの節では，情報の非対称性が市場での経済取引を阻害することと，それに対して様々な対策が行われていることについて説明してきた．この節では，情報の偏在がもたらすもう1つの問題を議論する．ここでは労働市場を例にとる．労働市場では供給側である労働者は自らの能力について多くの情報を持っている．しかし，需要者である雇用者は個別の労働者の能力については限られた知識しか得られない．ここに情報の非対称性が存在する．この時に，能力の高い労働者は，その情報を雇用者に正しく伝えることができれば，自分が雇用される確率が高まることで便益を得ることができる．しかし，面接で能力が高い旨の自己アピールを行うだけでは，能力の低い者も同様のアピールが可能であるために，雇用者にはその情報に基づいて両者の区別を行うことはできない．

この際に，能力の高い労働者には「シグナリング (signaling)」を行う動機が発生する．それは，個々の労働者の能力と相関すると雇用者が考える外形的特徴を獲得することである．たとえば，学歴と能力の間に強い関連があると雇用者が信じていれば，能力の高い労働者は高学歴を獲得することで，能力の低い労働者から自らを区別しようとする．シグナリングにより労働者の能力に関する情報が雇用者側に共有されるならば，情報の非対称性を緩和することができ，労働市場はより効率的に労働サービスを配分することができる．

それでは，このシグナリングをどう評価すれば良いのだろう．シグナリングに意味があるとすれば，それはシグナリングとなる外形的特徴を獲得する過程で伝えるべき情報自体が生み出される場合である．社会で高い評価を得ている大学で教育を受けることにより，学生の能力が高校卒業時と比較して高められている場合には，その「高学歴」のシグナリングを獲得する努力は，労働市場で情報の非対称性を軽減するために有益であるのみならず，個別学生の人的資源の高度化にも資することとなる．

それとは反対に，シグナリングの獲得が能力の向上には繋がらない場合には，シグナリングは能力の高い労働者による無駄な投資である可能性がある．たとえば，高校を卒業する時点で，生徒には優秀なものもいれば，そうでないものもいるだろう．大学入試が優秀な生徒だけに大学入学を認めるものであるとす

れば，「大学卒」のシグナリングを獲得するグループは，高校卒業の時点で既に優秀であったグループと完全に重複するであろう．もしも大学教育が若者の能力を 18 歳の時点から全く向上させないとすれば，この場合には，「大学卒」の肩書きを得るために費やされる学費と 4 年の時間とは，人的資源の観点からは無駄な投資である．大学がレジャーランド化しているとの批判は以前から行われているが，これは大学をシグナリング獲得の道具に過ぎないと批判していると解釈することもできる．

　また，労働者個人の能力と無関係なシグナリングの例として，「ディプロマ・ミル（diploma mill）」による高等教育の学位（と称するもの）がある．ディプロマ・ミルとは料金の支払いに応じて学位を授与する業者である．これは，正当な教育機関で教育を受けることによるシグナリングを獲得することができない労働者が，金銭を支払うだけでシグナリングとしての学位を得る仕組みである．こうした業者による学位の存在は，長期的には雇用者による能力と学歴との関連についての評価を揺るがすことで，正当な教育機関による学位のシグナリングとしての機能に悪影響を与える恐れがある．正当な教育機関が「認証（accreditation）」という制度によりディプロマ・ミルを排除しようとするのは，情報の非対称性を緩和する手段を維持しようとする努力とも解釈することができる．

注

1）この中古車の取引の例は，ノーベル経済学賞受賞者のジョージ・アカロフ（George Akerlof）教授が 1970 年の学術論文 "The market for lemons: Quality uncertainty and the market mechanism" で分析した．「lemon（レモン）」とは，低品質の中古車というアメリカの俗語である．

2）自動車保険では契約者が自ら所有・使用する自動車 10 台以上に保険を付ける場合をフリート契約，9 台以下の場合をノンフリート契約と呼ぶが，個人が自動車保険に加入する場合は，通常ノンフリート契約となる．等級制度はノンフリート契約に設定されている．

第7章 税の理論

▶︎ 税とはいったいどのようなものなのであろうか．なぜ税を納めなければならないのか，どれくらい納めるべきなのか，といった疑問に答えることは，実はそれほど容易なことではない．この章では，政府の収入の中心を占め，われわれの生活にも身近な税について基本的な概念を整理し，税がわれわれの生活にもたらす影響について経済学的な観点から学ぶ．

1 課税の根拠と税の負担配分

　なぜ私たちは税を納めなければならないのだろうか．税は強制的に取られるものなのだろうか，それとも政府が提供する公共サービスへの対価として納めるものなのだろうか．あるいは，貧富の格差を解消する方法として必要なものなのだろうか．最近の研究では税に対するこうした考え方は，個人がどの程度，政策を理解しているのか，政府をどの程度信頼しているのか，といったことに影響を受けていることが明らかになっている．
　さて，課税の根拠として，1つの考え方は，政府は国民に様々なサービスを提供しており，国民はそのサービスから受ける利益に応じて対価を支払うべきである，という利益説と呼ばれるものである．
　国民に対する課税の根拠として考えられているもう1つの考え方は，国家という共同体は私たちの生命や財産の安全を守ってくれる存在であり，そのことに対する義務として税を負担すべきであるという義務説と呼ばれるものである．[1]
　では，どのようにして国民に税負担を配分すべきなのだろうか．1つの考え方は，「各個人が享受する公共財の受益に応じて税負担を配分すべきである」とする応益原則という考え方である．たとえば，一般道路の利用者から，道路の建設や維持負担の費用を利用料金として徴収することは現実には不可能である．そこで日本では揮発油税（ガソリン税）という税を設けて道路の建設や維持管理の財源としてきた．しかも道路を多く利用する＝より多くの距離を走行

する消費者は，ガソリンの消費を通じてより多くの税を負担するため，受益と負担の関係が明確な税であり，応益原則の観点から公平な税であるといえよう．

しかし，いくら排除が可能であるといえども政府が供給するサービスの中には政策的な観点から，特定の人をそのサービスから排除すべきではないものも多く含まれている．たとえば，伝染病予防や教育サービスなどは外部性が非常に大きく，公共財的な性格を有する．このようなサービスについては，広い意味での受益者の特定が困難であり，またその政策効果の観点からも応益原則を適用することは，必ずしも妥当ではない．つまり，応益原則だけで租税体系を組織することは現実的には困難といえよう．そこで，もう1つの税負担の配分のあり方として「税の支払い能力（担税力）に応じて税負担を配分すべきである」とする，応能原則という考え方がある．これは，国民は政府から提供される様々なサービスから利益を得ているものの，実際にどれほどの利益を受けているのかを測定することは事実上不可能であり，測定できたとしても経済的な理由から税を負担することができない国民も存在することも考えられる．そこで，国民1人ひとりの経済状況，すなわち税の支払い能力に応じて税を負担することが公平であるとするのが応能原則である．

しかし，応能原則についても税の支払い能力をどのような基準で評価すべきであるか，を判断するのは議論の分かれるところである．また，支払能力を測れたとしても，どのような税負担の配分が公平なのかを判断するのはきわめて難しい問題である．つまり，応能原則だけでも租税体系を組織することは困難であり，現実的には，応能原則と応益原則をうまく使い分けることが望まれる．

また，同じ課税対象に同種の税が2回以上課される二重課税をいかに回避するのか，も大きな問題である．たとえば，企業などの法人の配当は法人税の課税後の利益から支払われるが，個人が受け取る配当にも所得税が課されるため，二重課税に当たるのではないかという指摘もある．さらに，経済のグローバル化が進んだ現在では，個人や企業に対する二重課税を回避するために国家の課税権をどう定義するのか，も大きな議論となっている．

2　租税原則

今日では，日本では租税原則として

① 公平性
② 中立性（効率性）
③ 簡素

という3つの原則が掲げられている．

　これは，1986年に定められた税制改革法の基本理念であり，「租税は国民が社会共通の費用を広く公平に分かち合うためのものであるという基本的認識の下に，税負担の公平を確保し，税制の経済に対する中立性を保持し，及び税制の簡素化を図ることを基本原則」とすることが定められたことによっている．

　これは，同じころアメリカにおいて税制上の優遇措置が大幅に拡大した結果，税制が複雑かつ不公平になってきただけでなく，経済成長にも悪影響を及ぼしていたという認識から，多岐に渡っていた優遇措置を思い切って整理し，公平かつ簡素でありながらも，経済成長を阻害しないような税制改革の方向性が打ち出されたことに大きな影響を受けている．

(1) 公平性

　公平性とは，税負担に関して納税者間での公平な税の配分を求めるものである．しかし，何をもって公平とするのか，は単純なようで実は難しい問題である．公平性については，次の2つの点について区別しなければならない．その1つは水平的公平性である．これは「等しい経済力を持つ人々の等しい取り扱い」を要請するものである．もう1つは垂直的公平性とよばれるものであり，「異なる経済力を持つ人々の異なる取り扱い」を要請するもので，経済力の高い人にはより多くの税金を課すことを認める考え方である．

　では，何をもって経済力，すなわち担税力とみなすかについては意見の分かれるところである．経済力の源泉は所得にあるとみなし，担税力とみなす立場からは所得課税が望ましいとされる．この考え方に立てば，自営業やサラリーマン，あるいは資産運用などいかなる手段で所得を得ようとも，同じ所得水準にある人には同じ負担を求めなければならない．また，消費がその人の担税力を表すという立場からは消費課税が望ましいとされる．古典的な議論において，所得は社会の経済成長への貢献の成果である一方，消費は社会の富を持ち出していると考えられ，所得よりも消費に課税すべきであるとされた．また，所得はあくまで一時的なものにすぎないが，消費は個人の長期的な生涯所得を反映

するという立場から消費課税こそが望ましい税であるとする考え方もある．さらには，様々な方法で所得を得ている個人の所得を正確に把握することは困難である一方で，消費を把握することはそれほど困難ではないため，より少ない徴税費用で課税することができる，という現実の制度面からの要請もある．

現在では多くの国で，所得が増えるとより多くの税負担が課される累進的な労働所得税が導入されているが，応能原則はその根拠とされている．多くの場合，労働所得税は，単に収入だけをもって担税力とするのではなく，その収入を得るために必要と考えられる必要経費や家族の有無，医療費や社会保険料負担など，個々人によって異なる様々な費用負担を考慮して課税対象となる所得を決定している．

現実の税制においては，一部の税に対して低所得者層にとって不公平な税であるという批判がなされることがある．たとえば消費税を例に考えると，消費額が大きくなればなるほど納税額も大きくなるものの，その一方で低所得層ほど所得に占める消費税の負担割合が相対的に大きくなるという性質がある．このような性質を逆進性と呼び，しばしば大きな問題となる．

簡素な税制という前提のもと，効率性と公平性をどのように実現するのか，すなわち社会の公平性の確保と効率性の確保（＝経済成長）の実現のどちらを重視すべきであるのかについても，社会情勢や時代背景によってその優先順位は異なる．また何をもって公平性とするのかを判断することは価値判断をも伴うものであり，実は容易なことではない．現実の税制の設計や分析にあたっては，このような点について注意しなければならないのである．

（2）中　立　性

税の中立性とは，効率性とも呼ばれ，企業の経済活動や個人の購買意欲に悪影響を与えず，経済成長を阻害しないためにも重要なものである．すなわち，なるべく少ない税負担により必要な総税収額を確保することを要請するものであり，いわば経済資源の最適配分の問題でもある．では税が中立的ではない，課税による非効率が発生する状態とはどのようなものだろうか．

図7-1は X 財市場の需要曲線と供給曲線をそれぞれ示している．課税前の均衡点は E であり，このときの消費者余剰は HEP，生産者余剰は PEG であり，社会的余剰はこれらの合計であるため，HEG となる．

いま，生産者に対して財1単位につき t だけの従量税が課せられたとしよう．

これは企業にとって限界費用が増大することを意味するので，供給曲線は S' にシフトし，均衡価格は P_2 となる．したがって，課税後の消費者余剰は HEP，生産者余剰はそれぞれ PEG となるため，課税後の社会的余剰の大きさは $HBCG$ となる．また，政府の税収は P_2BCP_1 である．

ここで，政府が税収と同額を生産者と消費者に配分したとしても，課税前と課税後の社会的余剰を比べると BEC だけ減少していることがわかる．これは，税の超過負担と呼ばれるものであり，課税によって失われた社会的余剰である．すなわち課税によって資源配分の効率性が損なわれていることを意味し，税額を超える負担である超過負担をできる限り小さくする必要がある．

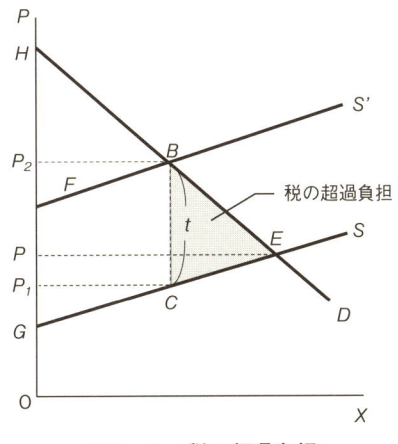

図7-1 税の超過負担

税は国家によって国民に強制的に課されるものであることから，公平なものでなければならない，というのは当然要請されるべきことである．しかし，完全競争市場を仮定するなら市場で実現される資源配分は効率的なものであり，そのような資源配分を歪めることがないように税制を設計することも重要である．これを要請するのが中立性（効率性）であり，国民に過度の税負担を強制せず，また経済成長を妨げないという観点から重要視されている．ただし，税を用いた政府の介入を完全に否定するものではなく，たとえば外部性などにより資源配分の非効率性が発生しているときに，課税により望ましい資源配分を実現することを妨げるものではない．すなわち資源配分の効率性を実現することで，経済成長を阻害しないような税体系であることを要請するものである．

ここで注意すべき点として，公平性と効率性は必ずしも両立しえないことがあげられる．たとえば，公平性を確保するために累進度が極めて高い所得税を導入したとしよう．このような税は，所得再分配，つまり所得格差の是正という効果は大きいものの，一方で所得が増えるほど納税額が大きくなり，労働意欲を大きく削いでしまうかもしれない．つまり，課税が資源配分に大きな影響を及ぼしているのである．

その一方で，所得格差の極端な拡大を放置すればどのような問題が起こるであろうか．いうまでもなく，格差の過度の拡大やその固定化は特に低所得層の労働意欲に大きな影響を及ぼすであろう．さらには治安の悪化や社会不安，伝染病の流行など，様々な問題も引き起こしかねない．このように，過度の所得格差を未然に防ぐことは安定的な経済成長の実現にとっても重要な課題である．

課税にあたっては，公平性を実現することによって得られる社会的な利益と，中立性を実現することによって得られる社会的な利益の双方を比較して，その正当性を判断することが重要なのである．

（3）簡　　素

簡素な税とは，徴税費の最小化を求めるものである．徴税費の最小化とは，税を徴収するために必要な費用ができるだけ少ないほうがよいということである．具体的には，税を徴収するために税務署などを運営する税務行政費用と，納税者が税を支払うために帳簿をつけたり税理士を雇ったりする納税協力費用をさす．

日本の国税の100円当たりの徴収費用（税務行政費）の推移を示したのが図7-2である．

また，納税協力費とは，納税に際して税法を遵守するために納税者が負担する種々の費用をさす．日本において納税協力費用が公式に測定されたことはないが，実際には国民や企業は納税に際して税務担当者や税理士への報酬の支払いや税務関連の資料の購入，税務署への郵送費などの金銭的負担だけではなく，申告書の作成や帳簿の記録・保存，さらには税理士との会合などのために時間的，精神的な負担をしており，こうしたものが含まれるとされ，こうした負担を少しでも減らすため，近年ではインターネットを利用した電子申告なども推進されている．

しかし，現実には税制度はかなり複雑なものとなっている．たとえば所得税は高額所得者ほど税負担が重くなる累進課税制度を採用しているほか，個人の様々な事情を考慮する控除制度をもうけている．これらの仕組みは，税負担の公平性を実現するためのものであり，もし，これらの仕組みを廃止して全員が同一の税負担とした場合，簡素さは達成されるが，公平性は確保されなくなってしまう．しかし，税制度が複雑であればあるほど，制度のスキをついて少しでも税負担を軽くしようと節税，またときには脱税といった租税回避行動をと

(円)

年	値
1998	1.44
1999	1.50
2000	1.40
2001	1.54
2002	1.66
2003	1.67
2004	1.58
2005	1.45
2006	1.43
2007	1.49
2008	1.71
2009	1.93
2010	1.75
2011	1.78
2012	1.60

図7-2　国税の徴収費用の推移

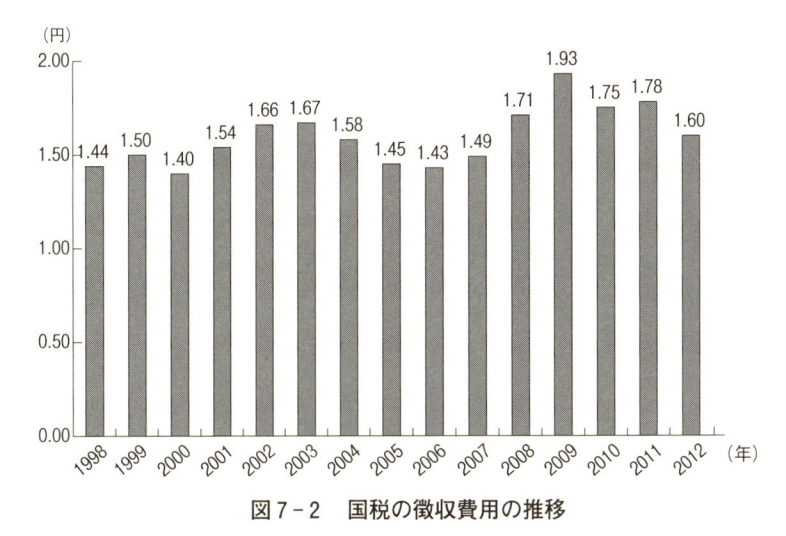

(出所) 国税庁統計年報書各年度版を基に作成.

るインセンティブが高まる．こうしたインセンティブは一般的に高額所得者の方が高く，垂直的公平性の観点からも問題である．税の効率性と公平性を同時に実現することが難しいように，簡素と公平性もまたトレードオフの関係にあり，このことも税制度の設計を難しくしている．

3　税の経済効果

（1）労働所得税と労働供給

　労働所得に税を課すと，労働供給に影響を及ぼす．この影響を考えるために経済主体がどのように労働供給を決定しているのかを理解する必要がある．通常の労働供給モデルでは，労働者が所有している1日24時間をすべて働いたものとして得た労働所得（これをフルインカムという）をレジャーと私的財に配分すると考え，24時間からレジャーを差し引いた時間を労働供給とする．ここで，レジャーの価格はレジャーを消費することによって失われた収益と考えられるので，賃金である．

　今，労働所得に対して税が課されたとしよう．すると，税を支払った後の税引き後賃金は低下する．賃金低下による影響は2つある．1つめは，課税後賃金の低下によるフルインカムの低下を通ずる影響であり，所得効果と呼ばれて

いる．税引き後の賃金が低下するとフルインカムも低下するが，このときレジャーが正常財であればレジャーの需要量が減少するため，労働供給は増加する．2つめは，課税後賃金が低下したためレジャーの価格が低下することによる影響であり，代替効果と呼ばれている．代替効果によれば，レジャーの価格が低下するのでレジャーの需要量が増大し，このため労働時間は減少する．

これを簡単なモデルを用いて説明してみよう．個人は労働の対価として受け取る所得 Y と，それを支出して得られる消費 c，そしてレジャー l から効用 u を得ているとしよう．また，所得 Y を得るために，賃金率 w で h 時間を労働にあてるとする．物価水準を p とすれば，この個人の予算制約式は，$wh = y = pc$ となる．さらに，この個人が利用可能な総時間数を L とすると，時間制約式は $L = l + h$ となるため，労働時間は $h = L - l$ と表すことができる．以上より，この個人の所得と労働時間の関係は，

$$w(L - l) = pc \tag{7-1}$$

となる．この個人は，(7-1) 式の制約条件のもとで，消費財と余暇からなる効用関数

$$u = u(c, l) \tag{7-2}$$

を最大化しようと，余暇と労働の時間配分を決定する．この関係を示したのが図7-3である．

図7-3では横軸は余暇時間 l，縦軸は消費水準 c を，また予算制約線が AB で表されている．この個人にとっては，無差別曲線 I_1 は，予算線 AB の接する E 点が効用が最大化される点であり，また，E 点に対応する l^* がこのときの家計の最適な余暇の水準である．したがって，この個人は残りの $h^* = L - l$ だけ労働供給を行い，そのとき予算制約線の傾き w/p の実質賃金率で所得を得て，c^* の消費が可能になる．

さて，このとき，労働所得税 T を課すとどうなるだろうか．税率を t $(0 < t < 1)$ とすると，所得税額 T は $T = t \cdot wh$ となる．したがって，課税後の個人の可処分所得は，

$$y - T = wh - T = wh - T \cdot wh = (1 - t)wh \tag{7-3}$$

となる．すなわち，課税によって賃金率 w が $(1 - t)w$ に低下したといえる．

このとき，個人はどのように行動するかを示したのが，**図7-4**である．図7-4では課税によって実質賃金が低下した場合に，均衡点がどのように変化するのか示している．

まず，E点からE_1点への変化について考えよう．新しい予算制約線FG上に位置するE_1点は当初の予算制約線ABに並行であるから，これは消費cと余暇lの相対価格w/pは一定のまま個人が利用可能な資源が減少していることを示す．ほかの条件が一定で，余暇と消費への支出が所得の増加につれて支加するという正常財（上級財）であるならば，それぞれの需要は減少することとなり，その分，労働供給は増大することになる．これが労働所得に課税した際に生じる所得効果である．

次に，E_1点からE_2点への変化について考える．E_1点からE_2点も同じ無差別曲線I_2の上にあることから，この変化は効用水準を維持しつつ，余暇と消費への支出の組み合わせを変化させるものである．この場合は，課税によって賃金率が低下したことで機会費用が低下し，より多くの余暇lを需要するようになり，その結果，労働時間hが減少したことを示している．これが，労働所得に課税した場合の代替効果である．

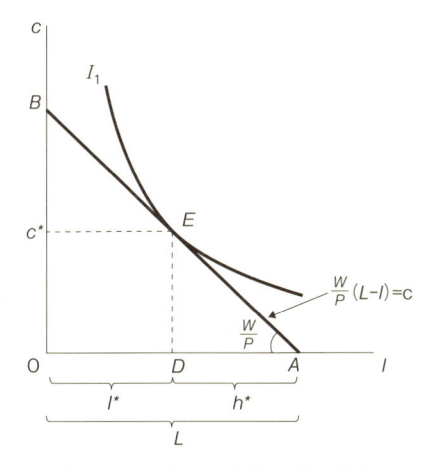

図7-3　余暇と労働供給の決定

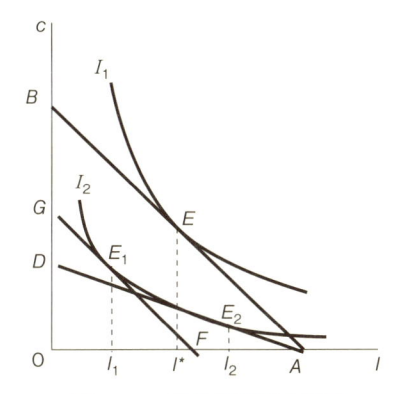

図7-4　労働所得税の効果

以上のように労働所得税が課されたときの労働供給への影響をまとめたものが**表7-1**である．

実証分析によると，代替効果がより大きく，税率の増大は労働供給を減少させる効果を持っている．特に男性より女性の場合，その効果がより大きいとい

表7-1 労働所得税と労働供給

所得効果	労働供給の増大（レジャーが正常財なら，フルインカムの減少により，レジャーの需要量が減少，すなわち，労働供給が増大する）
代替効果	労働供給の減少（レジャーの相対価格（レジャーの価格は税引後賃金）が安くなるので，レジャーの消費量が増大，すなわち，労働供給が減少する）

われている．

（2）利子所得課税の効果

利子所得課税は資本所得課税ともいわれ，一般には預貯金や公社債の利子に対する課税として知られている．このような利子所得に対する課税は，経済活動にどのような効果をもたらすのであろうか．

利子所得は将来消費のための貯蓄の報酬と考えることができるため，人々の貯蓄行動を分析することで利子所得に対する課税の効果を検証することができる．いま，家計は現在と将来からなる2期間で消費の計画を立てているとする．現在の所得をyとし，将来においては所得は発生しないものとする．ここで，現在の消費をc_1，将来の消費をc_2，貯蓄をsとしよう．もし現在の所得のうち一部を将来消費に備えて貯蓄するならば，$y = c_1 + s$となる．このとき，利子率をrとすると，将来消費にあてることができる貯蓄は利子収入をうむことになるため，$(1 + r)s = c_2$となる．以上から，生涯の予算制約式は，

$$y = c_1 + \frac{c_2}{(1 + r)} \qquad (7-4)$$

となる．

図7-5では，横軸は現在の消費水準，縦軸は将来の消費水準を，また2期間の予算線がABで表わされている．なお，この予算線の傾きは利子率の大きさを意味している．無差別曲線Iは，家計の生涯効用を一定にする現在消費と将来消費の組み合わせであり，この無差別曲線と予算線ABの接するE点が，家計の生涯の効用が最大化される点である．また，E点に対応するASがこのときの家計の最適な貯蓄水準をあらわしている．

さて，今，利子所得税が課されたとしよう．利子所得への課税は，家計にとっては将来受け取る利息が減少するのと同じである．いま，税率をtとすると，課税後の予算制約線は，

$$y = c_1 + \frac{c_2}{1+(1-t)r} \quad (7-5)$$

となり，図では予算線の AB から AB' への下方へのシフトとして描かれる．

さて，課税後の貯蓄水準は無差別曲線 I' と予算線 AB' の接する新しい均衡点 E' に対応して決まるが，E' 点が E 点よりも右側になるのか，左側になるのかについてはただちには決まらない．これは利子率の実質的な低下にともない，将来財の価格が相対的に高くなり，一方で現在財の価格が相対的に安くなるため，現在財の消費を増加させて貯蓄を減少させる（代替効果）が，その一方で実質的な生涯所得の減少は現在消費を減少させて，貯蓄を増加させる（所得効果）という効果も持ち，たがいに相殺する方向に働くためである．

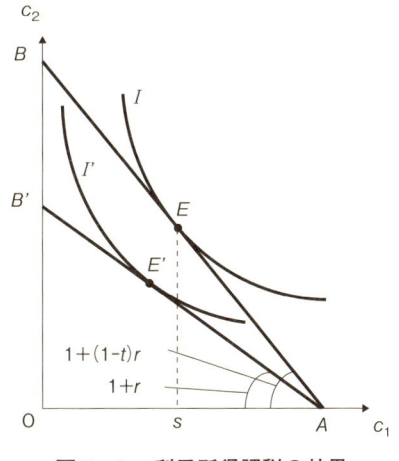

図7-5 利子所得課税の効果

（3）税支払いのタイミング効果

多くの場合，消費税の導入や増税は労働所得税の減税とあわせて実施される．このような政策はどのような意味を持つのであろうか．実は，労働所得税を減税して，その財源を一般的な消費税に求めても，経済的には何ら意味がない．われわれが生涯を通じて消費可能な量は労働所得のみで決定される．すなわち，生涯を通じての消費は，生涯を通じての所得と等しくなるのである．

一般的な消費税は，すべての財・サービスに対して課され，基本的に特別な控除などは設けられない．消費税の場合には，課税時期が生涯を通じたものになる．これに対して，労働所得税は，労働する時期，すなわち現役の労働者である期間だけに課税されることを意味している．しかし，この納税時期の差を別にすれば生涯消費は生涯所得と等しいため，生涯を通じた納税額も等しくなるのである．つまり，税負担を消費税と労働所得税のどちらの税にもとめても，経済的な効果，すなわち労働意欲や消費活動に与える影響は同じであり，これを消費税と労働所得税の同等性の命題という．

しかし，消費税の場合，労働所得税の場合と比較して，退職後も同じ消費水準を維持するためには将来の税支払いのためにより多くの貯蓄を行う必要がある．このような課税時期の違いによって貯蓄に対するインセンティブを高める効果を税支払いのタイミング効果とよぶ．貯蓄の増加による資本蓄積の増加というマクロ経済に対する効果を重視するならば，所得税よりも消費税の方が望ましいといえる．

4　税の帰着と転嫁

税が課された場合，税を誰かが負担することになる．税は法律で定められた納税義務者によって支払われるが，消費者，労働供給者及び企業は課税により様々な影響を受ける．このような過程を経て，最終的に誰かが税を負担することになる．これを税の帰着という．

税の転嫁は，納税義務者が税負担を他の経済主体に移転することを指している．日本の消費税を例に取ると，消費税の納税義務者は事業者であるが，一部の税は消費者に転嫁されている．これは前方転嫁と呼ばれている．他方，事業者は製品を仕入れる際に仕入れ先に税を転嫁することも考えられる．これは後方転嫁と呼ばれている．

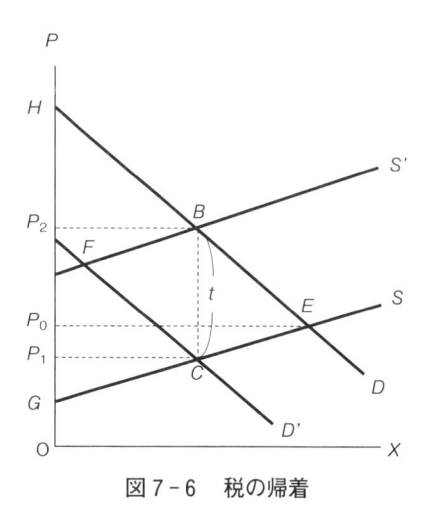

（1）納税義務者と帰着

一般的に，法律上の納税義務者が誰であるのかと，税の帰着（実際の税負担者が誰であるのか）には関係がない．このことを，個別消費税を例に説明しよう．

図7-6にはX財市場の需要曲線と供給曲線が描かれている．税が課されていない場合，需要曲線と供給曲線が交わったE点が均衡点になり，消費者余剰と生産者余剰はそれぞれHEP_0とP_0EGである．

図7-6　税の帰着

納税義務者としては供給者と消費者

(需要者)が考えられるが，最初のケースとして，供給者に従量税tが課されたとしよう．これは企業にとって限界費用が増大することを意味するので，供給曲線はS'にシフトし，均衡価格はP_2となる．このとき，消費者余剰と生産者余剰はそれぞれHBP_2とP_1CGとなり，税収はP_2BCP_1となる．

次に納税義務者として消費者を想定しよう．やはり，従量税tが課されたとすると，従量税を控除した需要曲線はD'となる．言い換えると，供給者が直面する需要曲線がD'である．供給曲線はシフトしないので，SとD'が交わった点で取引される．C点が税引き後の均衡点であり，B点が税引き前の均衡点である．このとき，消費者余剰と生産者余剰はそれぞれHBP_2とP_1CGとなり，税収はP_2BCP_1となる．

このように納税義務者が誰であっても，税の帰着先は同じである．

(2) 税の帰着と弾力性

税の帰着先は，一般的に市場構造，需要の価格弾力性および供給の価格弾力性に依存する．以下では，税の帰着先は需要の価格弾力性および供給の価格弾力性に依存することを説明する．

図7-7では4つの極端なケースが描かれている．(a) 需要曲線が無限弾力的で供給曲線が通常のケース，(b) 需要曲線が非弾力的で供給曲線が通常のケース，(c) 供給曲線が無限弾力的で需要曲線が通常のケース，(d) 供給曲線が非弾力的で需要曲線が通常のケースの4つである．

(a) のケース：先に説明したように供給曲線あるいは需要曲線のいずれをシフトさせてもいいので，ここでは供給曲線をシフトさせる．消費者の負担する課税前価格はP_0，課税後価格はP'なので，消費者の負担する価格は変化しない．したがって，税は供給者に帰着している．

(b) のケース：供給曲線をS'にシフトさせると，消費者の負担する課税後価格はP'に上昇している．この上昇幅は税額に等しいので，消費者余剰のみが減少している．したがって，税は消費者に帰着している．

(c) のケース：供給曲線をS'にシフトさせると，消費者の負担する課税後価格はP'に上昇する．この上昇幅は税額に等しいので，消費者の消費者余剰のみが減少している．したがって，税は消費者に帰着している．

(d) のケース：生産者に課税しても供給曲線は$S = S'$となり，課税による変化はない．したがって消費者が負担する課税後価格はP'となるが，これは

図7-7　価格弾力性と税の帰着

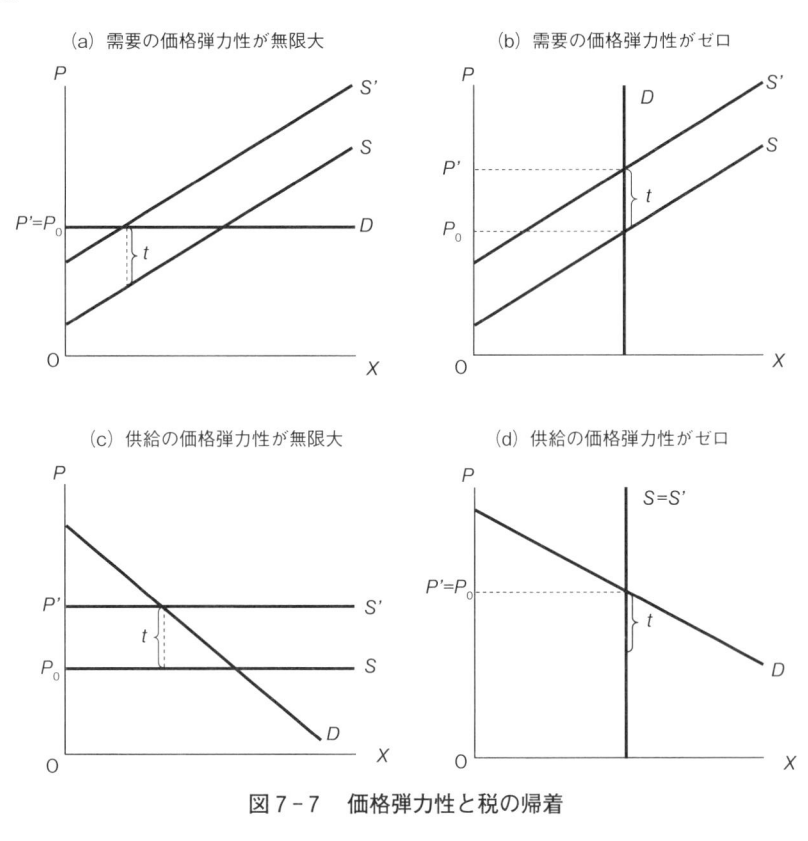

課税前価格P_0と同じであるので，課税により消費者余剰は減少していない．そのかわり，生産者余剰が政府の税収分だけ減少し，税の帰着先は供給者ということになる．

注
1) 第14章で租税感に関するアンケート調査が紹介されている．

第8章　税　制　度

▶▶ 第7章では税の理論について学んだが，では実際の税制度はどのようになっているのだろう．日本の税制の根幹をなす所得税や消費税，法人税の仕組みはどのようになっているのだろう．税のあり方はわれわれの経済活動にも大きな影響をおよぼす．公平性を重視するのか，それとも効率性を重視するのか，税制度は時代によってもその姿を大きく変えてきた．この章では，このような税の実際の姿を学び，望ましい税のあり方について考える．

1　税制度の実際

税は課税対象別に所得課税，消費課税，資産課税に分けられる．日本の税制をこれらの区分にしたがって示したのが**表8-1**である．

地方法人特別税は，地域間の税源偏在を是正するために新たに2007年から創設された税目で，この代わりに法人事業税が減税されている．2015年度の一般会計歳入（予算）の内訳が**図8-1**で示されている．歳入総額83兆円のうち，約55兆円が税で調達されており，一般会計歳入の約56％を占めている．この中で所得税が約16兆円，法人税が約11兆円，消費税が約17兆円であり，これらで総税収額の約82％を占めている．

一般会計歳出に占める租税の割合をもう少し詳しく見たのが**図8-2**である．石油ショックが起こった1973年頃までは約80％を占めていたが，それ以降はバブル期の1990年頃には80％に回復しているものの，バブル崩壊とともに低下し，近年では50％台にまで下がっている．

表8-1　主な税

所得課税	所　得　税
	法　人　税
	地方法人特別税
消費課税	消　費　税
	酒　　　税
	たばこ税
	揮 発 油 税
	地方道路税
	石油ガス税
資産課税など	相　続　税
	贈　与　税
	登録免許税
	印　紙　税

図8-3では，戦後の主な税目である所得税，法人税，消費税の税収額の推移が描かれている．1970年代後半までは，所得税と法人税がほぼ同じ額であったが，1980年代に入ってからは所得税が法人税を上回るようになった．特に，バブル期の1990年代前半は25兆円の規模にまで伸びた．しかし，その後所得税は減少傾向を示し，2008年度には法人税がわずかではあるが所得税を上回るようになった．消費税は1989年に創設されて以降，安定的に推移している．なお，税率引き上げの影響により1997年と2014年を境に大幅に税収が増加している．

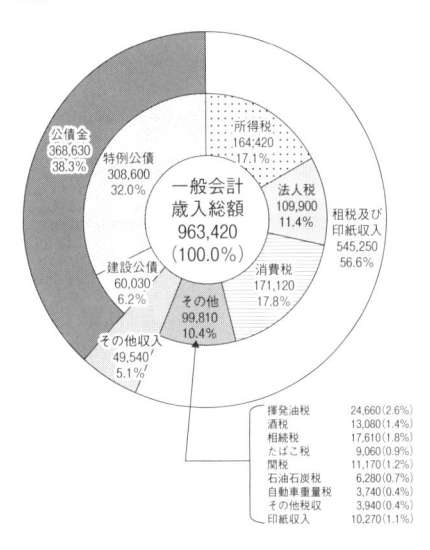

図8-1　一般会計歳入（予算）の内訳
（単位：億円，%）

一般会計歳入総額 963,420（100.0%）
- 所得税 164,420（17.1%）
- 法人税 109,900（11.4%）
- 租税及び印紙収入 545,250（56.6%）
- 消費税 171,120（17.8%）
- その他 99,810（10.4%）
  - 揮発油税 24,660（2.6%）
  - 酒税 13,080（1.4%）
  - 相続税 17,610（1.8%）
  - たばこ税 9,060（0.9%）
  - 関税 11,170（1.2%）
  - 石油石炭税 6,280（0.7%）
  - 自動車重量税 3,740（0.4%）
  - その他税収 3,940（0.4%）
  - 印紙収入 10,270（1.1%）
- その他収入 49,540（5.1%）
- 建設公債 60,030（6.2%）
- 特例公債 308,600（32.0%）
- 公債金 368,630（38.3%）

（出所）財務省「平成27年日本の財政関係資料」．

図8-2　一般会計歳出に占める租税の割合の推移

（出所）『財政統計』各年度版より作成．

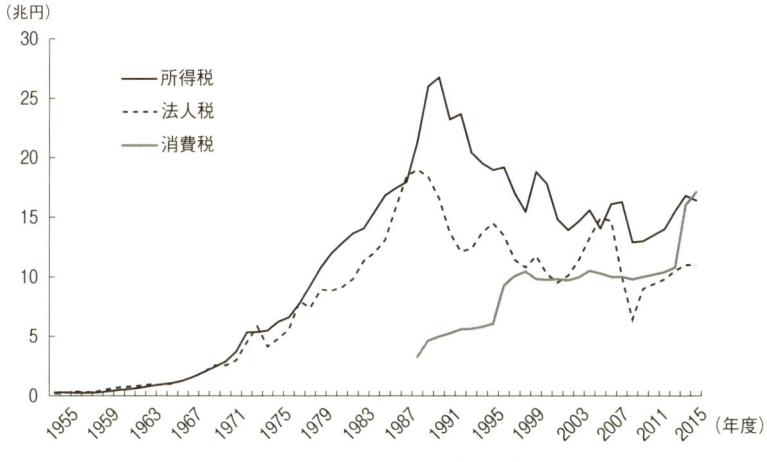

図 8-3　主要税目の税収額推移

(注) 26 年度以前は決算額, 27 年度は予算額である.
(出所)『財政統計』各年度版より作成.

直間比率

税は, 税の負担者と納税者の観点から間接税と直接税の2種類にわけられる. このような分類は税制を特徴づけるのにしばしば使われ, 両者の比率は直間比率と言われる.

間接税は, 消費税のように税の負担者と納税者が異なる税である. 直接税は, 所得税のように税の負担者と納税者が同じ税である. 表 8-2 には, 国際比較が示されている. イギリス, ドイツ, フランスにおける直間比率はおおよそ 50：50 であるが, 日本とアメリカは 70：30 と直接税の占める割合がかなり高い.

表 8-2　直間比率 (国税+地方税) の国際比較

	日本	アメリカ	イギリス	ドイツ	フランス
直間比率	70：30	77：23	57：43	52：48	54：46

(注) 1. 日本は平成 24 年度 (2012 年度) 実績額. なお, 平成 27 年度 (2015 年度) 予算における直間比率 (国税+地方税) は, 66.4：33.6 となっている.
　　 2. 諸外国は OECD "Revenue Statistics 1965-2013" による 2012 年の計数. OECD "Revenue Statistics" の分類に従って作成しており, 所得課税, 給与労働力課税及び資産課税のうち流通課税を除いたものを直接税, それ以外の消費課税等を間接税等とし, 両者の比率を直間比率として計算している.
(出所) 財務省ウェブサイト.

2 所　得　税

(1) 包括的所得

　課税上の所得概念として代表的なものにヘイグ＝サイモンズの所得がある．これは，購買力は効用を表すもっとも適切な変数であるという考えを基礎にしている．つまり，ヘイグ＝サイモンズの所得は，ある期間における個人の（潜在的）消費能力の増分と定義され，包括的所得とも呼ばれて，次のように表される．

$$\text{包括的所得} = \text{ある一定期間における資産の純増} + \text{消費額} \quad (8\text{-}1)$$

包括所得をより明確にするために，ある個人の予算制約式を考える．ここで，記号を次のように定義する．

Y：包括的所得　　C：消費額　　M：賃金　　I：受取利子　　B：贈与及び遺産
G：キャピタル・ゲイン（資本利得）　　W_0：期首資産額　　W_1：期末資産額

所得源泉面からは次のように表される．

$$W_1 = W_0 + (M + I + B + G - C) \quad (8\text{-}2)$$

したがって，

$$Y = C + (W_1 - W_0) = M + I + B + G \quad (8\text{-}3)$$

となる．資産の純増は $W_1 - W_0$，消費額は C なので，包括的所得は賃金，受取利子，贈与，遺産及びキャピタル・ゲインの合計になる．このように，包括的所得には受け取ったものがすべて含まれる．キャピタル・ゲインも含まれるが，この場合，実現した分だけではなく未実現の部分も含まれることになる．さらには，ここで示していないが帰属家賃などの帰属所得，フリンジ・ベネフィット（現物給付，保険料の雇主負担分など）等も含まれる．また，所得の増加額を評価するため，所得の獲得に要した支払利子，減価償却などの費用は控除する．このように実際消費が行われるかどうかは別として，消費を増加させる可能性のあるすべての源泉が包括的所得に含まれる．

　労働所得税（賃金税）と包括所得税はしばしば同じようにとらえられること

があるが，(8-3) 式を見れば分かるように，包括所的得は，賃金を含むすべての受取額に課税するのに対して，労働所得税（賃金税）は賃金のみを対象にしている．

包括的所得税の利点としては，すべての所得を平等に扱うので水平的公平性を満たしていること，すべての経済活動に中立的であることなどが挙げられる．一方で，未実現のキャピタル・ゲインや帰属所得をどのようにして測るか，必要経費をどのようにして認定するのか，といった問題点がある．

(2) 日本の所得税の仕組み

日本の所得税は，シャウプ勧告によって包括的所得の考えに基づいた総合所得課税が提案された．これは，給与所得，利子所得，配当所得，不動産所得，山林所得などの所得を合計してこれらに税率を課す方式である．しかし，次に示されるように様々な改正によって所得をいくつかの種類に分類し，それらに異なる税率を課す，いわゆる分類所得税を取り込むようになった．

 1949 年：シャウプ勧告　　直接税中心主義，総合所得税主義
 1953 年：有価証券譲渡所得を非課税化，利子所得の分離課税（税率 10%）
     シャウプ税制改革時は税率 20%
 1954 年：山林所得を分離課税
 1963 年：少額貯蓄非課税制度創設
 1965 年：配当所得について源泉選択課税制度（税率 15%）と少額配当申告
    不用制度の導入
 1969 年：土地建物等の譲渡益の分離課税
 1987 年：利子所得の分離課税
 1988 年：有価証券譲渡益について源泉分離課税と申告分離課税の選択方
     式の導入，少学貯蓄非課税制度（マル優）の縮小
 1999 年：定率減税の導入
 2003 年：高齢者向け少額貯蓄非課税制度（高齢者マル優）の廃止
 2007 年：郵便貯金の利子に対する非課税制度（通称「郵貯マル優」）廃止，
     地方分権推進に伴う所得税か住民税への税源移譲，定率減税の
     廃止

実際の所得税の計算について，給与所得を例に説明すると次のようになる．

表 8-3　個人所得税

課税所得	税率
0円〜　195万円	5%
195万円〜　330万円	10%
330万円〜　695万円	20%
695万円〜　900万円	23%
900万円〜1,800万円	33%
1,800万円〜	40%

　1年間の給与所得の合計額から給与所得控除を差し引き，これから基礎控除，配偶者控除および社会保険料控除などの各種控除を差し引き，課税所得額を求める．そして，この課税所得に表 8-3 で示されている税率をかけることで税額が決定される．
　なお所得ブラケットと呼ばれる同じ税率が適用される課税所得の範囲は，1986年には15あったが，2008年には6つに減少している．また，最低税率と最高税率が1986年には10.5%と70%であったのに対し，2008年には5%と40%となっている．このように，税率のフラット化が進んでいる．
　なお，2011年に発生した東日本大震災の復興財源確保に関する特別措置法に基づき，復興特別税が課されることとなり，このうち所得税は2013年から25年間，税額に2.1%を上乗せするという形で徴収されている．

業種間所得捕捉率格差

　クロヨン（9・6・4）などと言われる現象で，本来の所得に対して税務署が実際に捕捉している所得の比率を所得捕捉率という．給与所得者は9割が，自営業者は6割が，農林水産従事者は4割が，それぞれ本来の所得に対して捕捉されていることを指している．しばしば，トーゴーサンピン（10・5・3・1）とも言われ，この場合のピンは政治家である．給与所得者は源泉徴収制度でほとんどの所得が捕捉されているのに対して，自営業者や農林水産業者は申告納税であるため見られる現象である．同じ所得を得ても，所得捕捉率が異なると負担する税が異なるので，水平的観点から望ましくない．クロヨンに関しては実証研究によっても確認されている現象である．
　これを無くするためには，課税当局の税務能力の向上や納税者番号制度の導入などが考えられる．納税者番号制度とは，① 納税者に広く番号を付与し，各種の取引（預金や株式）を行う際に取引の相手方（金融機関等）にも番号を告知する，② 納税者および取引の相手方が税務当局に提出すべき各種書類に，納税者番号の記載を義務づける，③ 税務当局，納税者に関する課税資料を，その番号に従って集中的に整理し，課税の正確さを制度的に担保する，という3要素を満たすものである．日本でも2013年に「行政手続における特定の個人

を識別するための番号の利用等に関する法律」(マイナンバー法) が成立し，社会保障・税番号制度が 2016 年から導入されることとなった．

103 万円の壁と配偶者控除

所得税及び個人住民税において，納税者に収入のない，または少ない配偶者がいる者に納税者の所得金額から一定の所得控除を行う仕組みを配偶者控除という．控除対象となる配偶者とは，その年の 12 月 31 日時点で次の 4 つの条件をすべて満たす人をいう．

① 民法の規定による配偶者であること．
② 納税者と生計を一にしていること．
③ 年間の合計所得金額が 38 万円以下であること．
④ 個人事業主などのいわゆる青色申告者の事業専従者としてその年を通じて一度も給与の支払を受けていないこと，または白色申告者の事業専従者でないこと．

サラリーマンの配偶者などでパート労働に就く人の年収が 103 万円以下であれば，給与所得控除 65 万円 + 基礎控除 38 万円 = 103 万円となり，全額控除になるので所得税を支払う必要はない．また，多くの企業では配偶者手当 (家族手当) の支給条件として配偶者の年収が 103 万以下としているところが多い．そのため，働く時間を調整して年収を 103 万円以下に抑える人も多く 103 万円の壁といわれる．さらに，年収が 130 万円未満の場合，被扶養者となり，国民年金の第 3 号被保険者や健康保険の被扶養者など社会保険を自分で保険料を支払う必要がない 130 万円の壁も存在する．

政府は，この 2 つの壁が女性の活躍を阻んでいるとして，配偶者控除の廃止も含めた制度の見直しを進めている．

3 消費税

消費者の消費支出を課税対象とする各種租税を総称して消費税という．すなわち，財・サービスの消費に担税力を認めて課される租税であり，世界各国で広く採用されている．

消費税は消費そのものを課税対象とし，消費者を納税義務者として課される直接消費税と，最終的な消費の前段階で課税され販売店やメーカーを納税義務

者とする間接消費税とがある．たとえばゴルフ場利用税や入湯税などは利用者が納税義務者となっているものであり，直接消費税に該当する．また，消費税は課税対象となる物品・サービスの消費を特定のものに限定するかどうかにより，個別消費税と一般消費税とに分けることができる．酒税，たばこ税などは個別消費税であり，消費税は一般消費税である．

（1）個別消費税と一般消費税

　個別消費税は，特定の財・サービスの消費に対して課税するものであり，課税対象となる財・サービスや税率などは統一されていない．この方式による課税の根拠としては，①酒やたばこのように必ずしも社会的に望ましいとは言えない嗜好品への「嗜好品課税（抑止的税）」，②受益者負担の原則に基づいて特定の公共財を供給するための財源を調達するために関連する財・サービスに課税する「目的税」，③かつての物品税のように奢侈品や娯楽用品のように生活必需品ではない商品に課税する「奢侈品課税」，といったものが挙げられる．

　個別消費税には，入場税，通行税，料理飲食等消費税のように消費者に課税される直接消費税としての性格をもつものと，酒税，揮発油税（ガソリン税）などのように財の製造終了段階で生産者に賦課される間接消費税としてのものが存在する．

　一般消費税とは，財・サービスの消費一般に広く課されるものをいう．このうち国内で生産された財・サービスに課税するものを内国消費税といい，外国製品の輸入段階で課されるものを関税という．一般消費税は，課税ベースが広い範囲におよぶ間接税であり，その中でも比較的低い単一の税率で製造・卸売・小売の取引過程の各取引に課されるものを多段階一般消費税といい，税の累積が排除される仕組みを備えていることが特徴である．EU の付加価値税（VAT：Value Added Tax）や日本の消費税などはこれに相当する．一方，財・サービスの特定の取引段階で課されるものを単段階一般消費税といい，アメリカの各州で導入されている小売売上税などがこれにあたる．

（2）日本の消費税の仕組み

　日本の消費税は原則としてすべての財・サービスの国内における販売，提供等を課税対象としており，製造・卸売・流通・小売など，取引にかかわるすべての事業者を納税義務者として，その売り上げに対して消費税を賦課する多段

図8-4 消費税の仕組み

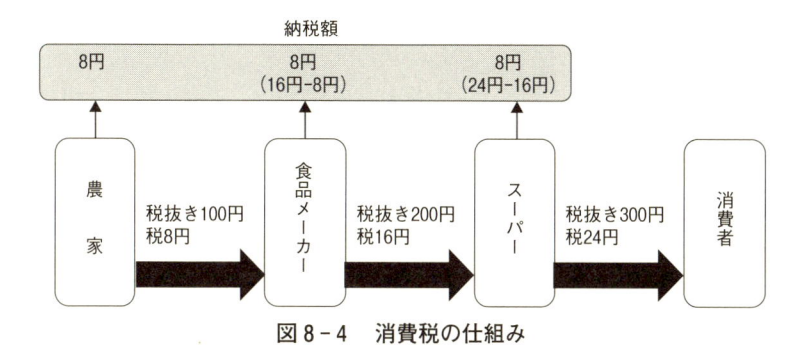

階型の税制となっている．そのため，各段階での取引において各事業者の売り上げに係る消費税額から仕入れに係る消費税額を控除することで税の累積を回避し，各事業者はその差額を納税する仕組みとなっている．

ここで，税抜き価格が1個300円の食料品の取引を例に消費税の仕組みを考えてみよう．**図8-4**は，消費税率が8％の場合の，農家，食品メーカー，スーパー，消費者の4段階の取引を通じる取引をえがいたものである．

実際には農家は種や苗を購入して農産物を生産することが多いが，ここでは仮に，それらは自身で調達して生産しているとしよう．このとき農家は，100円という付加価値をあらたに生み出して収穫された農産物を食品メーカーに販売することとなる．ここで，収穫された農産物の買い手である食品メーカーは8％の税を負担することになるので108円を農家に支払う．買い手である食品メーカーは販売時に200円で売って16円の消費税を受け取ると，差し引き8円を納税することとなる．スーパーも同様に，みずからの販売額300円に対する税額24円と食品メーカーへ支払った税額16円との差額である8円を納税する．つまり，各取引段階で前段階の付加価値を差し引いて納税しているのである．また，ここでは各段階での納税義務者は，買い手に税負担を転嫁し，最終的には消費者が税額をすべて負担していることになる．

ただしここで注意すべき点として，見かけ上は消費者が全額税負担をしているが，実際は課税による値上がりの分だけ需要が落ち込み，各生産者の売り上げも減少するため，実質的な税負担は消費者だけではなく生産者にもおよぶことに注意しなければならない．この点については，あとでくわしく述べる

なお，この仕入税額控除において日本は欧州諸国のように，取引の中間段階で各事業者がどれだけ付加価値税を受け渡したかを証明するインボイス（税額

票）の添付を義務付けるインボイス方式をとっておらず，仕入額・税額をみずから帳簿記載し，その証拠書類を保存すれば足りる帳簿方式を採用している．このため，消費税の徴税の正確さが劣っている可能性が高いだけでなく，脱税のインセンティブを排除できないという批判がある．

　日本の消費税は原則としてすべての国内取引を課税対象としているが，土地の譲渡・貸付，有価証券の譲渡，住宅貸付，預金利子などの消費になじまないと考えられるものや，出産や教育，保険診療にかかる患者負担，身体障害者用品の譲渡・貸し付けなど，政策的な配慮が必要とされるものについては非課税としている．また，人的な非課税は設けられていない．さらに，人件費・個人資産の譲渡については課税対象外取引と位置付けられている．このほか，郵便切手等も非課税貨物とされている．

　消費税が1989年に導入されるまで，大平内閣における一般消費税，中曽根内閣における売上税など，日本では幾度となくその導入が議論されながらも失敗に終わってきた．その大きな理由は，消費税のもつ逆進性への反発と中小事業者をはじめとした業界団体の反発であった．そこで，1989年の消費税導入時期には，商取引慣行や納税手続きの事務負担の軽減，個人経営の零細商工業者への配慮から，いくつかの特例措置が講じられた．

　その1つが事業者免税点制度と呼ばれるもので，1年間の課税売上高が1000万円以下である事業者は，消費税の納税義務が免除される．小規模事業者の納税事務負担に配慮して設けられた制度であり，免税点売上高が1000万円以下の事業者が対象となる．また，基準期間の課税売上高が5000万円以下であり，あらかじめ届出ている事業者に対しては，その業種に応じた法定のみなし仕入率を売上金額に適用して税額を計算する簡易課税制度が設けられている．さらに，1997年3月までは課税売上高が当時の免税点の3000万円を超えるものの6000万円未満（2001年からは5000万円未満）の中小事業者に対して，税額が一挙に増加することを防ぐ激変緩和措置として税額から一定額を控除する限界控除制度が存在していた．一方で，消費税は一時的に消費者から税金を預かる形になり，預かってから納税するまでに事業者が運用益を得ることも可能であることから，1月，3月又は6月ごとに中間申告・納税が必要とされる中間納付制度が設けられている．

　特に，中小事業者に配慮した様々な特例措置は，消費者が負担した消費税額の一部が事業者の手元に残ることになる益税という問題を抱えていた．そこで，

この問題を是正するために特例措置は消費税導入当初に比べて廃止・縮小されているものの，近年の税率引き上げの議論の中で，再び注目されるようになっている．

また，急速に進む少子高齢化に対応した社会保障の安定的な財源の確保と財政健全化を実現するためとして，「税と社会保障の一体改革」が進められ，2012年に関連法案が成立した．これを受けて，2014年には消費税率が8％に引き上げられた．また，消費税収のうち国分の6.3％については年金，医療，介護の社会保障給付，ならびに少子化対策のいわゆる社会保障4経費に充てることが定められた．また2017年4月には税率を10％に引き上げることが決定しているが，逆進性対策として生活必需品などへの軽減税率を設けるのか，またインボイス方式を導入するのか，といったことが議論されている．

（3）ラムゼイ・ルール

消費税の課税対象や税率について，一般的に庶民の生活に大きな影響を与える食料品や衣料品といった生活必需品は非課税とし，高額所得者が購買層である貴金属や高級車，不動産，高額ブランド品などに対して高い税率を課すべきであるという議論が伝統的になされてきた．これは租税原則のうち公平性の観点からは正しい主張といえるが，税の超過負担を極力排除し，総税収額を効果的に引き上げようとする税の効率性の観点からはあまり適切ではないとされている．

現実的には，どのような税であれ資源配分上の効率性に与える影響，すなわち税の超過負担という問題を無視して考えることはできない．では，効率的な消費税とはどのようなものであろうか．

この問題に，1つの回答を示したのがラムゼイ・ルールとして知られるものである．ラムゼイ・ルールでは，ある商品を値上げしたら，他の商品の需要が増えるというような各財の需要の相互的な影響がないような場合，すなわち「各財のクロスの代替効果が無視できるとき，各財の税率は自己価格弾力性に逆比例するように決定されなければならない」ことを示した．これを逆弾力性の命題といい，価格に対してより非弾力的（弾力的）な財により高い（低い）税率で課税すべきであるとしている．これは需要の価格弾力性が低い財ほど，課税による非効率は発生しにくいためである．

このことを図8−5で確かめてみよう．今，tだけ課税したことで，価格が

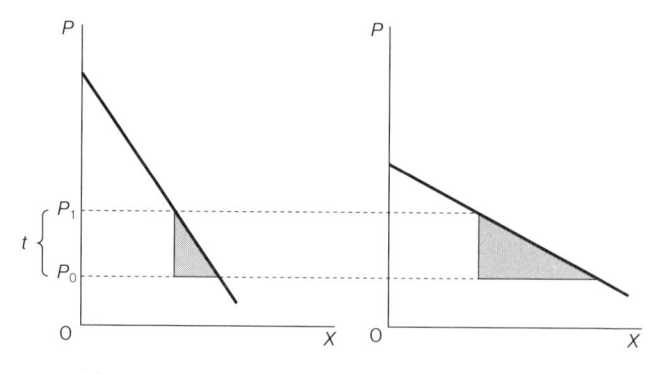

(a) 需要の価格弾力性が小さい財　(b) 需要の価格弾力性が大きい財

図 8-5　税の超過負担と需要の価格弾力性

P_0からP_1に上昇したとする．このとき，需要曲線の傾きが大きいほうの財，すなわち需要の価格弾力性が小さい財の場合のほうが価格弾力性の大きい財に比べて，明らかに税の超過負担は小さいことがわかる．

　価格が高くなると大幅に消費量が減少する財が，需要の価格弾力性が大きい財であり，一般的に宝石や高級車，高額ブランド品，芸術・骨董品などのぜいたく品がこれにあたると考えられている．一方，需要の価格弾力性の低い財は，食料品や安価な衣料品などのいわゆる生活必需品であることが多い．効率性を重視するラムゼイ・ルールに従うなら，ぜいたく品よりも，生活必需品に高い税率で課税すべきということになり，低所得者層の家計を圧迫することになるため，公平性が実現されないという問題がある．

　また，ラムゼイ・ルールにおいては，「それぞれの財の補償需要のクロスの価格弾力性がゼロで，それぞれの財の余暇に対する価格弾力性が等しいとき，労働供給に対する単一課税か，余暇以外の各財に対する均一税率が望ましい」とする均一税率の命題が導かれる．税率を大きく変化させると超過負担はそれ以上に変化するため，代替効果が同じ程度であれば，同じ税率（均一税率）で課税すべきであるという考え方である．

　市場での効率的な取引に歪みを生じさせる税，すなわち実質的な価格を変化させるような税を用いる場合，課税による消費量の変化が少ないほうが望ましい，というのがラムゼイ・ルールの基本的な考え方であり，税のあり方の議論に大きな影響を与えた．

4 法人税

　法人税とは，企業などの法人の所得に対して課税する税であり日本では消費税や個人に対する所得税に次ぐ税収規模を持つ．経済がグローバル化する中で法人税のあり方も大きく変わり，国際的な動向を無視して考えることができなくなっている．ここでは，まず企業の代表的な形態である法人とは，そもそもどのようなものであるのかについて簡単に述べ，次に日本の法人税の概要について述べる．

(1) 法人とは
　法人とは，法律の規定によって「人」としての権利を付与されたものをいう．日本においては，法律の規定によらなければ成立することができないという法人法定主義をとっている．法人の種類には会社法によって定められる株式会社・合名会社・合資会社・合同会社や，民法の規定によって定められている社団法人や財団法人，その他，各種法律によって定められている医療法人や学校法人，社会福祉法人，宗教法人，特定非営利活動（NPO）法人などがある．

(2) 法人擬制説と法人実在説
　では，法人に対する課税の根拠については，どのように考えられているのだろう．

① 法人擬制説
　法人擬制説とは，法人は株主などの出資者によって所有されるもの，すなわち出資者の集合体としての「擬制的」な存在であると考える立場である．したがって，法人の得た収入から，原材料費や人件費などその収入をあげるためにかかった費用を差し引いた残りの所得は株主や出資者のものであって，法人税はこれらの者に対する個人所得税の，いわば「前取り」である．したがって，法人税の課税に当たっては個人所得税との間において二重課税が問題となり，個人所得税の課税にあたっては調整が必要であるとする．

② 法人実在説
　法人は，個人（自然人）から独立した権利能力を有する法的主体であり，課税面においても法人自らが納税主体になりうるという考えを法人実在説という．

したがって，法人所得税と個人所得税の間には二重課税は生じず，法人には個人と同様に実際に資金を持ち，担税力を持つために法人段階で課税することを認めている．

（3）日本の法人税

日本の法人所得に対する課税は，法人税法によって規定されており，国が徴収する国税である．法人に対する課税は，当初は所得税法において規定されていたが，1965年に新たに法人税法が制定され，現在の形で課税されることになった．

法人には，一般の企業をはじめとした営利を目的とする営利法人と，学校法人や社会福祉法人，社団法人などの営利を目的としない非営利法人，国や地方自治体などの公共法人があるが，公共法人を除いたこれらの法人が一定の収益事業を行って所得を得た場合，法人税の課税対象となる．法人の所得に対する課税も個人所得税と同様に，法人の売り上げなどの収入（法人税法上は益金と呼ぶ）から必要経費（損金）を差し引いた所得に税率をかけ合わせて税額が決定される．

しかし，法人税は所得税と比べていくつか異なる点がある．まず，所得税においてはどのような手段によって得た所得なのか，その源泉別に10種類の区分が設けられ取り扱いも異なっているが，法人税にはこのような区分がない．また，所得の算定期間についても所得税が1月1日から12月31日までとしている一方で，法人税ではそれぞれの法人の会計年度に合わせて所得額を算出する．また，所得税では所得の増加につれて税率が高くなる累進税率が採用されているが，法人税においては原則として税率は一定である．

グローバル化する経済においては，法人税のあり方は非常に重要な課題である．今日では多くの企業が国境を超えて活動しており，法人に対する課税も国際的な視点からの検証が不可欠である．

では，法人所得に対してどれくらいの課税がなされているのかを比較するためには，どのような基準を用いるとよいのだろう．日本では法人の所得に対しては，資本金などの条件にもよるが，基本的には国税である法人税のほかに地方税として法人事業税と法人住民税（これらをあわせて「法人二税」と呼ぶ）が課される．このうち地方税である法人事業税は法人税額を決定する際に損金として算入されるため，結果として節税効果が生じ，税率を単純に合計しただけで

図 8-6　法人税率の推移

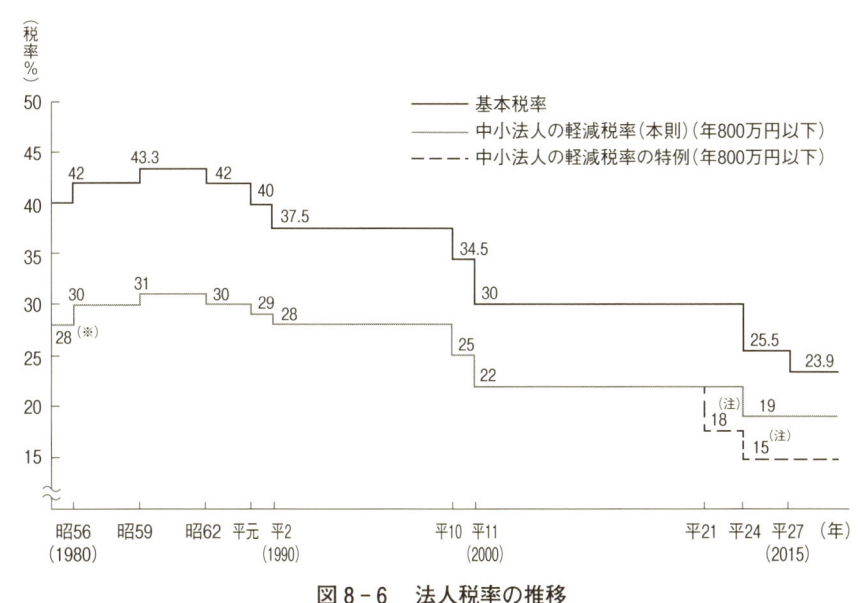

(注) 中小法人の軽減税率の特例（年800万円以下）について，平成21年4月1日から平成24年3月31日の間に終了する各事業年度は18%，平成24年4月1日から平成29年3月31日の間に開始する各事業年度は15%．
(※) 昭和56年4月1日前に終了する事業年度については年700万円以下の所得に適用．
(出所) 財務省ウェブサイト．

は，実際の税負担がどの程度なのかを把握できない．そこで，このことを考慮して実際に法人所得に対してどの程度の税負担があるのかを示す，実効税率という概念が用いられている．

日本の法人税の実効税率は以下の式により算出される．

$$実効税率 = \frac{法人税率 + (法人税率 \times 住民税率) + 事業税率}{1 + 事業税率}$$

国と地方の税を考慮した各国の法人税の実効税率は図 8-7 に示すとおりである．経済団体などは日本の法人税率の高さが生産の海外移転につながっていると主張し，特に EU 諸国やアジア諸国と比べると高い日本の法人税率引き下げを求めている．日本企業の国際競争力を確保し国内産業の空洞化を回避するためには，諸外国と比べて法人税の負担が過度に重くなることは避けるべきであるが，その一方で法人税率引き下げの効果の大きさや代替財源の確保など，検討すべき課題も多い．

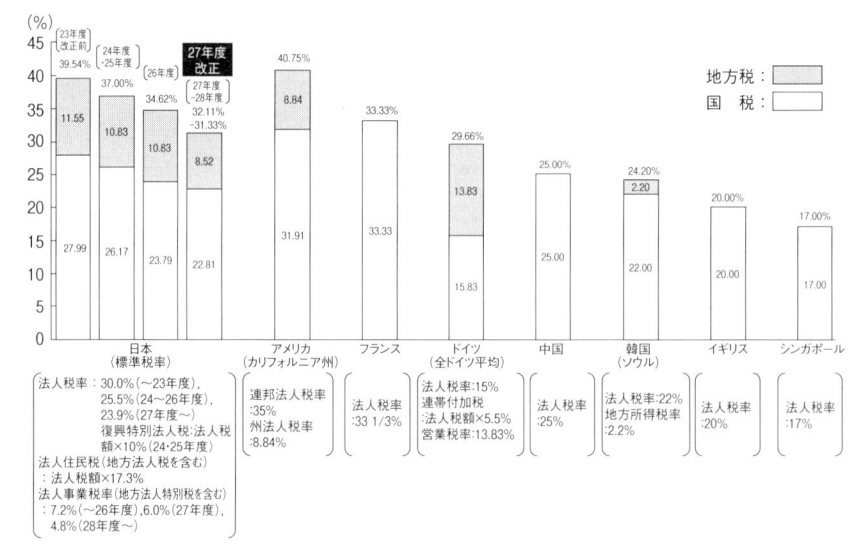

図 8-7　法人税の実効税率の国際比較

(注)
1. 上記は法人所得に対する税率．なお，法人所得に対する租税負担の一部が損金算入されることを調整した上で，国・地方それぞれの税率を合計している．
2. 日本の地方税のうち法人事業税（地方法人特別税を含む．）については，外形標準課税の対象となる資本金1億円超の法人に適用される税率を用いている．このほか，付加価値割及び資本割が課される．
3. アメリカでは，州税に加えて，一部の市で市法人税が課される場合があり，たとえばニューヨーク市では連邦税・州税（7.1%，付加税［税額の17%］）・市税（8.85%）を合わせた税率は45.67%となる．また，一部の州では，法人所得課税が課されない場合もあり，たとえばネバダ州では税率は連邦法人税率の35%となる．
4. フランスでは，売上高763万ユーロ以上の企業に対し，別途法人利益社会税（法人税額の3.3%）が課され，法人利益社会税を含めた税率は34.43%となる（ただし，法人利益社会税の算定においては，法人税額から76.3万ユーロの控除が行われるが，前記税率の計算にあたり当該控除は勘案されていない）．さらに，別途，売上高2.5億ユーロ超の企業に対しては，2012年より2年間の時限措置として法人税付加税（法人税額の5%）が課されていたところ，2014年予算法によりさらに2年間延期された（2014年以降の税率は法人税額の10.7%）．なお，法人所得課税のほか，国土経済税（地方税）等が課される．
5. ドイツの法人税は連邦と州の共有税（50：50），連帯付加税は連邦である．なお，営業税は市町村税であり，営業収益の3.5%に対し，市町村ごとに異なる賦課率を乗じて税額が算出される．本資料では，連邦統計庁の発表内容に従い，賦課率395%（2013年の全ドイツ平均値）に基づいた場合の計数を表示している．
6. 中国の法人税は中央政府と地方政府の共有（原則として60：40）である．
7. 韓国の地方税においては，上記の地方所得税のほかに資本金額及び従業員数に応じた住民税（均等割）等が課される．
(出所) 財務省ウェブサイト．

　自国企業を保護するための法人税の引き下げなどの優遇措置は，実質的な輸出補助金であるとみなされることもあり，WTO（世界貿易機関）は原則として，これらは違法であり報復関税の対象となるとしている．国際的な税率引き下げ

競争，いわゆる税競争に対しては，WTOなどの国際社会における枠組みの中で，解決すべき重要な課題である．

（4）タックス・ヘイブンと国際課税

税金が免除される，もしくは著しく軽減される国・地域をタックス・ヘイブン（租税回避地）と呼ぶ．タックス・ヘイブンとは，元来，カリブ海や南太平洋の小さな島国が，自国では産業が発達しないために国際物流の拠点となることを目指して作った制度である．現在でも外国資本や外貨の獲得を目指して，このような制度を導入する国や地域も多く，タックス・ヘイブンに個人投資家などが会社を設立し，その会社名義で株式の売買などを行っていれば，税金を回避することができる．また，企業がタックス・ヘイブンに子会社を作り，利益をタックス・ヘイブンの子会社に集中させればほとんど税金を払わなくてもよい．最近では，欧米や日本の政府も規制を強化しつつあり，いわゆるタックス・ヘイブン対策税制を導入している．

国際課税とは，国境を越える経済活動に対する課税のことであり，古くから，国際的な個人や企業の経済活動に対してはそれぞれの国家が独自の租税制度に従って課税を行うため，国際的な二重課税が生じたり，逆に課税管轄権が全く及ばなくなることによって本来課税すべきものに課税できなくなったりすることが問題となっていた．そこで個別に国家間で租税条約を締結したり，国内で外国税額控除制度を設けるなどの対応がとられてきたが移転価格の問題をはじめ，課税基準の明確性や手続きの複雑さなどが課題となっている．

近年，経済社会のグローバル化に伴い，最近では，大企業だけではなく中小企業や個人の富裕層でも，国ごとに異なる税制度を利用した租税回避行動が行われるようになり国際課税の重要性はますます高まっている．その代表的な例がBEPS（Base Erosion and Profit Shifting：税源浸食と利益移転）プロジェクトへの対応である．BEPSプロジェクトとは，一部の多国籍企業による過度な租税回避行為を防止するために，国際課税ルールを見直し，各国税務当局が協調して対処することを目的とするものであり，OECD／G20の各国税務当局が議論を積み重ねている．

また，富裕層の課税逃れに対抗して，1億円以上の有価証券を持つ資産家が海外に移住する際，株式の含み益などに所得税を課す国外転出時課税制度が2015年より導入されている．この制度は出国税とも呼ばれ，株式売却益など

に税金がかからないタックス・ヘイブン（租税回避地）などで資産を売り，課税を逃れるのを防ぐことが目的であり，株式や投資信託などの有価証券や未決済の信用取引などの資産が対象となっている．

第9章　マクロ経済政策

▶▶ 政府が民間の経済活動に介入する理由の1つに「市場の失敗」があることは既にこれまでの章で解説した．「市場の失敗」を引き起こす公共財，外部性，自然独占，情報の非対称性に対処するための政策は，基本的には個別経済主体に働きかけるものであり，ミクロ経済レベルでの政策として捉えることができる．しかし，現代の政府はさらに踏み込んで国民経済全体の動きに影響を及ぼすための政策も行っている．この章では政府が行うマクロ経済政策としての財政政策を説明する．その分析の枠組みとしての IS-LM 分析について解説した後に，マクロ経済政策手段としての財政政策の有効性について議論する．

1　IS-LM 分析

　この章ではケインズの総需要分析から生まれた IS-LM モデルを用いる．このモデルは物価水準が一定である短期において，政府による財政政策がマクロ経済全体に及ぼす影響を，財市場と貨幣市場それぞれの均衡を考慮して考察することを可能にする．IS-LM モデルは，横軸に所得，縦軸に利子率を表したグラフで，財・サービス市場の均衡に焦点を当てた IS 曲線と貨幣市場を取り扱った LM 曲線により構成される．以下ではこの2つの曲線を解説する．

(1) IS 曲線

　IS 曲線は財・サービス市場を均衡させる所得と利子率の組み合わせを描いたものである．その理解のために，先ずケインジアンの交差図（Keynesian cross）の説明を行う．これは物価，利子率を一定として，財・サービス市場で需要と供給が一致して均衡が実現する経済活動の大きさを求めるモデルである．説明を簡単にするために閉鎖経済を考えてみよう．ある期間における財市場での総供給は，当該期間に経済において生産された財（およびサービス）である．これを Y と表す．一方で市場における総需要は，消費 C, 投資 I, 政府支出 G

の合計である．このモデルでは投資，政府支出は外生的に，すなわちモデルの外側で決められるものとする．Tを税収とすれば，消費については税引き後の可処分所得 ($Y-T$) に依存するものとして，$C = C_0 + c(Y-T)$ という消費関数を考える．C_0は独立消費，cは限界消費性向，すなわち可処分所得が1単位増加したときに，どれだけ消費が増えるかを示す．cはゼロと1の間の値を取る．

　財・サービス市場の均衡には，「総供給＝総需要」の成立が必要となり，これを表したのが図9-1である．横軸に所得Yを取ると，総需要は$C_0+c(Y-T)+I+G$として縦軸に表すことができる．所得が増えれば増えるほど，それが可能とする消費も増えるため，この総需要のグラフは右上がりになる．45度線を引いて，それが総需要線と交差する点Eに対応する所得Y^*において，総需要と横軸の所得が等しくなり，生産された財・サービスがすべて需要される．

　このモデルを使って財政政策の所得に与える影響を考えることができる．財政政策には大きく分けて政府支出の増加（または縮小）と減税（または増税）があるが，ここでは経済活動を活発にすることを目的に行う政府支出の拡大について議論する．政府支出の増加を$\triangle G$とすると，グラフで示す通り総需要線は縦に$\triangle G$だけシフトし，新しい均衡所得はY^{**}となる．この所得（生産）の増加分（$Y^{**} - Y^*$）は$\triangle G$よりも大きくなるが，これを乗数効果（multiplier effect）と呼ぶ．たとえば政府がその財政支出を1単位増やすと，最終的な所得の増加は$1/(1-c)$である．cが1より小さな正の値を取ることから，乗

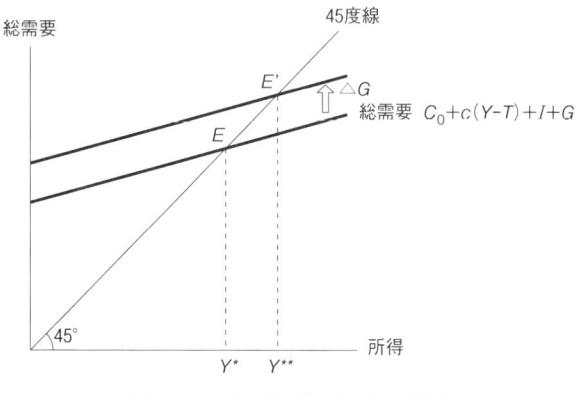

図9-1　ケインジアンの交差図

数は 1 より大きくなることが分かる．

　財政支出を増やすことは，総需要を増加させることであるから，その追加的な需要を満たして財・サービス市場を均衡させるために所得が増えることは容易に理解できるであろう．それでは，財政支出拡大の幅よりも最終的な所得の増加幅が上回ることはどう説明できるだろう．先ず，財政支出が $\triangle G$ だけ増えると，それによる直接的な需要増加を賄うために所得も同じだけ増える．しかし，ここで起きた所得増加によって需要を構成する項目の 1 つである消費が 2 次的に $c \times \triangle G$ だけ増える．すると，この間接的な需要増加を満たすために所得は更に増加する．この増え幅が $c \times \triangle G$ である．この追加的な所得の増加はさらに消費を増やし，結果としてその増加した需要を満たすために，所得はさらに $c^2 \times \triangle G$ だけ増える．このプロセスを経て，政府財政支出の増加分の $1/(1-c)$ 倍の所得増加が最終的にはもたらされるのである．

　この分析枠組みは直感的に分かりやすいが，弱点は投資を外生変数として扱っていることである．現実には投資需要は利子率により決定され，利子率が高ければ投資需要は減退するため，利子率を内生変数としたモデルのほうがマクロ経済政策の分析手段としてはより適切である．そして，図 9-2 のように，利子率をケインジアンの交差図に織り込むことによって IS 曲線が導出できるのである．図 9-2 (a) のグラフでは，r_1 と r_2 の 2 つの利子率（$r_1 < r_2$）に応じた投資需要（$I(r_1) > I(r_2)$）が示されている．投資関数は利子率に関して減少関数であるため，$I(r)$ のグラフは右下がりに描かれている．この $I(r_1)$ と $I(r_2)$ をケインジアンの交差図の総需要線に織り込んだものが図 9-2 (b) である．そして，45 度線がそれらの総需要線と交差する点 E_1，E_2 から均衡所得 Y_1 と Y_2 が決定する（$Y_1 > Y_2$）．この利子率と均衡所得の関係を，図 9-2 (c) として利子率を縦軸に，所得を横軸に表したものが IS 曲線である．高い利子率（r_2）のもとでは，投資需要が減退するために，財・サービス市場を均衡させる所得水準は低くなる（Y_2）．

　それでは，政府支出の所得への影響は IS 曲線ではどう表現されるだろう．r_1 と r_2 の 2 つの利子率のもとで財政支出が拡大した場合の総需要線は図 9-2 (b) のグラフに点線で描かれている．45 度線で得られる均衡所得は $Y_2{}'$，$Y_1{}'$ となりそれぞれ増加する．この変化を図 9-2 (c) に反映させれば，点線の IS 曲線となり，財政支出拡大により IS 曲線が右（上）にシフトすることが分かる．

(b) ケインジアンの交差図

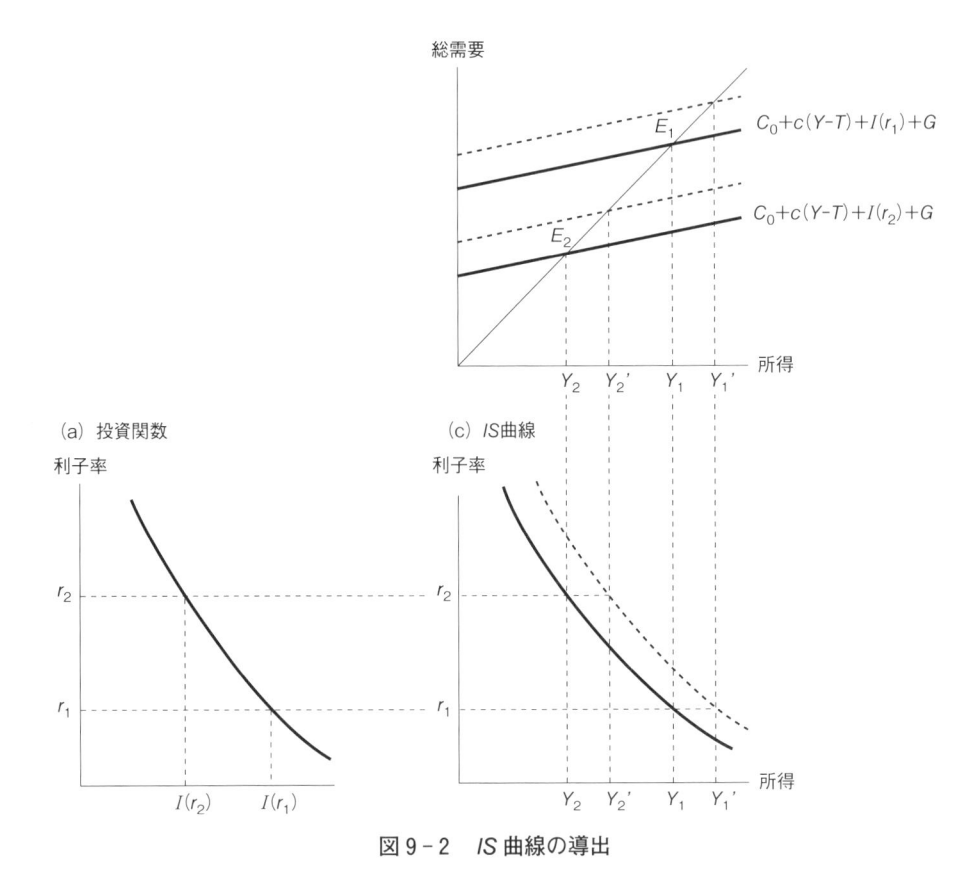

図 9-2　IS 曲線の導出

(2) LM 曲線

　IS 曲線が財・サービス市場の均衡をもたらす所得と利子率を取り扱うのに対し，LM 曲線は貨幣市場に注目することで所得と利子率との関係を考える．LM 曲線導出の基盤には，流動性選好（liquidity preference）の理論がある．これは流動的な資産である貨幣に対する人々の需要と，中央銀行によって決定される貨幣供給の関係によって貨幣市場の均衡をもたらす利子率が決定されるとするものである．図 9-3 はこの貨幣市場での貨幣の需給を，横軸に実質貨幣残高，縦軸に利子率をとったグラフで描いたものである．

　先ず貨幣市場での供給は中央銀行によって決定される貨幣供給量（M）と物

価水準（P）により，実質貨幣残高（M/P）として示される．このモデルでは実質貨幣残高は外生的に決まるので，グラフのうえでは垂直に描かれている．一方の貨幣に対する需要（L）は，人々が日常の経済的取引の決済に貨幣を用いる必要から発生する取引動機および予備的動機と，人々が各自の資産構成において貨幣で保有する部分を調整する投機的動機により決まる．先ず取引動機および予備的動機で生まれる貨幣需要は，所得で表される経済的活動の規模に依存する．活発に経済的取引を行う個人は，そうでない個人よりも多くの貨幣を必要とするだろう．次に投機的動機に関しては，その決定に利子率が大きな役割を果たす．流動性選好理論においては利子率を人々が貨幣を保有することの機会費用と捉えるが，それは貨幣の支払いにより債券を購入する，あるいは貨幣を銀行に預金すれば資産を増やすことができるからである．この２つの動機により貨幣需要は決定するから，高い所得は貨幣需要を増加させ，高い利子率は貨幣需要を減退させる．図9-3では，所与の所得に対して$L(r, Y)$として描かれている貨幣需要と所与の実質貨幣残高を一致させる水準に利子率（r^*）が決定されることが示される．

図9-3では均衡利子率決定の枠組みに所得は織り込まれていなかったが，貨幣に対する需要が取引動機により所得にも依存することを反映したのが図9-4 (a)のグラフである．所得が高く，より多くの経済的取引を行う場合には，それに対応して人々はより多くの貨幣を保有しようとする．ここではY_1とY_2（$Y_1 < Y_2$）の２つの所得水準に応じた貨幣需要が描かれているが，同じ利子率のもとでは，高い所得水準に対応した需要の増加を反映して，L_1よりもL_2は右方に位置する．しかし，実質貨幣残高は所与であるので，貨幣市場は需要超過の状態になってしまう．人々は取引動機による追加的な貨幣需要を満たすために債券市場で債券を手放す．すると，債券相場は下落し，債券利回りは上昇する．これにより利子率が上昇（$r_1 \to r_2$）することで貨幣保有の機会費用が高くなり投機的動機の貨幣需要が減退する．貨幣市場はこうして均衡を回復する．この所得と利子率の関係をグラフに描くこと

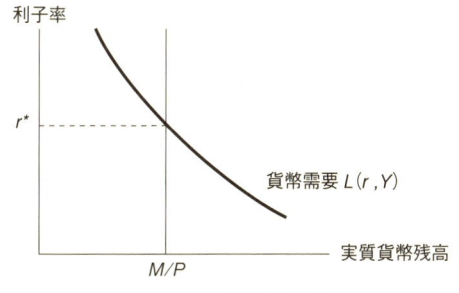

図9-3　貨幣市場の均衡

(a) 利子率　　　　　　　　　(b) 利子率

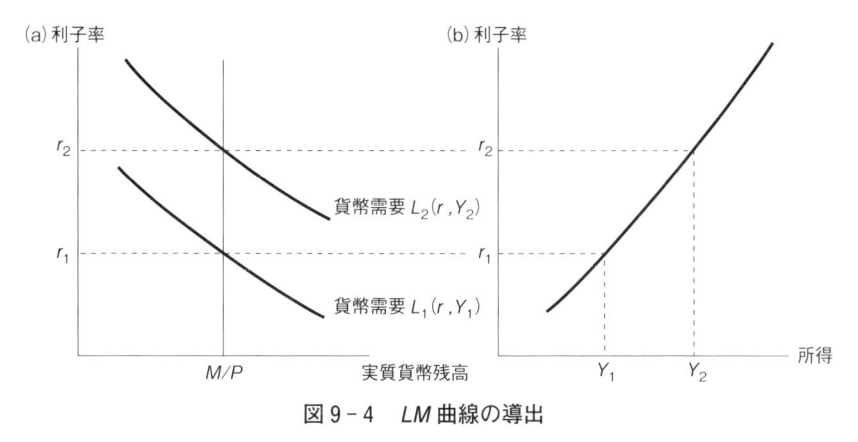

図 9-4　*LM* 曲線の導出

によって，図 9-4 (b) に示されているように *LM* 曲線を導出することができる．右上がりの *LM* 曲線上の所得（生産）と利子率の組み合わせのもとでは，貨幣市場は均衡している．

IS-LM 分析とは，これまでに説明した *IS* 曲線と *LM* 曲線を同じグラフ上に描くことで，財・サービス市場と貨幣市場それぞれを同時に均衡させる所得，利子率についての知見を得ることである．ケインジアンの交差図によって財政拡大は乗数効果を伴って所得の増加をもたらすことが示されたが，*IS-LM* 分析により財政政策が貨幣市場の均衡・不均衡に及ぼす影響も併せて分析することが可能になる．

2　クラウディング・アウトと財政政策の有効性

この節では財政政策のマクロ経済に与える影響を *IS-LM* 分析により明らかにする．たとえば政府が公共工事の拡大などにより経済活動を活発化しようと試みた場合を想定し，それが貨幣市場で利子率にどのような影響を与え，最終的な財政政策の有効性にどのような帰結をもたらすのかを説明する．

政府がその支出を増加させると，図 9-2 (c) で示したように *IS* 曲線は右（上）方にシフトする．図 9-5 は *IS-LM* 分析で *IS* 曲線が右（上）方にシフトした状況を描いている．政策変更前の所得・利子率の組み合わせは Y^*，r^* である．ケインジアンの交差図による分析では，ここで政府が財政支出を $\triangle G$ 増やすと，最終的な所得の増加は乗数効果により $\triangle G \times 1/(1-c)$ とな

る. 利子率は一定であるとの前提がここにはあるため, この財政支出増加がもたらすのは, 図9-5では利子率がr^*から変わらないとした場合のIS曲線上のE'の点であり, そこで実現する所得増加は$Y'-Y^*$である. しかし, 図からも明らかな通り, E'の点はLM曲線上にはなく, そこで成立するY', r^*の組み合わせでは貨幣市場が均衡しない.

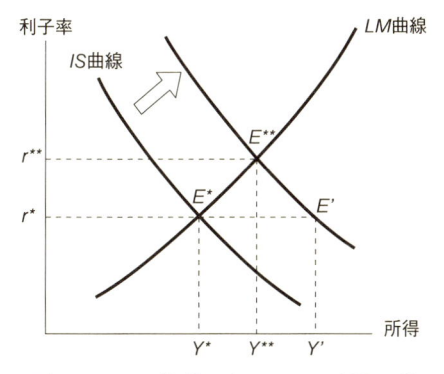

図9-5 **IS曲線のシフトの所得, 利子率への影響**

この時, 財政支出拡大により貨幣市場では何が起きるだろう. 貨幣需要は取引動機および予備的動機の観点からは所得すなわち経済活動の大きさに依存するため, 所得が増加すると人々はより多くの貨幣を保有しようとする. しかし, 実質貨幣残高は外生的に決まっているため, そのままの点E'では貨幣市場が需要超過の状態になってしまう. 貨幣需要の増加とは債券購入の減少として現れるため, 債券市場では債券相場が下落する. これは債券利回りの上昇にほかならず, 経済全体での利子率の上昇につながる. つまり, 財政支出拡大は利子率の上昇をもたらす. 貨幣市場で利子率の上昇が起きると, それは財・サービス市場に影響する. たとえば, 需要項目の1つである投資は利子率により変化する. この場合では利子率が高くなったことで, 企業の中には設備投資を縮小するものも現れ, ある家計では住宅購入を諦めるだろう. こうして貨幣市場が均衡を取り戻す過程で起きる投資需要の減退は総需要の縮小にほかならないため, 政府支出増加の景気刺激の効果を部分的に相殺してしまう. 最終的には利子率がr^{**}まで上昇し, 所得がY^{**}の水準になることで, 財・サービス市場と貨幣市場の双方が均衡する. ここで得られる所得拡大の大きさは$Y^{**}-Y^*$であり, ケインジアンの交差図の分析から得られるものよりも$Y'-Y^{**}$だけ小さくなる. この現象のことを, 財政政策を原因とする利子率の上昇による投資需要のクラウディング・アウト (crowding out) と呼ぶ. クラウディング・アウトという言葉は, 政府支出拡大による需要増加が, 結果として民間の投資需要を「押しのける」という側面を捉えた言葉である.

それではこのクラウディング・アウトによる財政政策の効果相殺の程度は何

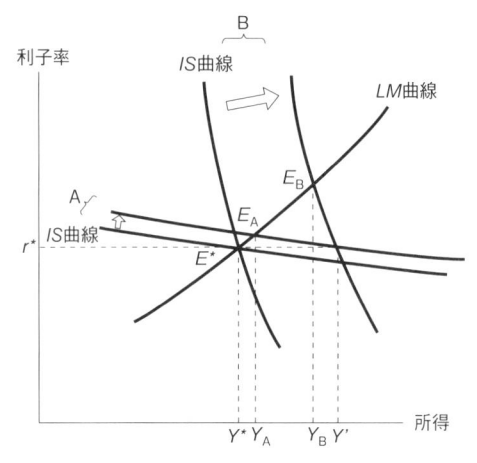

図9-6 投資の利子反応性とIS曲線

によって決まるだろう．図9-6はそのヒントを提供するために，図9-5と同様に政策変更前の所得・利子率の組み合わせを Y^*, r^* とし，利子率が変わらない場合の財政政策の所得への効果も $Y' - Y^*$ となるように描かれている．ここに示されているのは A, B 2組の財政支出拡大による右（上）方シフト前後のIS曲線であり，IS曲線の水平方向へのシフト幅はいずれの場合も同じである．それぞれのシフト後のIS曲線とLM曲線の交点である E_A, E_B から求められる最終的な所得水準は Y_A, Y_B であり，IS曲線が B のような場合に財政政策の効果がより大きくなることが分かる．

A, B のIS曲線はそれぞれどのような状況を表しているのか考えてみよう．先ず A の場合にはIS曲線が極めてフラットになっている．IS曲線を導出した図9-2によれば，フラットなIS曲線は（b）のケインジアンの交差図において，同じ幅の（r_2 から r_1 への）利子率の低下が大きな総需要線のシフトに繋がる場合（逆に言えば，総需要線の上方への同じ幅のシフトが小さな利子率の変化で発生する）に描かれる．つまり，投資需要が利子率に敏感に反応する場合にクラウディング・アウトが甚だしくなる．この場合には，拡張的財政政策が起こす僅かの利子率上昇により投資需要が大きく減退することで，財政政策の経済活動を刺激する効果を大きく損なわせるのである．

反対に，IS曲線が B のような，大きな傾きを持つ場合には，クラウディング・アウトの弊害は小さくなる．再び図9-2に戻って考えると，これは利子率の変化が投資需要にあまり影響を与えないケースである．利子率が大きく下がっても投資需要はあまり変わらないために，総需要ひいては所得への影響は小さい．これを言い換えれば，財政政策により貨幣市場で利子率が変化しても，クラウディング・アウトが所得に及ぼす影響は限定的だということになり，財政政策の効果は大きくなる．さらに極端なケースで投資需要が利子率にまった

く反応しない場合には，図9-2(b)のケインジアンの交差図において利子率の水準に関わらず総需要線はシフトせず，図9-2(c)で求められるIS曲線は垂直になる．IS曲線がシフトして利子率が上昇してもクラウディング・アウトは観察されず，これは財政政策がマクロ経済政策として極めて有効となることを示している．

3　外国為替制度と財政政策の有効性

ここまでの分析では閉鎖経済を想定していた．しかし，現実の世界では他の国と財・サービスの貿易や資本の移動を行わない国はあまりない．ほとんどの国は開放経済である．したがって，ここでは開放経済における財政政策の効果について，IS-LMモデルを拡張して解説する．

(1) 開放経済での財政政策の効果

ここで用いるのはマンデル＝フレミング（Mundell-Fleming）による分析モデルである．このモデルでは自由な資本移動が認められているとの前提を置く．すなわち，政府は資本規制を行わず，それぞれの経済は国際金融市場で資金を自由に貸し借りでき，その利子率は国際市場で成立する世界利子率r_Wとして決まっている．これは各国が利子率を外生変数とせざるを得ないという意味で，小国開放経済のモデルである．

完全な資本移動のもとでは各国の利子率がr_Wに等しくなることは以下のように説明できる．先ず，ある国で建設ブームや貯蓄性向の低下など，利子率の上昇につながるような事象が発生したとする．これにより国内貨幣市場において利子率は短期的に上昇する．すると，海外の投資家達がこの高金利に惹きつけられてその国に資本を移して資産運用を行う．外国からの資金によりこの国の債券が購入されれば，債券相場が上昇し（利回りが低下することで），この国の利子率は下落し再び世界利子率r_Wに等しくなるだろう．このように，マンデル＝フレミングのモデルにおいて各国の利子率が世界利子率r_Wから乖離しないということは，自由な資本移動という前提の帰結である．

マンデル＝フレミングのモデルでは利子率は外生的に世界利子率r_Wとして与えられるため，IS-LM曲線を描く際には縦軸は（利子率ではなく）為替レートになる．すなわち，IS曲線は財・サービス市場を均衡させる所得と為替レー

(a) 総需要

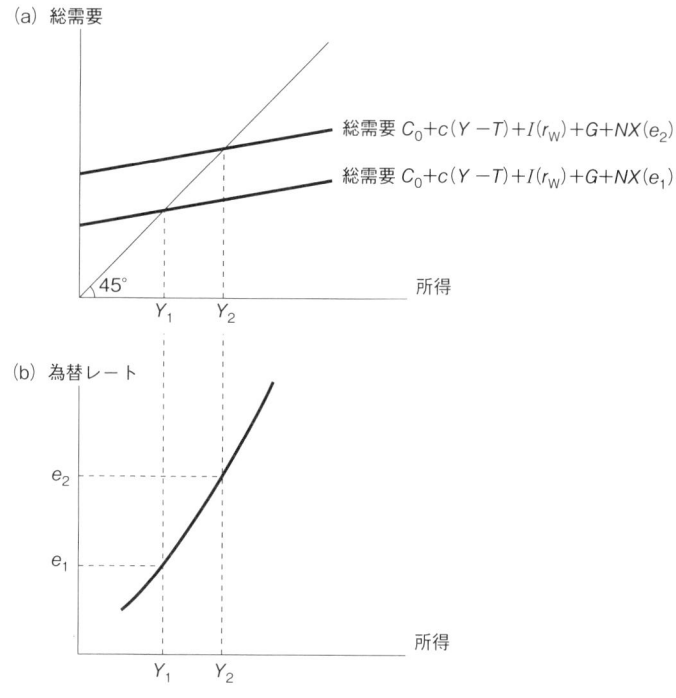

総需要 $C_0+c(Y-T)+I(r_W)+G+NX(e_2)$

総需要 $C_0+c(Y-T)+I(r_W)+G+NX(e_1)$

45°

Y_1 Y_2

所得

(b) 為替レート

e_2

e_1

Y_1 Y_2

所得

図9-7　IS曲線の導出：開放経済のケース

トの組み合わせを示す．為替レートが財・サービス市場にとって重要な理由は，財・サービスに対する総需要のうち，外需である純輸出 NX（輸出マイナス輸入）が為替レートに依存するからである．**図9-7**は（**図9-2**と同様に）ケインジアンの交差図から IS 曲線を導出している．**図9-2**と異なる点は，為替レートの変化によって交差図での総需要線がシフトすることである．為替レートは外国通貨1単位と市場で交換可能な自国通貨の量として，「1ドル＝100円」というように測り，為替レートの $e1$ から $e2$ への上昇は，自国通貨安（減価）である（たとえば，外国通貨であるドルの100円から120円への上昇は円安である）．自国通貨安は国内で生産された財の国外での価格を低下させると同時に，外国から輸入される財を割高にするため，純輸出は増加する．これは**図9-7 (a)**において為替レートの e_1 から e_2 への変化に伴い，純輸出を含んだ総需要線が上方にシフトすることで示されている．45度線で求められる財・サービス市場を均衡させる所得水準とそれぞれの為替レートの組み合わせは**図9-7 (b)**でマン

デル・フレミングの IS 曲線として描かれる．一方，マンデル＝フレミングのモデルでは利子率は外生的に与えられ，貨幣需要関数には為替レートは入らないため，縦軸に為替レートをとった LM 曲線は垂直になる．図 9-8 はマンデル＝フレミング・モデルの IS-LM 分析を示すグラフである．財サービス市場，貨幣市場を均衡させる為替レートは e^*，所得は Y^* である．

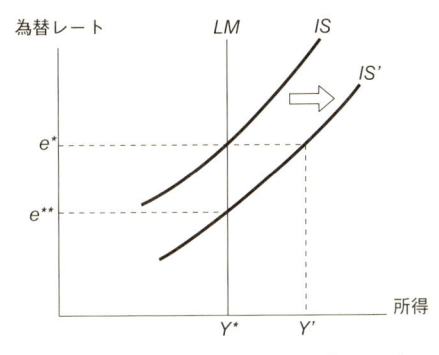

図 9-8 マンデル＝フレミング・モデルの IS-LM 分析

　この開放経済の分析の枠組みで財政政策の効果はどう評価されるだろうか．政府支出拡大による総需要の増加は，図 9-8 で IS 曲線の右方シフトとして捉えられる．為替レートが e^* から変化しなければ，所得は $Y'-Y^*$ の幅で増える．しかし，これは財政政策の最終的な効果ではない．所得が増加すると貨幣需要が増加するため，貨幣市場で利子率が上昇を始める．しかし，すでに述べたとおり，国内外で自由な資本移動が認められている場合には，国内での僅かの利子率の上昇が外国からの資本流入を招き，為替レートの下落（自国通貨高）が起きる．これにより国内で生産された財の国外での価格が上昇し外国から輸入される財が割安になるため，純輸出（NX）は減少し，拡張的財政政策の所得に対する効果を相殺してしまう．資本移動が自由化されていて為替レートが変動する場合には，財政政策には所得を増加させる効果は認められない．

　この場合に有効なマクロ経済政策は金融政策である．中央銀行が貨幣供給量（M）を増加させれば垂直な LM 曲線は右にシフトする．実質貨幣残高（M/P）の増加により利子率がわずかに低下すれば，国内で資金運用している投資家はより高い収益を求めて国外に資金を移すだろう．これにより為替レートの上昇（自国通貨安）がもたらされれば，純輸出が増えることで所得の増加が実現する．

（2）国際金融のトリレンマ

　この章の最後のテーマとして「国際金融のトリレンマ」を紹介する．これは「不可能の三角形（Impossible trinity）」とも呼ばれ，マンデル＝フレミング・モ

デルを拡張させることで得られる知見である．このトリレンマによれば，「自由な資本移動」「独立した金融政策」「為替相場の安定」の3つの政策を同時に実現することは不可能である．今日の主要国の間では資本移動は自由化されており，金融政策も各国の中央銀行が行っている．つまり，トリレンマの3つの選択肢のうち2つを実現しているため，為替相場の安定を放棄して変動相場制を採用しているのである．それはまさにマンデル・フレミングの IS-LM 分析の枠組みで示されていることであり，そこでは財政政策の有効性が損なわれている．

　共通通貨ユーロを採用した欧州連合 (European Union) は，域内経済統合を促進するために共通の通貨を採用することで，ある意味では「為替相場の安定」を実現した．またユーロ圏での資本移動は自由化されている．しかし，その結果として「国際金融のトリレンマ」が示す通り「独立した金融政策」は不可能になっている．つまり，域内の各国政府にとって利用できるマクロ経済政策は財政政策に限られている．ギリシャのように赤字が拡大して政府財政が危機的な状況になってしまった場合には，その政府にとってマクロ経済をコントロールする手段は極めて乏しくなってしまう．

第10章　公　　　　債

▶▶ 政府が様々な活動を行うためにはその資金を調達せねばならない．その調達手段は通常は第7章，第8章で解説した税収，あるいは税外収入である．歳出が税収などの歳入額の範囲内に納まっていれば問題はないが，歳出の増加に歳入の確保が追いつかない場合などに，財政不均衡が生じる．この章ではそのギャップを埋めるために発行される公債について解説する．

1 国債の誕生

　政治形態を問わず国家が活動を行うにはその費用をまかなうための資金が必要である．王政が広く行われていた中世には，資金不足の際に国王が自ら所有する領地を売却したり，徴税請負権を担保に商人からの借り入れを行ったりした．特に戦争が頻発していた地域では，戦争勃発の可能性が高まった際には迅速な軍備増強が焦眉の急となるが，その資金繰りのために国王は商人などからの借入金に頼らざるを得なかった．しかし，それが国王の個人的な債務なのか，国家としての債務なのかの区別は必ずしも明確ではなかった．

　国家の借金として法律的な裏づけのある債券が発行される，という意味での国債の誕生は1692年のイギリスに見ることができる．名誉革命によりイギリス国王となったウイリアム3世（オレンジ公ウイリアム）は，イギリスの王位継承をめぐりルイ14世統治下のフランスとの戦争状態にあった．その戦費の調達をイギリス議会が立法により承認したことで，国債が発行されることとなった．

　日本政府による初めての公債は1870（明治3）年にポンド建てで発行されたものである．明治政府は鉄道建設の資金を必要としていたが，明治維新後まだ間もなく国内貨幣制度すら未整備の状況であったためにロンドンでの発行となった．しかし，国債金融市場での「新顔」としての日本は信用リスクが高いとみなされ，ロンドン市場で同年に発行されたエジプトやルーマニアの債券よ

りも高い金利を設定せざるを得なかった[1]．

2　日本における国債発行

(1) 日本の財政収支と国債発行

　明治政府は初めての国債を外債として発行してから，江戸時代の諸藩の旧藩債の整理や西南戦争後のインフラ整備などの資金調達を目的として，内国債，外国債を発行した．時代が大正，昭和と移るにつれて，国内の金融制度が整備され，国際金融市場での日本の信用度が高まることで，国債発行は政府にとって重要な資金調達手段となった．1932 年には国債発行を促進するために，新規発行国債の日本銀行による引き受けも始められた．

　第 2 次大戦後，日本の財政は 20 年程度にわたり均衡を維持していた．経済が復興を遂げ成長を続けることで，歳入も順調に伸びていたからである．戦後初めて政府が公債を発行したのは，1965 年の補正予算においてであった．当時は東京オリンピックが終わり，それまで拡大していた証券市場が混乱に陥ることで，経済が急速に縮小して「昭和 40 年不況」と呼ばれる状況が発生していた．しかし，補正予算での国債発行，日銀の証券会社への特別融資などの迅速な対処により，景気は速やかに回復し，1965 年に始まりその後 5 年以上にわたる「いざなぎ景気」へと繋がっていった．

　戦後初の国債発行は不況への緊急対策であったが，国債はその後継続的に発行されるようになった．**図 10-1** は一般会計の歳出総額および税収と，国債発行額の推移を 1975 年度から 2013 年度まで示したものである．1980 年代前半には国債発行額は 14 兆円台前半あるいはそれを下回る水準で比較的安定しており，1980 年代後半から 90 年台初頭の所謂「平成バブル」の頃には，順調な税収の伸びを反映して国債発行額は一時 6 兆円台まで縮小されていた．しかし，その後の「失われた 20 年」と呼ばれる時期を通して経済活動が低迷し税収が停滞する一方で，度重なる景気対策などにより増え続ける歳出をまかなうために国債発行額は大きく増え続け，2000 年頃から 30 兆円を超える国債発行が珍しくなくなってしまう．年度途中に自民党から民主党への政権交代が行われた 2009 年度には 52 兆円もの国債が発行された．これは年度としては過去最大の発行額であり，同年度の一般会計税収 38.7 兆円を 30％以上も上回る異例の財政状況を作り出した．

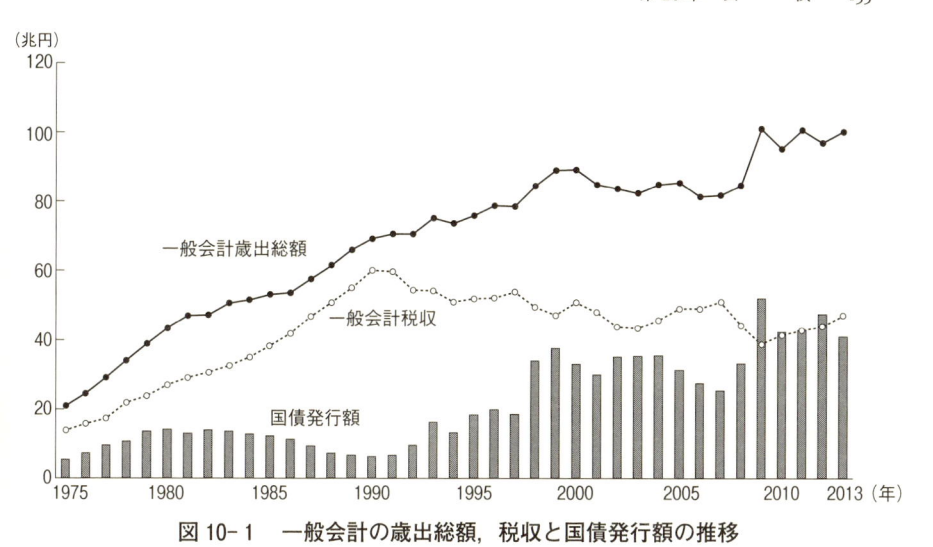

図 10-1　一般会計の歳出総額，税収と国債発行額の推移

（出所）財務省理財局『債務管理レポート2015：国の債務管理と公的債務の現状』第Ⅲ編・資料編，167ページのデータを基に作成．

（2）建設国債と赤字国債

　そもそも財政法第4条第1項は「国の歳出は原則として国債又は借入金以外の歳入をもって賄うこと」と規定しており，財政は均衡すべきものとの前提を置いている．しかし，同条のただし書きにより，公共事業費，出資金及び貸付金の財源については，例外的に国債発行又は借入金により調達することを認めている．1966年度以降の10年間に発行された国債はすべてこの規定によるもので，「建設国債」あるいは「4条国債」と呼ばれている．しかし，1973年の第3次中東戦争をきっかけとして石油危機が発生し，戦後始めて経済成長率がマイナスになると，「建設国債」を発行してもなお歳入が不足する事態となった．そのため，1975年度には建設国債とは別の国債発行を規定する特別の法律を新たに定めて国債を発行することとなった．この「特例国債」は財政の赤字を埋める目的で発行されるため「赤字国債」とも呼ばれる．

　図10-2は1975年度から発行された国債を「建設国債」と「赤字国債」に分けて示したものである．1975年以降，政府は毎年のように赤字国債を発行するようになり，「赤字国債脱却」が財政課題として挙げられるようになった．その後「バブル景気」に伴う税収の増加により1990年には赤字国債の発行を政府は一旦停止することができた．しかし，それも4年間しか続かず，1994

(兆円)

図10-2　建設国債と赤字国債

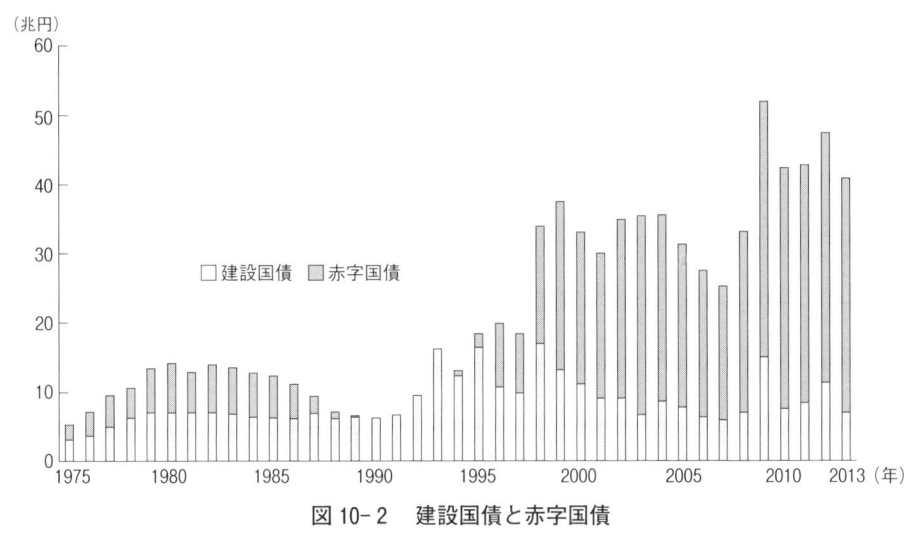

（出所）財務省理財局『債務管理レポート 2015：国の債務管理と公的債務の現状』第Ⅲ編・資料編，167ページのデータを基に作成．

年度に再び赤字国債が発行されると，短期間にその規模は急速に拡大してしまった．近年では政府は建設国債を大きく上回る額の赤字国債を毎年発行し，それにより財政の不均衡を埋め合わせ続けている．

（3）日本財政が直面する問題

このように日本の財政は，税収と歳出の不均衡に伴う膨大な国債発行という問題を抱えているが，財政赤字はけっして日本だけで見られる現象ではない．**図10-3**はG7を構成する先進工業諸国の一般政府，すなわち中央政府，地方政府，社会保障基金を合わせたものの財政収支を過去17年にわたり対国内総生産比率で示したグラフである．先ず観察されることは，マイナスの収支，すなわち財政赤字は珍しくないということである．むしろ，カナダを除くすべての国で収支がプラスの期間の方が短い．しかし，この図からも日本財政の深刻な危機的状況は明らかである．2005年までは日本を表すグラフは常に他6カ国のグラフよりも下方に位置しており，2006年から2008年まで多少の改善は見られるものの，その後再び悪化して，2013年にはG7諸国で最悪の収支を示している．

財政赤字の拡大には様々な弊害がある．投資が利子率の水準に敏感に反応す

第10章 公　債　*135*

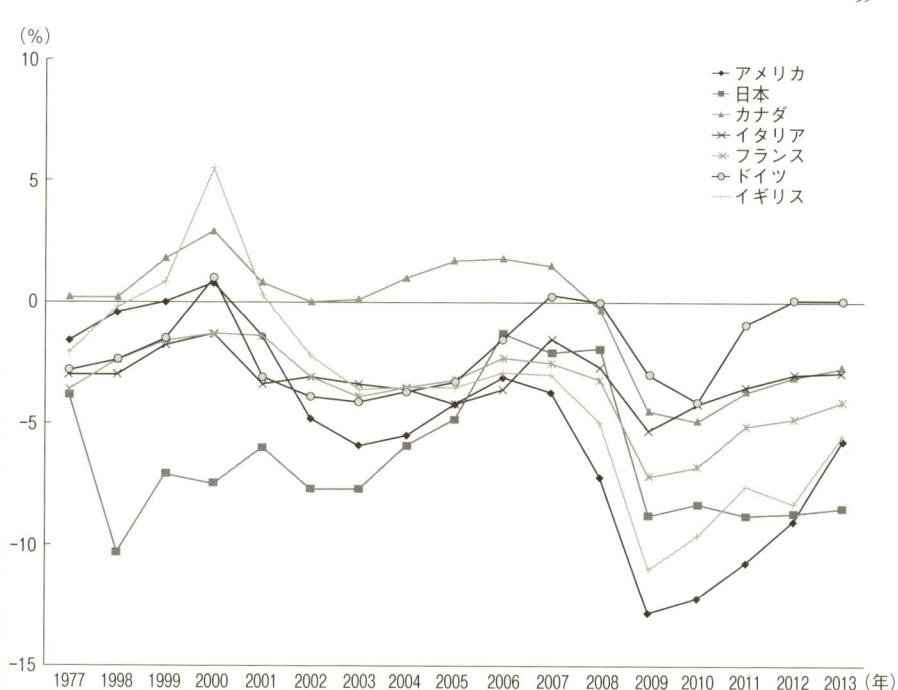

図10-3　財政収支の国際比較

(注) 数値は一般政府（中央政府，地方政府，社会保障基金を合わせたもの）ベースである．
(出所) OECD, *Economic Outlook*, Vol. 2015, Issue 1, p. 315 のデータを基に作成．

る場合には，前章で説明されたクラウデイング・アウトが発生することで，総需要を減退させる恐れがあり，大きな財政赤字はそのリスクを膨らませる．また，大量の国債発行が行われることで，政府予算のうち利払いに充てられる部分が拡大し，新しい政策的経費に配分される予算が限られるという財政の硬直化の原因にもなる．これは，社会が直面する新しい政策課題に対処する財政的な余裕を奪う．さらに深刻な問題は，財政の不均衡を国債発行で埋め合わせているうちに，国債発行残高が経済規模に対して大きなものとなり，最終的に債券を償還して借りたお金を返済することができなくなってしまうリスクが発生することである．

　実際に近年の継続的かつ大規模な発行のため，日本国債の発行残高は膨大になっている．2014年度末の国債発行残高はおよそ880兆円である．しかもこれは国債だけの数字であり，地方自治体の債務も含めると公債の残高は国内総

生産の2倍を超えている．これは2015年に財政破綻の恐れからユーロ圏の混乱を招いたギリシャの公債残高国内総生産比を上回っており，日本の財政の維持可能性について懸念が強まっている．

3　財政の維持可能性

それでは財政破綻は具体的にはどのような形をとって発生するのだろうか．企業であれば，たとえ毎年赤字を出していても，その将来性を信じて投資家や金融機関が出資，融資により資金繰りをしてくれる限りは事業を継続できる．それと同様に，政府が毎年赤字を出していても，資金運用手段としての国債に信任があり，市場で国債への需要が存在する限り財政は維持できる．言い換えれば，政府による国債の利払い・償還に人々が不安を抱かなければ財政破綻は回避できる．この条件が失われて，市場で国債の買い手がいない，あるいは極めて高い金利を提示しないと購入されない場合に財政問題が表面化するのである．

財政の維持可能性を簡単なモデルで説明しよう．財政収支の変化は国債残高の初期の値（現在時点での国債残高）とその後の年度ごとの財政状況により決定する．ここで年度ごとの収支を，

$$政府支出 + 利払い費 = 税収・税外収入 + 新規国債発行$$

と整理する．t期の政府支出をG_t，前期（$t-1$期）までの国債発行残高をB_{t-1}，利子率をi_t，税収・税外収入をT_tとすれば，この関係は，

$$G_t + i_t B_{t-1} = T_t + \triangle B_t$$

と表すことができる．$\triangle B_t$は政府支出と国債利払いを行うために，税収では不足する部分を賄うためにt期に行わねばならない国債発行額である．$\triangle B_t$を$B_t - B_{t-1}$で置き換え，左辺にB_tを移動すると

$$B_t = (1 + i_t) B_{t-1} + G_t - T_t$$

となる．両辺を国内総生産Y_tで除して，整理すると

$$B_t/Y_t = (1 + i_t)(B_{t-1}/Y_{t-1})(Y_{t-1}/Y_t) + (G_t - T_t)/Y_t$$

$$= (1+i_t)/(1+g_t)(B_{t-1}/Y_{t-1}) + (G_t - T_t)/Y_t$$

が得られる（この過程では，Y_t/Y_{t-1} は $1+$ 経済成長率 g_t であることを利用している）．

このモデルからは，国債発行残高 B_t の対国内総生産比が継続的に上昇し発散してしまうことを防ぐために必要な，財政の維持可能性の基準が導かれる．先ず，右辺の第1項からは，$i<g$，すなわち経済成長率が利子率を上回ることが必要であることが示される．右辺第2項の $G_t - T_t$ は国債の利払い費を除く歳出と税収・税外収入との収支であり，その時点で必要とされる政策的経費を，その時点の税収等でどれだけまかなえているかを示す基礎的財政収支（プライマリー・バランス）である．この2つから，国債発行残高の対国内総生産比の収束のためには，プライマリー・バランスを均衡させたうえで経済成長率が利子率を上回ることが必要なことが分かるが，この関係はドーマーの定理（Domar's theorem）と呼ばれる．プライマリー・バランスは，財政状況の長期的な健全性を図る指標として用いられることがあり，日本では財政運営にあたり，プライマリー・バランスを均衡させる年度について目標を設定している．

4 公債の負担

政府が公債を発行することは，現在の政府支出を将来の税負担でまかなうことである．これは異なった時点の納税者の行動にどう影響を与えるだろう．単純な議論をすれば，現在発行された公債で調達された資金により行政サービスを提供し，利子支払いを含んだ償還までの費用を将来の世代が支払うとすれば，将来世代が現在の行政サービスによる恩恵を享受できない場合には，将来世代は負担だけを押し付けられたことになる．ここで観察される不公平は，公債により可能となった行政サービスが道路，橋などのインフラの建設で将来世代にも利用可能な場合には必ずしも当てはまらない．こうした認識が，日本で「建設国債」の発行が財政法第4条第1項のただし書きに定められていることの背景にあると考えることもできるだろう．

しかし，公債によって将来世代への負担の先送りが発生しているかどうかについては，経済学者の間でも意見の相違がある．先ず，ラーナー，ハンセンに代表される「新正統派」によれば，ある時点で国内において利用可能な資源量は決まっているため，完全雇用を前提とすれば，公債が国内で発行される内国

債の場合には，将来世代への負担の転嫁は起きないと主張する．すなわち，内国債の発行によって政府支出が増えれば，その時点ではその分だけ国内で私的に利用される資源が減るために，国全体で利用される資源量には変化はない．公債が償還される時点では増税が行われるが，増税で政府が得た資金はその時点での国内の公債保有者に支払われる．これは将来世代の納税者から将来世代の公債保有者への移転に過ぎないため，やはり国内で利用可能な資源量に関して公債は影響を与えない．しかし，この結論は公債が外国で発行される外国債の場合には当てはまらない．外国債では外国の居住者から獲得された資金が国内で利用されるため，発行時点では国内で利用可能な資源が増加する．一方で外国債の償還時には国民から増税し，国外にいる国債保有者に償還されるので，その時点での国内の総資源を減少させることになる．したがって，外国債の場合には現在時点から将来時点の納税者への負担の移転が起きると考える．

　国内において利用可能な資源量に注目する「新正統派」に対して，ボーエン，デービス，コップは，各世代が生涯に亘って行うことのできる消費が公債により変化するかどうかを基準にして，公債により将来世代への負担の先送りが発生するかどうか判断している．公債が発行された時点では，購入者はその支払いだけ消費を減らすことになる．しかし，償還前にその公債を将来世代に売却してその代金を消費に充てれば，公債発行時の世代は生涯消費を一定に保つことができる．将来世代は，公債を購入した際に減少する消費分を償還の受け取りにより補うことができるが，一方では償還財源を得るための政府の増税により消費を減らすことになる．したがって，将来世代の生涯消費は公債発行により少なくなり，公債による将来世代への負担の先送りが発生する．

　モディリアーニは，消費ではなく，資本蓄積や経済成長に公債発行が及ぼす影響に注目した．公債が発行されると，その購入者は貯蓄から代金を支払うため，公債により貯蓄が減少する．貯蓄の減少は資本蓄積を抑制するため，それは設備投資の減少を通じて生産能力の拡大を抑制することで，経済成長を鈍化させる．つまり，公債発行は経済成長にマイナスの影響を及ぼし，所得の低下という形で将来世代に負担を強いることになる．しかし，政府が同じ額を増税で調達した場合には，この将来世代への負担の転嫁は公債の場合よりも小さくなる．その理由は増税が資本蓄積に与える負の影響が，公債の場合よりも小さいからである．政府が公債を B 発行した場合には貯蓄も B だけ減少するが，同じ額の増税が行われた場合には，消費が（限界消費性向 $c \times B$）減少し，貯

蓄の低下は $((1-c) \times B)$ に留まる．貯蓄の低下が小幅であるために，増税の資本蓄積・生産能力拡大に与えるマイナスの影響は小さくなる．つまり，公債発行も増税も成長率の低下によって将来の生産力を減少させるが，その割合は公債のほうが大きく，将来への負担の転嫁がより大きいとした．

しかし，このモディリアーニの議論の前提は，公債発行，増税により調達した資金で政府が行う支出の中身に依存する．前記の説明は，政府が公債発行，増税で得た資金は資本蓄積にはまったく向かわないとの前提に基づいているが，政府支出が経済活動を支えるインフラに投じられた場合は，公債・増税が成長率低下につながる程度は緩和される．

以上の通り，世代間での公債の負担に関して，「新正統派」は国内において利用可能な資源量，ボーエン他は生涯消費，モディリアーニは経済成長に着目して分析している．これらの考え方はいずれも 1960 年代前半までに示されたものであり，その後の経済学者による批判を受けている部分もある．たとえば，これらの理論では，家計による効用最大化というミクロ経済学の基本的な前提はまったく考慮されていない．次節ではこの効用を考慮することで得られる公債に関する知見を紹介する．

5　公債の中立命題

公債発行の家計行動に与える影響を考察するために，政府は公債発行により調達した資金を公共事業に振り分けるのではなく，減税の財源として利用するケースで考える．リカードは，家計（消費者）が将来の政府の行動を合理的に予想できれば（完全予見），公債発行による減税は家計の消費活動に変化を与えないと主張した．これをリカードの中立命題，または等価定理という．以下でこれを説明する．

政府が景気刺激策として減税を行う場合，その狙いは減税により人々の可処分所得を増やし，それがもたらす消費の増加を通じて所得の上昇につなげることである．しかし，公債が償還される際に償還財源を得るために政府は増税することを，家計は完全予見により理解している．すると，減税が行われたことにより可処分所得が増えても，家計は将来の増税に備えるため，その増加分を消費には利用せず，将来の増税に備えて貯蓄する．すなわち，公債の発行時には減税分は貯蓄に回り，償還時の増税時にはその貯蓄から税払いが行われるこ

とになるので，公債による減税は家計の消費行動には全く影響を与えない．

この過程を数値例で考える．政府は家計に「100」の減税を行い，1年満期，利子率5％の公債をその財源としたとする．政府は1年後の増税で公債を償還する．減税は「100」で1年後の増税は「105」となるため，全期間では家計の可処分所得は減少しているかのように見える．しかし，ライフ・サイクル・モデルにしたがって，家計はその生涯を通じての予算制約のもとで最適化行動をすると考えると，1年度の「105」の負担増は，利子率の5％を割引率と考えれば現在価値では「100」の減税分と等価であるため，公債発行と減税（および増税）はこの期間での家計の可処分所得を変化させていない．また，経済全体の貯蓄という観点からも，公債発行は政府貯蓄を「100」減少させるが，それは公債保有者の（民間）貯蓄の増加により置き換えられるため，貯蓄にも影響を与えない．すなわち，一定の政府支出のもとで，政府が景気刺激策として減税を行っても，家計の行動を変化させることはできず，所得増加も実現しない．

このように，リカードは減税により軽減される現在の税負担と公債償還時の税負担額の現在割引価値が等しい場合に「等価定理」が成立することを，公債発行時の世代が償還も負うケースで示した．しかし，公債の償還が2つの世代にまたがる場合にはどうなるだろう．公債発行時の世代は減税の恩恵は受けても，償還時には既に死去しているので将来の税負担を負うことはない．家計にとっては生涯を通じての可処分所得は増加するために，ライフ・サイクル・モデルでも消費は増加し，減税は所得に影響を与えうる．しかし，バローは遺産による再配分効果を分析に織り込むことで，公債の償還が世代をまたいでも「等価定理」が成立するとの理論を構築した．公債発行時の減税を受ける親の世代が利他的に償還時の子の世代の効用にも関心を持つ場合には，減税により増えた可処分所得を消費せず，遺産として子供に残す．子の世代はその遺産により償還時の増税に備えることができ，公債発行・償還がなかった場合と同じ水準の消費を行うことができる．これにより，世代をまたいでも減税は家計の消費行動に影響を与えないのである．

等価定理，または中立命題が成立するならば，減税による景気刺激策はまったく効果を発揮しないことになる．しかし，これらの理論にはいくつかの前提があり，それが成立しない場合には公債発行が人々の消費に影響を与えることが考えられる．先ず，政府の財政政策に関する「完全予見」の妥当性を問題にすることができる．現在の減税と将来の増税の対応を必ずしも正確に認識でき

ない家計がある場合には，消費は変化するだろう．また，どの国民経済であれ内的・外的な不確実性は免れず，合理的な家計でも完全予見を形成することは困難な場合もある．

　また，中立命題は流動性制約のない完全な資本市場の存在を前提としているため，家計が借り入れ制約に直面している場合には，中立命題が成立しない．たとえば，借り入れ制約のために所得をすべて消費に回している家計は，減税により増加した可処分所得を（貯蓄ではなく）消費に振り分ける可能性がある．この場合には減税は現在の消費を増やすことで景気資源策として有効である．

注

1) 国債発行の各国での歴史的経緯は，富田俊基『国債の歴史：金利に凝縮された過去と未来』（東洋経済新報社，2006 年）に詳しい．210 頁の図表 7-3 にロンドン市場での各国債券の金利が示されている．

第11章　社会保障

▶▶ 世界に類を見ない急激なスピードで進む少子高齢化や経済的格差の拡大など，日本の社会は大きな問題に直面している．人々が直面する様々なリスクに対応するためのセーフティ・ネットとして大きな役割を果たしているのが社会保障制度である．社会保障制度は，財政の基本的な機能である所得再分配の中でも中心的な役割を果たしており，政府支出においてもその占める割合は大きなものである．この章では，こうした社会保障制度の仕組みや課題について学ぶ．

1　社会保障とは

　日本も含めた先進工業国が採用している市場経済においては，人々は職業の選択をはじめとした経済活動の自由を保証されている．就職活動を通じて安定した雇用を得る者もあれば，自ら事業を起こして成功する者もある．その活動の過程でもたらされる経済的基盤の充実は，人々が幸福をつかむことにある程度役に立つだろう（幸福の分析については第14章を参照）．しかしながら，残念なことに必ずしもすべての国民が望むような生活を送ることができるとも限らない．長い患いによって思いがけず収入が減ってしまうこともあるかもしれない．また，定年まで勤め上げることを予定していた会社が倒産することもあるだろう．あるいは，希望に燃えて起業したものの，事業が軌道に乗る前に資金繰りがつかなくなって会社を清算せざるを得ないことになるかもしれない．さらに，高齢になって働くことができなくなる前に十分な額の貯蓄をすることができず，老後の生活に困難をきたすこともあるかもしれない．こうしたリスクは社会のあらゆる人が直面する可能性がある．
　多くの国では，国民が抱えるこの様々なリスクに備えるために，社会保障制度を用意している．リスクが顕在化した人々の生活を社会保障制度により支えるだけではなく，社会の不平等が過大になることをその所得再分配機能により未然に防ぎ，社会の安定をもたらすこともその重要な役割である．

最初の近代的な社会保障制度はイングランドの救貧法であるとされ，貧民増加による社会不安を抑制するための公費による救貧行政が形作られていった．特に1601年のエリザベス救貧法により，救貧税を財源として生活困窮者に最低限の生活を国家単位で保障する仕組みが整えられた．このエリザベス救貧法は，西欧諸国にも大きな影響を与え，近代社会福祉制度の出発点とされている．その後，病気や失業などリスクの生活不安に備え，労働者と事業者が保険料を負担し，事故が起きたときリスクが現実のものとなったときに給付を受けるという社会保険が1880年代にドイツで広まった．そして，1929年の大恐慌を経て，公的扶助と社会保険をあわせた社会保障制度が，第2次世界大戦後，先進諸国で広く普及することになった．

　生存権を規定した日本国憲法第25条では，「すべて国民は，健康で文化的な最低限度の生活を営む権利を有する．」とし，さらに「国は，すべての生活部面について，社会福祉，社会保障及び公衆衛生の向上及び増進に努めなければならない．」とし，社会権の1つである生存権と，国の社会的使命について定めている．この生存権は基本的人権の重要な構成要素の1つであり，もし貧困を放置していたら，個人の生存が脅かされるだけではなく，社会の活力の低下や暴動などのし，社会的混乱を招くだろう．

　社会保障制度審議会が1950年に出した「社会保障制度に関する勧告」では，「社会保障制度とは，疾病，負傷，分娩，廃疾，死亡，老齢，失業，多子その他困窮の原因に対し，保険的方法又は直接公の負担において経済保障の途を講じ，生活困窮に陥った者に対しては，最低限度の生活を保障するとともに，公衆衛生および社会福祉の向上を図り，もってすべての国民が文化的社会の成員たるに値する生活を営むことができるようにすることをいうのである」と述べている．

　われわれは，生まれてから死ぬまで，病気やけが，出産や失業，老齢化など様々なリスクに直面している．たとえば，年をとって働くことが出来なくなり，生活するための十分な所得を得ることが出来なくなるというリスクは，必ず全員が経験することである．社会保障とは，①老齢・疾病・失業・災害など，自分の責任によらない理由によって貧困状態に陥るリスクに社会全体で備える（リスク・プーリング）とともに，②自力で生計を維持することが困難になった時に最低限の生活を保障することで人々が貧困に陥ることを防ぐこと（リスク軽減）を目指すものであるといえる．社会保障制度は，この2つの機能を通し

て所得再分配効果を持つことになり，いわば，社会のセーフティ・ネット（安全網）の役割を社会保障は担っているのである．

現在の日本の社会保障制度は，① 社会保険　② 社会福祉　③ 公的扶助　④ 公衆衛生　の4つからなっている．

① 社会保険：疾病・老齢・失業などのリスクに対して，各自が保険料を払い，リスクが現実のものとなった時に保険金を給付する制度である．原則として，すべての国民が強制的に加入することとなっている．公的年金保険や公的医療保険，雇用保険，介護保険などがこれに含まれる．

② 社会福祉：老齢者，児童，ひとり親家庭，障害者などのように社会的に弱い立場にある人に，必要な保護・援助を与えるものである．制度への加入や拠出が給付要件でない税を財源とした無拠出給付であることが，社会保険と異なる．

③ 公的扶助：生活保護などのように，貧困に陥った人に最低限度の生活を保障する目的で実施されるものである．社会保険制度との大きな違いは，税を財源としている点にあり，社会保険とは異なり過去の保険料負担の有無は問われない．また，社会福祉とは異なり，安易に公的扶助に頼ることを防ぐために，資力調査（ミーンズ・テスト）を実施していることも大きな特徴である．

④ 公衆衛生・医療：結核・伝染病などを予防し，人々の健康を維持増進することを目的に行われる公的サービスの供与である．伝染病予防のために，公費負担で予防接種を実施することや，食品や医薬品の安全性の確保などがこれにあたる．また，こうした施策の実施を担う保健所や保健センターの運営も公衆衛生に含まれる．

2　公的年金制度

ここでは社会保険の例として公的年金制度を取り上げる．年金とは，毎年，定期的，継続的に給付される金銭や，その制度のことである．このうち，政府などの公的機関によって運営されるものを公的年金，民間の保険会社などによって運営されるものを私的年金という．

ではなぜ，政府が年金制度を運営するのだろうか．高齢者になると体力が衰え，また病気や怪我も増えて，若い時と同じように所得を得ることは難しくなることは想像に難くない．しかし，こうしたことはある程度予想のつくもので

あり，個人でも自分の責任で民間の保険や貯蓄などである程度は対応できるだろう．それでも公的年金が必要とされる理由として，次のようなことが考えられる．

　まず第1に，全員が自分の将来を正確に予測し，十分な備えを出来るとは限らない，という点が挙げられる．当然ながら，自分の寿命を知っている人は誰一人としてなく，当初の予想よりも長生きしてしまうこともまた経済的なリスクなのである．逆に，自分が考えていたよりも早く死亡することも考えられ，老後に備えて過度に貯蓄に励むことは，現役時代の生活を圧迫させることにもつながる．あるいは，そもそも将来のことをあまり考えず，十分な貯蓄をしない，近視眼的（myopic）な人もいるだろう．もし，こうした問題を放置しておいたら，老後の生活に困窮する人が続出し，国家による救済が必要となってくる．人々になぜ最低限度の生活を保障する必要があるのだろうか．

　第2に，もし強制加入という仕組みが存在しなければ，老後の生活に困窮した時に生活保護を利用することを前提として，個人で十分な貯蓄をせず若年期の消費に回してしまう，というモラル・ハザードが発生するという問題がある．また，第3には逆選択の問題が挙げられる．これは，もし任意加入の保険だけで運営すると，リスクの高い人だけが保険に加入することとなり，やがて保険そのものが成立しなくなる可能性もある．こうした理由があって，政府は現役時に保険料という名目で強制的に人々に貯蓄をさせ，老後の生活を保障しているのである．

（1）日本の公的年金制度の特徴

　日本の公的年金保険制度は，原則として20歳以上の日本に居住するすべての人が義務として強制的に加入する「国民皆年金制度」となっている．

　年金制度の体系は図11-1のようになっている．われわれはこの年金制度に加入し，保険料を納め，年金を受け取ることになるが，日本国内に住所のあるすべての人が加入を義務づけられ，その人の働き方により加入する年金制度が決まる．まず，20歳以上60歳未満の国民全員が加入するのが国民年金で，基礎年金ともよばれる．次に，正社（職）員と所定の条件をみたすパート・アルバイトが加入する厚生年金保険で，70歳未満が加入することとなっている．保険料は，給料に応じて決定する報酬比例方式をとっている．また，警察官や公務員，学校の教職員が加入する共済年金は，「被用者年金一元化法」により

2015年10月をもって厚生年金に統一された.

また，国民年金の被保険者には，「第1号被保険者」「第2号被保険者」「第3号被保険者」と3種類があり，どの制度に加入するかにより，保険料の納め方が異なる．まず，「第1号被保険者」は農業等に従事する人や学生，フリーター，無職の人などで，国民年金のみに加入する人をさす．保険料は自分で納付することとなっているが，十分な収入がないときには，免除や猶予の仕組みがある．「第2号被保険者」は株式会社などの法人の事業所（厚生年金保険の適用事業所という）に勤務する人で，保険料は国民年金保険料と合わせて勤務先で納付する．「第3号被保険者」は第2号被保険者の配偶者で20歳以上60歳未満の人であり，国民年金保険料は配偶者が加入する年金制度が一括負担し，本人への保険料の負担は求められない．

年金の受給に必要な条件は，保険料納付済期間と保険料免除期間の合計が25年以上であることである．20歳から60歳になるまでの40年間の全期間保険料を納めた人は，65歳から満額の老齢基礎年金が支給される．また，サラリーマンや公務員などの第2号被保険者は，現役時代に収めた保険料に応じて厚生年金からも支給される．このように，実際に受給できる金額は，国民年金から支給される基礎部分と厚生年金保険から支給される報酬比例部分の2つからなっており，2階建て方式とよばれる．なお，加給年金額とは，65歳未満の配偶者等を扶養している場合に加算される年金額のことである．

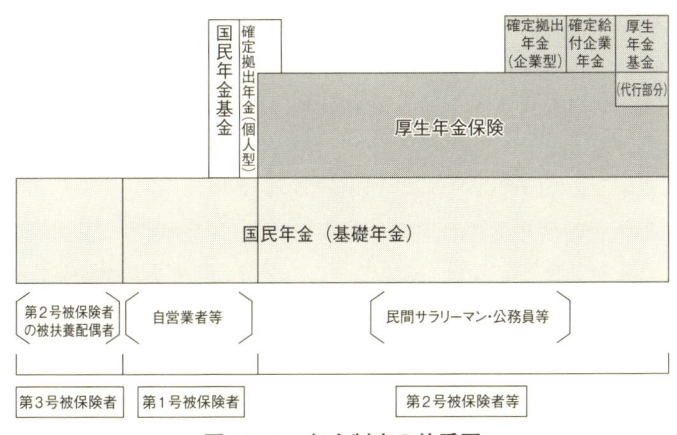

図11-1　年金制度の体系図

（出所）厚生労働省ウェブサイト.

年金は高齢者世帯の収入の柱でもあり，将来にわたる安定的な給付が求められる．そこで，物価の変動などによる影響を回避するために，物価スライド制や5年ごとの年金財政再計算が行われ，年金の実質価値を維持する仕組みも導入されている．物価スライド制は，消費者物価指数の変動に応じ，翌年4月から自動的に年金額を改定する仕組みで，1973年に導入された．年金財政再計算は，公的年金が長期にわたる制度であることを考慮し，社会経済状況の変化にあわせて年金支給額や年金保険料を見直す制度である．また，2005年4月以降は，財政均衡期間にわたり年金財政の均衡を維持できないと見込まれる場合に，給付金額の水準を自動的に調整するマクロスライド制も導入されている．

　現行の日本の年金制度は，現役世代から年金保険料を徴収し，高齢者に年金を給付するという賦課方式によって運営されている．この賦課方式は，経済状況の変動に強いというメリットがある．しかし，人口構成の急激な変化，特に現在の日本で見られるように急速に少子高齢化が進む場合，現役世代の負担が急拡大するというデメリットがある．

　年金の財政方式には他にも，ある世代の将来の年金給付に必要な原資を，その世代自らが保険料で積み立てる積立方式と呼ばれる方法がある．積立方法は人口構成の変化には強い一方で，経済状況が大きく変動した場合，年金の受給水準が大きく影響を受けることになる．

（2）公的年金制度の問題点

　公的年金制度をめぐる第1の問題点は，年金制度の持続可能性である．**図11-2**が示すように，日本では急速に高齢化が進んでおり，高齢化率は2013年には25.1%で4人に1人を上回り，2060年には39.9%にまで上昇することが見込まれている．高齢化は年金受給者である高齢者が増加することを意味している．少子化は年金制度の担い手である現役世代の減少を意味しており，現役世代として年金制度を支える生産年齢人口（15～64歳の人口）は，2060年には50.9%まで減少すると見込まれている．この両者の比率を年金扶養比率という．国民年金（基礎年金）の場合，1975年には9.48であったものが，2013年には2.15にまで低下しており，現役世代2人で高齢者1人を支えている計算になる．また，最近の試算では，厚生年金に加入するサラリーマンの夫と専業主婦の場合，**表11-1**に示すように2015年に70歳になる世代は負担した保険料の5.2倍の年金を受け取れる見込みなのに対し，30歳になる世代以降では2.3倍

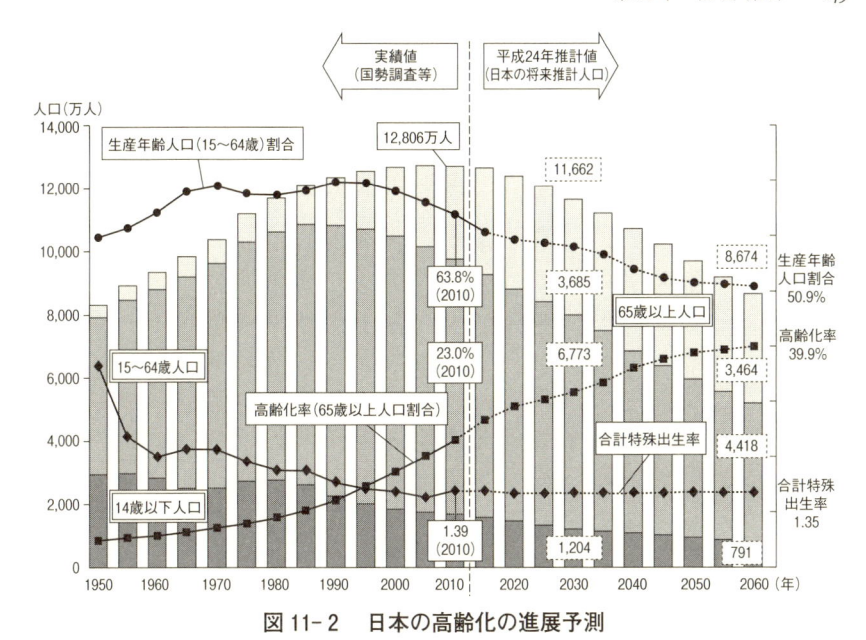

図 11-2　日本の高齢化の進展予測

（出所）総務省ウェブサイト.

にとどまるなど年金の世代間格差が問題となっている．

　こうした中で，年金の財政方式を賦課方式から積立方式へと移行すべきであるという議論がなされている．しかし，賦課方式から積立方式への移行に際しては，その切り替え時の現役世代が自分たちの世代の将来の年金受給のための積み立てだけでなく，その時点での高齢者への年金支払いの分も負担する必要がある．これを「二重の負担」と言い，制度移行に際しての一番の問題点とされている．

　第2の問題点は，いわゆる低年金や無年金の問題である．近年の国民年金保険料の納付率は，1992年度の85.7%をピークに年々低下し，2014年度に63.1%まで低下している．また，所得が低いなどの理由で保険料を免除・猶予されている人を含めた，被保険者全体での実際の納付率は40.6%であり，特に25～29歳の若年層では32.1%にとどまっている．近年の納付率の低下の要因として，少子高齢化に伴う年金の世代間格差の拡大に加えて，旧社会保険庁によるいわゆる「消えた年金」問題や，最近でも日本年金機構による年金情報の大量流出など，ずさんな運営もあって年金制度そのものへの信頼が低下して

表 11-1 年金の世代間格差

平成27(2015)年における年齢 (生年)	厚生年金（基礎年金を含む）					国民年金			(参考)高齢者のうち高齢者のみ世帯等に所属する人の割合(40歳時点)
	保険料負担額①	年金給付金②	倍率②／①	65歳以降給付分(再掲)		保険料負担額①	年金給付額②	倍率②／①	
				年金給付額②'	倍率②'／①				
	万円	万円		万円		万円	万円		%
70歳 (1945年生)[2010年度時点で換算]	1,000	5,200	5.2	4,400	4.3	400	1,400	3.8	35.1
65歳 (1950年生)[2015年度時点で換算]	1,100	4,700	4.1	4,100	3.6	400	1,200	2.9	39.5
60歳 (1955年生)[2020年度時点で換算]	1,400	4,600	3.4	4,300	3.2	500	1,200	2.3	44.2
55歳 (1960年生)[2025年度時点で換算]	1,600	5,000	3.0	4,900	3.0	700	1,300	2.0	48.8
50歳 (1965年生)[2030年度時点で換算]	1,900	5,300	2.8	5,300	2.8	800	1,400	1.8	51.3
45歳 (1970年生)[2035年度時点で換算]	2,200	5,600	2.6	5,600	2.6	900	1,400	1.7	53.2
40歳 (1975年生)[2040年度時点で換算]	2,400	5,900	2.4	5,900	2.4	1,000	1,500	1.5	54.3
35歳 (1980年生)[2045年度時点で換算]	2,700	6,300	2.4	6,300	2.4	1,000	1,600	1.5	54.5
30歳 (1985年生)[2050年度時点で換算]	2,900	6,800	2.3	6,800	2.3	1,100	1,700	1.5	54.4
25歳 (1990年生)[2055年度時点で換算]	3,200	7,400	2.3	7,400	2.3	1,200	1,800	1.5	54.2
20歳 (1995年生)[2060年度時点で換算]	3,400	7,900	2.3	7,900	2.3	1,300	2,000	1.5	53.8

(注) それぞれ保険料負担額及び年金給付額を賃金上昇率を用いて65歳時点の価格に換算したものをさらに物価上昇率を用いて現在価値（平成26年度時点）に割り引いて表示したもの．
(注) 「高齢者のうち高齢者のみ世帯等に所属する人の割合」は，65歳以上人口に占める世帯主が65歳以上の単独世帯又は夫婦のみ世帯人員数割合．(「国勢調査」,「日本の将来推計人口（平成24年1月推計）」,「日本の世帯数の将来推計（平成25年1月推計）」から算出).
(出所) 平成26年財政検証結果レポート「国民年金及び厚生年金に係る財政の現況及び見通し」．

いる．さらに，長期的な景気の低迷とそれに伴う失業や非正規雇用の拡大就業形態拡大などもあって第1号被保険者が増加し，十分な所得がないために保険料を負担できない人が増えていることが指摘されている．

　その結果，高齢期を迎えた際に十分な年金を受け取れず，貧困状態に陥ってしまう例が増えている．公的年金は，高齢者世帯の主な収入となっており，「平成24年年金制度基礎調査」によれば，公的年金収入が収入総額に占める割合は男性平均75.1%，女性平均86.5%となっている．また，「公的年金以外の

収入なし」という人も 61.5％に上るなど，公的年金に依存する人が多い．

　しかし，年金制度への加入期間が不十分であったり，十分な保険料を納められなかったりしたことで，公的年金を受給できない「無年金者」や，公的年金の 2 階部分を受給できない，あるいは基礎年金も満額受給できない高齢者が増えており，「平成 26 年国民生活基礎調査」によると，「65 歳以上の高齢者の者のいる世帯」のうち「公的年金・恩給受給者のいない世帯」の割合は 4.1％となっており，年々増加している．

　第 3 の問題として，第 3 号被保険者問題がある．1986 年に年金制度は大きく改正された．改正前はサラリーマンの妻が専業主婦のとき年金への加入は任意であった．しかも，年金の名義は夫のものとなっており，夫が退職した後，離婚した場合，その妻の年金はゼロになってしまっていた．このように，女性に年金権は確立していなかったため，1986 年の年金改革の下では，女性に対して年金権が付与されたのである．しかし，専業主婦は所得を稼得していないので年金保険料は免除されることになったのである．このことが第 3 号被保険者問題を引き起こすことになった．また，第 3 号被保険者問題と言われるものの 1 つとして，専業主婦のいる片稼ぎ世帯と共稼ぎ世帯の間の不公平の問題が挙げられる．片稼ぎ世帯は夫の 1 人の年金保険料を負担し，退職後は 2 人分の年金給付を受けるのに対し，共稼ぎ世帯は夫と配偶者の 2 人が年金保険料を負担して 2 人分の年金給付を受ける．このように，年金保険料の負担が専業主婦のいる片稼ぎ世帯と共稼ぎ世帯では異なるため不公平がある．さらにまた，自営業主の妻と専業主婦の妻の間でも不公平が存在する．自営業主の妻は第 1 号被保険者であるため，国民年金に加入することになり，年金保険料を毎月負担する．しかし，専業主婦の妻は第 3 号被保険者であるため年金保険料は負担しない．仮に 40 年間国民年金に加入しているとき，65 歳以降は同額の年金給付額を受けることになるので，年金保険料の負担が大きく異なることになり，不公平が生じている．

（3）年金改革

　公的年金制度が抱える問題を解決するために，2004 年には大規模な法改正が行われた．さらに 2012 年には「税と社会保障の一体改革」が行われている．
　年金制度の持続可能性を高めるために，2004 年の法改正では厚生年金保険料率の引き上げと老齢厚生年金の繰り下げ支給を実施した．また，マクロ経済

スライドという，あらたな仕組みを導入した．これは，5年に一度の年金財政再計算の際に，むこう100年間の財政均衡期間にわたって，平均余命の伸び率や労働力の減少率が賃金と物価上昇率を上回ると予想できるときに，年金支給額の調整を行うこという．さらに，2012年の法改正では被用者年金の一元化を目指し，公務員及び私学教職員も加入することとし，2階部分は厚生年金に統一されることとなった．

また，世代間格差の是正への対応として，2009年度までに年金財源の国庫負担割合を1/3から1/2へと引き上げることとした．また国庫負担の財源確保のためには消費税率の引き上げが必要となるが，これについては2012年に，「税と社会保障の一体改革」の一環として消費税法が改正され，消費税率の引き上げが決まった．

さらに，個人のライフスタイルに影響しない年金制度を設計するために，在職老齢年金の見直しや育児休業期間の保険料免除延長，離婚時の年金分割の改正を実施した．

3　健康保険制度

(1) 健康保険制度の種類

医療機関の受診により発生した医療費について，その一部又は全部を保険者が給付する仕組みの保険を医療保険という．医療保険には強制加入の公的医療保険と，任意加入の民間医療保険の2種類がある．現行の日本の公的医療保険制度は，国民全員が強制的に加入する国民皆保険制度をとっている．日本で最初の健康保険制度は，第1次世界大戦以後の1922年に初めて制定され，1927年に施行された職域の被用者保険である．当時は鉱山などで危険な事業に就く労働者の組合から始まり，その後，市町村などが運営する国民健康保険制度が整備されたことによって1961年に国民皆保険が実現した．

病院や診療所で医療にかかった費用を医療費という．図11-3は，1年間に国民が医療にかけた費用のうち公的医療保険保険を利用した保険診療の対象となったものの総額である国民医療費と，それが国民所得に占める割合を示したものである．2013年度の国民医療費は40兆610億円，前年度の39兆2117億円に比べ8493億円，2.2％の増加となっている．また，人口1人当たりの国民医療費は31万4700円であり，前年度の30万7500円に比べ2.3％増加してい

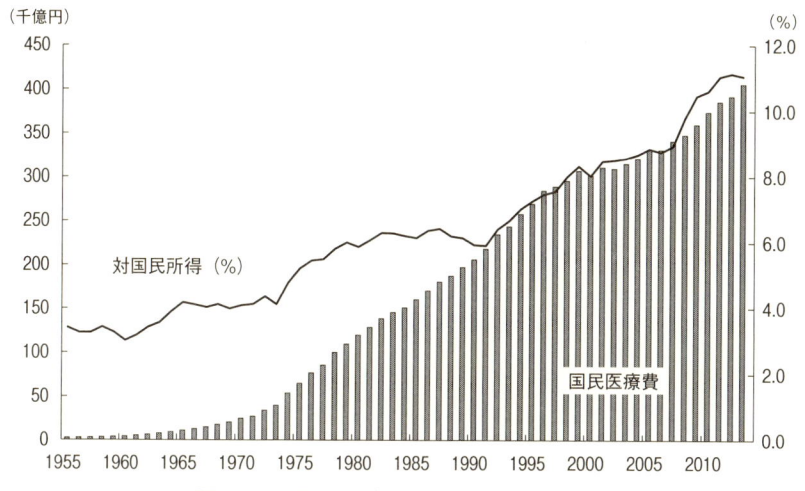

図 11-3　国民医療費と対国民所得の推移

(出所)「国民医療費の概況」(厚生労働省) 各年度版をもとに作成.

る．国民医療費の国民所得 (NI) に対する比率は 11.06%（同 11.14%）となっており，やや減少した．

1人の人が生まれてから亡くなるまでにかかる生涯医療費は，2012 年の厚生労働省の推計によると 2500 万円（男性 2400 万円，女性 2700 万円）となっている．図 11-4 に見られるように，特に 70 歳以上が大きく，生涯の医療費の約半分はこの時期に占めている．現在の公的医療保険制度における医療費の自己負担は，表 11-2 に示すように年齢や収入などの条件により 1〜3 割程度であり，高額療養費制度により 1 カ月の医療費自己負担に上限があるので，生涯の平均自己負担額は 500 万円前後となる．このように，医療保険制度は人々が安心して生活を送る上で欠かせない制度となっている．

では，公的医療保険の仕組みはどのようになっているのだろうか．表 11-3 に示すように，公的医療保険は被保険者本人の職業などによって，地域保険と被用者保険（職域保険），75 歳以上の人が加入する後期高齢者医療制度の 3 つに分けられ，国民全員がいずれかの保険に加入することとなっている．

被用者保険には，常時 700 人以上（同業種の複数の企業が共同で設立する場合は 3000 人以上）の企業のサラリーマンとその家族が加入する組合管掌健康保険（組合健保），中小企業のサラリーマンとその家族が加入する全国健康保険協会管掌健康保険（協会けんぽ），公務員や私立学校教職員などの特定の職業の人とその

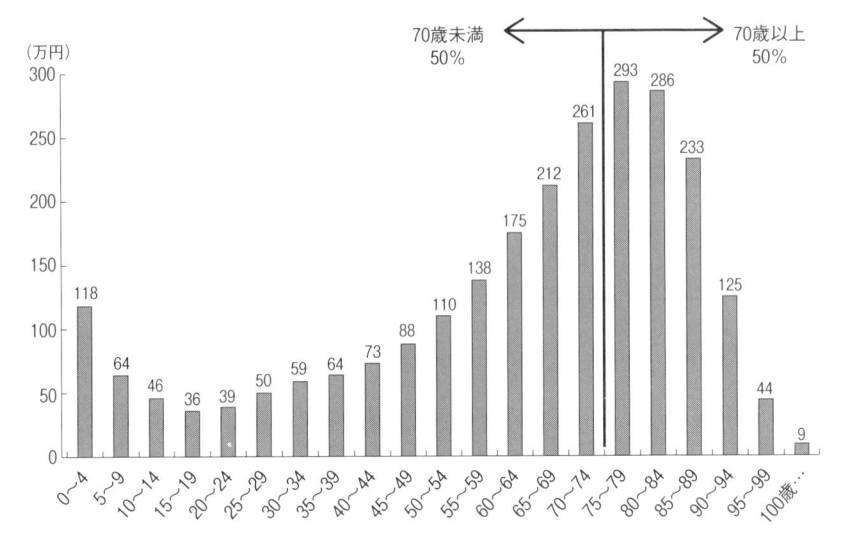

図 11-4　生涯医療費（男女計）（平成 24 年度推計）

（出所）厚生労働省保険局調査課「医療保険に関する基礎資料——平成 24 年度の医療費等の状況——」.

表 11-2　公的医療保険加入者の自己負担割合

未就学児	小学校入学～69 歳	70～74 歳	75 歳以上
2 割	3 割	2 割	1 割
		現役並み所得者　3 割	

（出所）筆者作成.

家族が加入する共済組合がある．このうち全国健康保険協会管掌健康保険は，2008 年 9 月までは社会保険庁が政府管掌健康保険（政管健保）として運営していたが，現在は全国健康保険協会が運営している．

　地域保険には国民健康保険と国民健康保険組合がある．市町村国民健康保険（国保）は，農林水産業従事者，自営業，被用者保険に該当しない非正規労働者，退職者，無職者が加入する．また，外国人であっても 90 日以上滞在する人は加入が義務付けられている．特別区を含む市町村により，国民健康保険法に基づいて国民健康保険を運営することが義務付けられており，保険者は原則として市区町村であるが，複数の市町村で一部事務組合または広域連合により実施している場所もある．

　また，国民健康保険組合（国保組合）は，建設業従事者や開業医など，地域

表 11-3　公的医療保険の種類

分類			被保険者	保険者
職域保険	被用者保険	一般	組合管掌健康保険	原則として常時700人以上の従業員のいる企業の従業員とその家族	健康保険組合
			全国健康保険協会管掌健康保険	主に中小企業の従業員とその家族	全国健康保険協会（協会けんぽ）
		特定	共済組合	公務員や私学教職員とその家族	各共済組合
			船員保険	船舶の船員	全国健康保険協会（協会けんぽ）
地域保険（国民健康保険）			国民健康保険組合	建設業や医師など特定の事業者	国民健康保険組合
			国民健康保険	74歳未満の自営業者や無業者など職域保険等に属さない人	市区町村等
後期高齢者医療制度				原則として75歳以上の高齢者	後期高齢者医療広域連合

(出所) 筆者作成.

に住む特定の事業者で構成される．市町村が行う国民健康保険事業の運営に支障を及ぼさないと認められるときに限って，都道府県知事の認可を受けて設立することができるが，厚生労働省は1959年以降，原則として新規設立は認めていない．

また，後期高齢者医療制度は，満75歳以上の後期高齢者だけを被保険者とする制度であり，かつての老人保険者制度に変わって2008年より実施されている．その都道府県の区域内の全市町村が加入する後期高齢者医療広域連合が置かれ，保険者となっている．

(2) 健康保険制度の仕組み

保険診療は厚生労働大臣の指定を受けた保険証が使える病院や診療所，薬局で受けることができ，この場合，自己負担分を除いた医療費が健康保険から拠出される．なお，美容整形・歯科矯正など保険対象外のものは自由診療（保険外診療）といい，医療費は全額患者負担となる．

公的医療保険を利用した医療費の支払いを，図11-5を用いて説明しよう．保険診療の際に医療行為等の対価として計算される報酬を診療報酬といい，健康保険法第82条に基づき中央社会保険医療協議会（中医協）の答申により2年

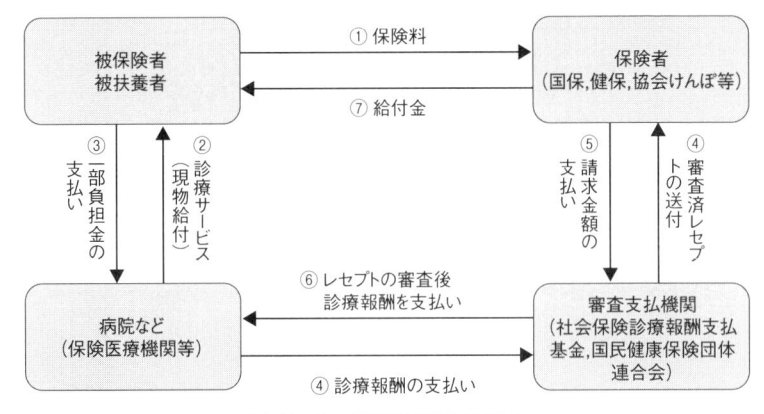

```
                      ① 保険料
  ┌──────────┐ ──────────────→ ┌──────────┐
  │ 被保険者  │                │  保険者   │
  │ 被扶養者  │ ←────────────── │(国保,健保,│
  └──────────┘    ⑦ 給付金      │協会けんぽ等)│
    │   ↑                        └──────────┘
  ③ │ ② 診                      ⑤ │  ↑ ④
  一 │ 療                        請 │  審
  部 │ サ                        求 │  査
  負 │ ー                        金 │  済
  担 │ ビ                        額 │  レ
  金 │ ス                        の │  セ
  の │ (現                       支 │  プ
  支 │ 物                        払 │  ト
  払 │ 給                        い │  の
    │ 付)                          │  送
    ↓   │                          ↓  │  付
  ┌──────────┐  ⑥ レセプトの審査後  ┌──────────┐
  │ 病院など │ ←──診療報酬を支払い── │審査支払機関│
  │(保険医療 │                      │(社会保険診療│
  │ 機関等) │ ──────────────────→ │報酬支払基金,│
  └──────────┘  ④ 診療報酬の支払い   │国民健康保険 │
                                      │団体連合会) │
                                      └──────────┘
```

図 11-5　診療報酬の仕組み

(出所) 筆者作成.

に1度，改定される．診療報酬は，診察料，検査料，処置料，手術料，投薬料などの項目ごとにそれぞれ細かく，所定の金額や算定方法が決められている．被保険者やその家族が病気や怪我ケガをし，保険医療機関で治療を受けると，保険医療機関はレセプト（診療報酬明細書）を作成し，診療報酬として自己負担額を除く医療費を審査支払機関へ1カ月ごとに請求する．また，自己負担限度額を超える高額医療や，やむを得ない理由で保険証を持たずに治療を受けたとき，保険者から給付金が支給される給付が受けられる．

　保険者が医療機関に支払う診療報酬は，各健康保険の保険料収入と税（組合管掌健康保険を除く）を財源としている．このほか，後期高齢者医療制度については，地域保険と被用者保険からの支援金が，前期高齢者（65～74歳）の医療費については，各健康保険に加入する前期高齢者の割合に応じて拠出される納付金も財源としている．

（3）健康保険制度の現状

　健康保険を取り巻く環境は，年金同様に少子高齢化や景気の低迷を受けて大変厳しい状況にある．

　まず，大企業の従業員が加入する組合管掌健康保険については，近年の急速な高齢化の進展による高齢者医療制度への拠出金の負担増や，企業の経営合理化等による解雇や給与水準の引き下げに伴う保険料収入の減少等により赤字に陥る健康保険組合が多く，健康保険組合連合会によると平成26年度は53％の

組合が赤字決算であった（平成26年度健保組合決算見込の概要）。また**表11-4**に示すように、解散に追い込まれる組合が多発している。なお、解散した組合に所属していた被保険者と被扶養者は、全国健康保険協会管掌健康保険に加入することとなる。

協会けんぽの財政状況も非常に厳しく、支出の約4割が後期高齢者医療制度への拠出金に充てられている。また、協会けんぽは中小企業の従業員が加入する制度であることから、保険料算定のもととなる給与水準が健保組合や各共済組合よりも低く、近い将来の赤字転落が懸念されている。仮に協会けんぽ加入者の賃金や国の支援が現在のままであるとすると、平成30年度には赤字が5300億円にまで拡大すると推計されており、大きな懸念となっている（「協会けんぽ（医療分）の平成25年度決算（見込み）を足元とした収支見通し（平成26年7月試算）について」(全国健康保険協会)）。

表11-4 組合管掌健康保険の新設、解散状況

	設立	解散	増減
2007年度	5	28	▲23
2008年度	3	24	▲21
2009年度	6	30	▲24
2010年度	5	20	▲15
2011年度	4	19	▲15
2012年度	3	15	▲12
2013年度	10	22	▲12

(出所) 健康保険・船員保険事業年報、平成25年度。

そして市町村国民健康保険は、非正規雇用や無職の人も加入する制度であり、保険料の滞納や減免も多く、財政基盤がそもそも脆弱である。2012年度では市町村国保の52.7％が47.7％（170万5717保険者中90万5905保険者）が赤字決算であった。市町村国民健康保険の保険料は地域の産業構造や人口構成などをもとに、市町村ごとに決定されている。そのためにことが同じ経済水準にあっても居住地によって保険料負担が異なることがあり、不公平であるという指摘もある。また、市町村単位で運営されていることから、近年、急速に進む高齢化や相次ぐ企業の撤退とそれに伴なう大量の退職者の発生など、運営が不安定になりやすいという欠点がある。そのため、市町村の一般会計から多額の繰り入れを行うことで、制度を維持しているケースも多く、他の保険制度に加入する人からすれば自分が加入していない保険に対しても保険料を拠出していることになり不公平であるという指摘もある。

こうした課題に対して、国民健康保険中央会は、すべての公的保険制度を国保に一本化するよう要望している。また、OECDも国保制度について市町村別から都道府県別に移行し規模の拡大を図ることを勧告している（対日審査報告

書 2009 年版).

(4) 財政面から見た医療制度の課題

このように, 健康保険財政が危機的状況にあり, 国民皆保険制度の崩壊が危惧されているが, その背景には, 急激な高齢化による医療費の増大がある. いうまでもなく, 高齢になれば, 誰でも病気にかかりやすくなる上に, 療養期間も長期化しやすい. また, **表 11-5** に示すように, 日本は諸外国と比べても人々が医療機関を利用する回数が多く, さらに入院などが長期化する傾向にあることが指摘されている. その背景としては, 病院中心の医療の供給体制があり, 軽い症例の人までもが病院を利用した結果, 必要性の疑わしい検査なども多く実施されているという指摘もある. また, 本来は生活改善を進めるべき慢性的な生活習慣病の進行を防ぐために受診回数を増やしていることや, 諸外国と比べて安価なジェネリック医薬品(後発医薬品)の普及が遅れていることなども, 医療費の高騰を招き, 保険財政を圧迫していることが指摘されている. そこで政府は病院と診療所の機能分化文化, かかりつけ医制度の導入, ジェネリック医薬品の普及などにも取り組んでいるが, なかなか進んでいないのが現状である.

また, 日本の公的医療保険の診療報酬体系は, 1 つひとつの医療行為の単価を積み上げて合計する出来高払い方式を基本としている. 出来高払いの場合, 実施した医療行為に見合った診療報酬を得られるので, 医療機関にとっては必要な医療をやりやすく, 患者も理解しやすいというメリットがある. しかし,

表 11-5　病床数, 平均在院日数, 外来受診数の日本と OECD 平均との比較

	平均在院日数[1]	急性期病床の平均在院日数[1]	病院病床数[2]	急性期病床数[2,3,4]	長期療養病床数[2,3,4]	介護施設における病床数[2,4]	1 人当たり年間外来受診数
日本	31.2	17.5	13.4	7.9	2.7 (11.1)	6.0 (25.0)	13
OECD 平均	8.4	7.4	4.8	3.3	0.6 (3.8)	7.7 (48.5)	6.7

(注)　1. 単位:日.
　　　2. 人口 1000 人当たりの病床数.
　　　3. 病院における病床数.
　　　4. ( ) 内は 65 歳以上人口 1000 人当たりの病床数.
(出所) Economic Survey of Japan 2015 OECD 対日審査報告書 2015 年版, OECD.

医療行為を行えば行うほど，医療機関が受け取る診療報酬額も増えるため，いわゆる「薬漬け」「検査漬け」と言われる過剰医療を招き，医療費の膨張や保険財政の圧迫につながるという指摘がある．

そこで，こうした問題を防ぐために一般的な投薬や注射，検査などをどれだけ実施しても支払額が変わらない包括払い方式の導入が進められつつある．包括払い方式のメリットとしては，投薬や注射，検査などをどれだけ実施しても医療機関の受け取る総額は変わらないため，必要性の疑わしい医療行為が減り医療費を抑制できることにある．ただし，場合によっては投薬や検査を多く必要とする患者に対して十分な医療を行わない過少医療の可能性も危惧される．

高齢化による医療サービスへの需要増加は避けられない．さらに近年では，少子化対策の一環として，子供への医療費補助の充実を望む声も大きく，自治体を中心にそうした施策も進んでおり，そのために必要な安定的な財源の確保を進めていくことは依然として大きな課題であるが，同時に，医療の非効率性を解消するため，診療報酬体系の見直しも検討しなければならない．

現在，多くの病院で入院が必要な治療に関しては，入院基本料や投薬，注射，検査，一般的な処置は包括払いになっており，手術や特別な薬，検査，処置などは出来高払いを組み合わせる方式になっている．しかし，OECD は出来高払い方式を廃止し包括払い方式に完全に移行することで，OECD 平均の2倍となっている1人当たりの外来診療回数を削減できると勧告している（Economic Survey of Japan 2015 OECD 対日審査報告書 2015 年版）．また，保険診療と保険外診療を組み合わせて実施する混合診療の解禁なども検討課題となっている．

4 介護保険制度

日本は1970年以降，急激に高齢化が進んだ結果，高齢化率（総人口に占める65歳以上の人口の比率）は2014年において26%であり，世界で最も一番高くなっている．日本における高齢者に対する福祉政策は明治7年に制定された「恤救規則」に見ることができる．そこでは，身寄りのない高齢者には米が支給されることになっていた．しかし，米騒動 (1918年)，関東大震災 (1923年) および大恐慌 (1929年) のため国民生活は窮乏化し新たな状況が生まれ，「恤救規則」では対応できなくなり，1932年に「救護法」が施行された．65歳以上の老衰者に対しては養老院などの施設が用意されるようになった．第2次

世界大戦後にできた生活保護法は，経済的に困窮している高齢者に対して，最低限の生活を保障するようになった．1950 年に制定された「生活保護法」では養老院は養老施設に改称され，さらに 1963 昭和 38 年に制定されたできた「老人福祉法」によってでは生活保護法でできた養老施設が養護老人ホームという名称に変更になった．また，介護を必要とする高齢者に対しては特別養護老人ホームが設置された．「老人福祉法」は 1990 年に改正され，市町村には老人福祉計画，いわゆるゴールドプランの策定が義務づけられた．

このような制度の下では，高齢者の介護においては市町村がサービスの種類や提供機関を決める，いわゆる措置制度が行われていた．この制度の下では，高齢者の多様な介護サービスに対応できない，さらには介護サービス事業では競争原理が働かないなどの問題が発生していた．他方で，介護を理由とする社会的入院が見られ医療費を圧迫していた．このような問題を解決するため，2000 年 4 月に介護保険制度が導入された．

（1）介護保険制度の仕組み

介護保険制度の仕組みを図 11-6 を用いて説明しよう．介護保険の保険者は市町村，加入者はそれぞれの市町村の住民（40 歳以上）である．市町村は介護保険事業特別会計を設けて処理しなければならない．加入者は保険料を保険者である市町村に支払う．さらに，後で述べるように国や都道府県などから公費負担がある．介護サービスを受けるためには要介護認定を受ける必要がある．要介護認定では，申請者に介護の必要であるかどうか，要介護の場合は介護状態がどのような程度であるかが判定される．現在，要介護認定では自立を除くと 7 段階に区分される．要介護認定を受けた場合，サービス事業者から大きく分けると，居宅サービス，施設サービスおよび地域密着型サービスを利用することができる．たとえば，居宅サービス（たとえば，訪問介護）を利用した場合，かかったサービス費用の 1 割を負担する．ただし，2015 年 8 月からは一部の利用者は 2 割負担と負担割合が増加している．残りの 9 割についてサービス事業者は市町村に請求し，市町村は保険料や公費負担により賄われた資金からサービス事業者に支払う．

2000 年 4 月に介護保険制度が導入されてからいくつかの大きな改正が行われてきた．2005 年改正（2006 年 4 月施行）では，介護予防が重視され，さらに高齢者が住み慣れた地域で可能な限り生活を継続していくこと目的とする地域

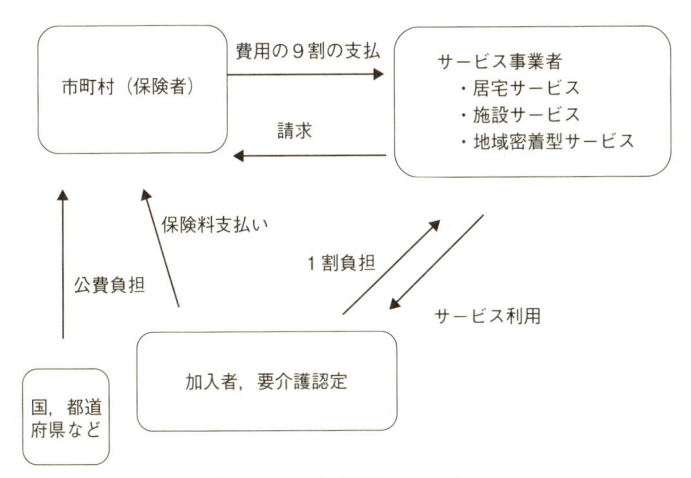

図11-6 介護保険の仕組み

(出所) 筆者作成.

表11-6 介護保険制度の概要

	第1号被保険者	第2号被保険者
対象者	65歳以上の者	40歳から64歳までの医療保険加入者
人数	2978万人 (65～74歳:1505万人 75歳以上:1472万人) ※一万人未満の端数は切り捨て	4299万人
受給要件	・要介護状態 (寝たきり,認知症等で介護が必要な状態) ・要支援状態 (日常生活に支援が必要な状態)	要介護,要支援状態が,末期がん・関節リウマチ等の加齢に起因する疾病(特定疾病)による場合に限定
要介護(要支援)認定者数と被保険者に占める割合	515万人 (17.2%) 〔65～74歳: 65万人 (4.3%) 75歳以上:450万人 (30.5%)〕	16万人 (0.4%)
保険料負担	市町村が徴収 (原則,年金から天引き)	医療保険者が医療保険の保険料と一括徴収

(注) 第1号被保険者及び要介護(要支援)認定者の数は,「平成23年度介護保険事業状況報告年報」によるものであり,平成23年度末現在の数である.
　　第2号被保険者の数は,社会保険診療報酬支払基金が介護給付費納付金額を確定するための医療保険者からの報告によるものであり,平成23年度内の月平均値である.
(出所) 厚生労働省ウェブサイト.

包括ケアが導入された．その拠点として地域包括支援センターが設置された．2008年改正では，介護サービス事業者がは増加する中で不正を働く事業者も出てきたため，介護サービス事業者に対して新たに業務管理体制を整備した．2011年改正では，24時間対応の定期循環などを通じて地域包括ケアが推進された．2014年改正では，持続可能な社会保障制度の確立を図るため，地域包括ケアシステムの実現に向けた取組が導入された．

介護保険の加入者数などは**表 11-6**で示すとおりである．加入者は第1号被保険者（65歳以上）と第2号被保険者（40歳から64歳）からなっている．第1号被保険者は約3000万人，第2号被保険者は約4300万人である．第1号被保険者は要介護状態や要支援状態になったとき介護保険を適用できるが，第2号被保険者は要介護や要支援状態が末期がんや関節リウマチ等の加齢に起因する疾病による場合に適用が限られる．

（2）介護保険制度の財源

財源は，**図 11-7**で示されているように公費が50％，保険料が50％である．公費は調整交付金（5％），国庫負担金（20％），都道府県負担金（12.5％），市町村負担金（12.5％）となっている．調整交付金は，市町村ごとに高齢者の年齢構成が異なることにより発生する市町村の負担を是正するため介護保険財政の調整を行うことを目的としている．保険料の50％のうち第1号被保険者（65歳以上）は21％，第2号被保険者（40歳から65歳未満）は29％をそれぞれ負担することになっている．

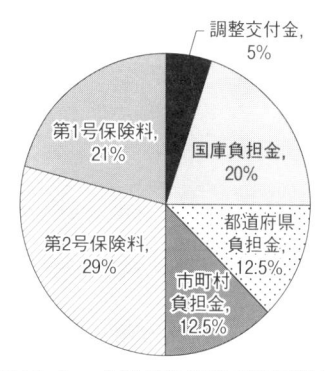

図 11-7　介護保険制度の財源構成
（出所）厚生労働省ウェブサイト．

介護保険事業は3年ごとに見直され，2012年度から2014年度は第5期，2015年度から2017年度までは第6期となる．介護費用は導入年度である2000年度は3.6兆円であったが，年々増大し，2013年度には9.4兆円まで伸びている．介護保険料は3年間のサービス事業を予想して，その間財政が均衡するよう設定されるが，介護保険料も増加傾向が止まらない．**図 11-8**には全国平均の介護保険料が描かれている．当初は2911円であっ

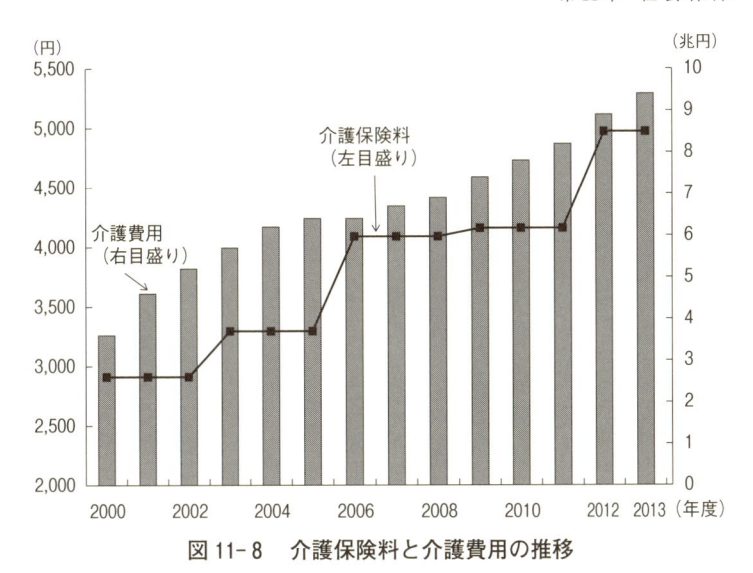

図 11-8 介護保険料と介護費用の推移

（注）2012, 2013 年度は予算.
（出所）厚生労働省ウェブサイト.

たが，介護サービスの増大とともに引き上げられ，2012 年度には 4972 円になっている．

(3) 介護保険制度の課題

　市町村が運営主体になっている制度に国民健康保険制度がある．それぞれの市町村ではこの制度の赤字が問題になっている．国民健康保険財政が赤字になった場合，保険料を引き上げるが，この方法には限界があり，最終的には一般会計から補助金が交付される．このような状況を避けるため，介護保険制度の財政はそれぞれの市町村が設ける特別会計の中で完結されるようになっている．いわゆる「第2の国保」を避けるために用いられた方法である．介護保険は公的保険であるため，保険者毎で財政が均衡するという pay-as-you-go 原則が導入されるというのは納得のいくものである．しかし，この原則は様々な問題を引き起こすことになる．

　市町村毎に介護保険財政が維持されるためには，介護サービスが増大するとき加入者の介護保険料が引き上げなければならない．当然のことながら，要介護認定者が増え，介護サービス量が増える地域の保険料は増大することになる．

このため高齢者の数が多い地域や要介護認定者が多い地域の保険料は高くなる傾向がある．介護保険料の地域間経済格差が見られるのもこのためである．

　保険料の引き上げを押さえるため，保険者は要介護認定率を低下させることがある．また，介護サービスが増大すると保険料の増大に結びつくので，加入者の介護サービス需要を抑制することになる．このように，pay-as-you-go 原則の下では介護サービスの需要を抑制する傾向が見られる．すなわち pay-as-you-go 原則の下では別の形で介護サービスの需要を抑制する動きが見られる．それは，介護施設の増設の抑制という形で見られる．介護施設を増設すると介護サービスが増えるので介護施設を増設の抑制につながっている．とりわけ，都市部では地価が高いため介護施設を増設するためにはより多額の資金が必要なためこの傾向が見られる．

　介護従事者の賃金の低さも pay-as-you-go 原則から発生する問題である．介護保険制度の中で財政を均衡させるため，様々な介護サービスの価格は介護報酬という形で決められている．介護サービス事業者はここから得られた収入を基にして介護従事者の賃金を決めることになる．しかし，得られる収入には絶えず上限が設定されているため，賃金水準は低くとどまらざるを得ない．このため，介護職員の離職率は他産業に比べて高かったり，有効求人倍率が1を上回ったりしているので，絶えず人手不足に悩まされている．介護職員の待遇を改善するため介護職員処遇改善交付金や介護職員処遇改善加算も導入されているが，有効な改善策にはなっていないのが現状である．

　東京圏における介護難民の問題も予想されている．戦後出現した団塊世代が75歳以上に達するのは2025年頃であり，このとき介護需要が大幅に増大するものと考えられる．しかし，介護施設の収容能力には限界があり，増大する介護需要に対応できるかどうかが大きな問題である．

5　児童福祉

　子供や老人，障害者など，自力で十分な所得を得ることができない人の自立を支援するのが社会福祉である．この中でも，児童に対して行われる福祉サービスのことを児童福祉とよぶ．以前は，障害児や孤児，母子家庭の児童のように，特別に支援を必要とする児童を中心とした施策が実施されてきたが，近年では急速に進む少子化を背景に，すべての児童やその家族を対象とした，子供

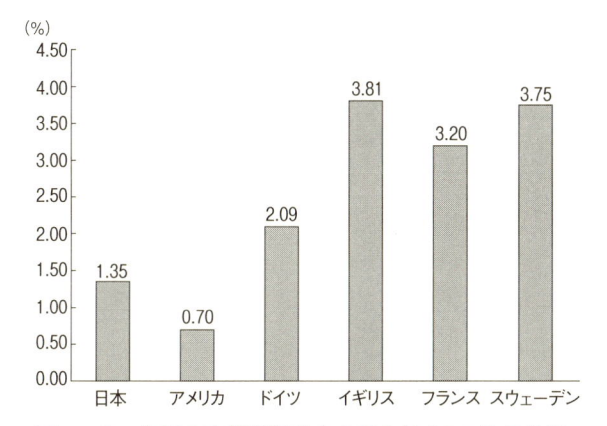

図 11-9　各国の家族関係社会支出の対 GDP 比の比較

国	比率 (%)
日本	1.35
アメリカ	0.70
ドイツ	2.09
イギリス	3.81
フランス	3.20
スウェーデン	3.75

(注) 1. 家族…家族を支援するために支出される現金給付及び現物給付（サービス）を計上．
　　　子ども手当（児童手当）：給付，児童育成事業費等
　　　社会福祉：特別児童扶養手当給付費，児童扶養手当給付諸費，児童保護費，保育所運営費
　　　協会健保，組合健保，国保：出産育児諸費，出産育児一時金等
　　　各種共済組合：出産育児諸費，育児休業給付，介護休業給付
　　　雇用保険：育児休業給付，介護休業給付
　　　生活保護：出産扶助，教育扶助
　　　就学援助制度
　　　就学前教育費（OECD Education Database より就学前教育費のうち公費）
　　2. 日本は 2011 年度，アメリカ，ドイツは 2010 年度，イギリス，フランス，スウェーデンは 2009 年度．
(資料) 国立社会保障・人口問題研究所「社会保障費用統計」(2011 年度)．
(出所) 内閣府「平成 26 年版　少子化社会対策白書」．

を産み育てやすい社会環境の整備をめざす施策が中心となってきている．こうした家族の経済的ならびに社会的な状況の改善のために政府が実施する政策を家族政策とよぶ．

図 11-9 は各国の家族関係社会支出の対 GDP 比を示したものである．OECD などの調査によれば，日本は，欧州諸国に比べて家族政策全体の財政的な規模が小さいことが指摘されている．家族関係社会支出の対 GDP 比をみると，日本は，1.35％（2011 年度）となっており，フランスやスウェーデンなどのヨーロッパ諸国と比べておよそ 4 割程度となっている．

現在の日本では，急速に少子化が進んでおり，様々な対策が行われているにもかかわらず，十分な成果を挙げていない．では，なぜ家族政策が必要なのだろうか．

(1) 経済学から見た子供

なぜ，少子化対策に取り組む必要があるのだろうか．子供はいうまでもなく将来の労働力として経済成長を牽引し，税や社会保険料の負担を通じて社会を支える存在である．つまり，子供は自分の親だけに便益をもたらす私的財ではなく，見知らぬ第三者の生活も支えるという意味で正の外部性を持つ公共財といえよう．

「子供を何人持つのか？」は人々の自由な意思決定のもとで決められるものであり，子供を持つことによる便益と，子供を産み育てる費用をもとに子供の数が決定される．ここでいう子供を産み育てる費用とは，出産費用や食費，教育費だけではなく，出産や育児によって労働時間を減らしたり離・転職を余儀なくされたりした場合の機会費用も含んでいる．

では，子供の数はどのようにして決まるのか．図 11-10 を用いて説明しよう[1]．ここで縦軸は出産・育児の費用，横軸は子供の数である．人々は，出産・育児の費用が低ければ低いほどより多くの子供を持ちたいと考えるだろう．したがって，子供の需要関数は D_1 のように右下がりとなる．一方，子供の場合は需要者と供給者は同じなので，供給関数は S_1 のように水平になる．以上より，需要曲線 D_1 と供給曲線 S_1 の交点 E' で子供の数 N_1 が決まる．

しかし，子供は正の外部性を持つ公共財であることから，社会的な子供の需要曲線 D_2 は私的な子供の需要曲線 D_1 よりも右に描かれ，社会的に最適な子供の数は均衡点 E のもとで N_2 となる．したがって，社会的に最適な子供の数を実現するためには，個人が直面する子育て費用を引き下げる必要があることが

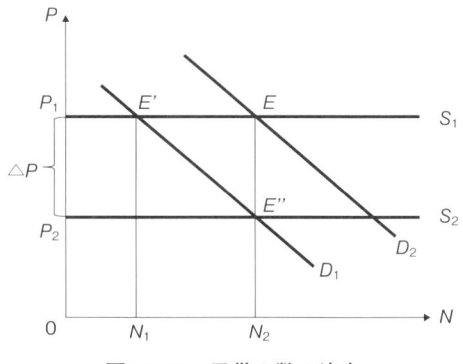

図 11-10 子供の数の決定

わかる．ここで，政府が何らかの政策を実施して子育て費用を $\triangle p$ だけ引き下げたとすると，供給曲線は下にシフトして S' となる．この時，均衡点は E'' となり，社会的に最適な子供の数が実現する．

このように，子供が将来の社会の担い手であることを考えれば，出産や子育てに要する費用の一部を公的に支出する合理性が存在する．ここでは日本の家族政策の中でも代表的な保育サービスと児童手当について解説する．

（2）保育サービス

核家族化の進展や共働き家庭の増加につれて，保育サービスに対する需要はますます高まっている．政府はこうした課題に対応し，少子化対策を進めるために2015年4月より「子ども・子育て支援新制度」を導入した．この制度のもとでは，住民に最も身近な市区町村が主体となって地域の実情のあった施策を行うこととし，地域の子育て家庭の状況や，子育て支援へのニーズをもとに5年間を計画期間とする「市町村子ども・子育て支援事業計画」を作成することとなった．また都道府県や国は，こうした市町村の取組を制度面，財政面から支援することとし，その財源として，新しく「子ども・子育て支援交付金」が創設された．

就学前児童の保育や教育を担う施設としては保育所や幼稚園をはじめ，認定こども園，認可外保育所などがある．このうち保育所とは国の定める児童福祉施設最低基準をみたす施設のことをいい，これをみたさないものを認可外保育所（無認可保育所）という．また，保育園と似たような就学前教育を実施する施設として幼稚園があるが，保育園との大きな違いはその目的にあり，保育園は保護者の委託を受けて乳幼児の保育をすることを目的とする厚生労働省所管の施設である一方，幼稚園は幼児の学校教育を目的とした文部科学省所管の施設である．しかし，実際には幼稚園でも延長保育など保育園と同様のサービスを実施するところが増えてきたり，教育プログラムを実施する保育園も増えたりするなど，その違いは明確ではなくなってきている．さらに，保育園の待機児童問題が深刻化する一方で，少子化の進行により児童数が十分に確保できない幼稚園も多い．そこで，こうした問題を解決し，幼稚園と保育所の一元化を図ろうとする幼保一元化も進められており，「認定こども園」や「幼保園」と呼ばれる，幼稚園と保育園の両方の基準を満たした，幼保一元化施設も増えている．さらに新制度では，新たに保育所より少人数の単位で，0～2歳児の保育

表11-7　保育を必要とする事由

- 就労（フルタイムのほか，パートタイム*，夜間*，居宅内の労働*など）
- 妊娠，出産
- 保護者の疾病，障害
- 同居又は長期入院等している親族の介護・看護
- 災害復旧
- 求職活動（起業準備を含む）*
- 就学（職業訓練校等における職業訓練を含む*）
- 虐待やDVのおそれがあること
- 育児休業取得中に，既に保育を利用している子どもがいて継続利用が必要であること
- その他，上記に類する状態として市町村が認める場合

（注）＊新制度により新たに加えられた事由．
（出所）内閣府ウェブサイト．

表11-8　支給認定の区分

1号		3〜5歳の幼稚園児
2号	標準時間	1日11時間まで保育を受けられる保育園年少〜年長児
	短時間	1日8時間まで保育を受けられる保育園年少〜年長児
3号	標準時間	1日11時間まで保育を受けられる保育園年少〜年長児
	短時間	1日8時間まで保育を受けられる保育園年少〜年長児

（出所）内閣府ウェブサイトをもとに作成．

を担う地域型保育が創設され，①家庭型保育（保育ママ），②小規模保育，③事業所内保育，④居宅訪問型保育の4つの仕組みが導入された．

また，社会情勢の変化に合わせて保育を必要とする条件に，表11-7に示すように，これまでのフルタイムでの就労のほかパートタイムや居宅内労働，起業準備を含む求職活動，虐待やDV（家庭内暴力）の恐れがあることなどが追加された．

保育所や幼稚園などの施設を利用したいに預けたいと希望する保護者は，まず居住地の自治体により「支給認定」を受けることが必要である．表11-8は，支給認定の区分をまとめたものである．4月1日時点での子供の年齢が満3歳から5歳で，保育を必要としない場合は「1号認定」（教育標準時間認定）とされ，幼稚園や認定こども園に通うこととなる．

このうち，1号認定の場合は，保護者が直接幼稚園などに申し込みを行う．一方，2号・3号認定の場合は，市町村が「保育の必要性」を認めた場合，認定証が交付され，利用を希望する施設の申し込みを市町村に提出する．申請者

第11章 社会保障　169

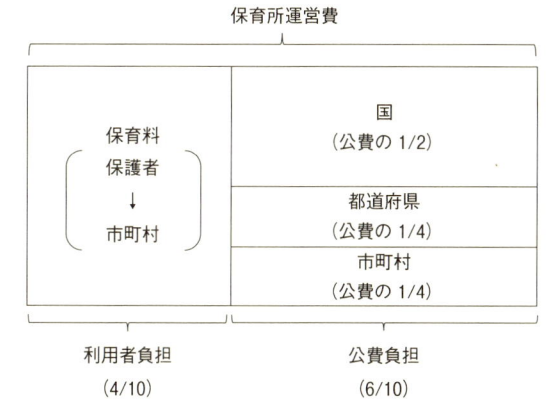

図11-11　国が定める基準による保育所運営費の財源構成

（注）保育料については，自治体によって国の基準額から独自で軽減策が講じられることが多い．
（出所）第1回子ども・子育て会議（平成25年5月8日）資料「公定価格・利用者負担について」（内閣府）をもとに筆者作成．

表11-9　保育料の国徴収基準（2015年度）

階層区分	保育料上限額			
	3歳以上		3歳未満	
	保育標準時間	保育短時間	保育標準時間	保育短時間
(1) 生活保護世帯	0円	0円	0円	0円
(2) 市町村民税非課税世帯	6,000円	6,000円	9,000円	9,000円
(3) 市町村民税所得割課税額 48,600円未満	16,500円	16,300円	19,500円	19,300円
(4) 市町村民税所得割課税額 97,000円未満	27,000円	26,600円	30,000円	29,600円
(5) 市町村民税所得割課税 169,000円未満	41,500円	40,900円	44,500円	43,900円
(6) 市町村民税所得割課税額 301,000円未満	58,000円	57,100円	61,000円	60,100円
(7) 市町村民税所得割課税額 397,000円未満	77,000円	75,800円	80,000円	78,800円
(8) 市町村民税所得割課税額 397,000円以上	101,000円	99,400円	104,000円	102,400円

（出所）厚生労働省ウェブサイトをもとに作成．

の希望，保育所などの状況に応じ，保育の必要性の程度を踏まえ，市町村が希望者間の優先度など調整する「利用調整」を行い，利用先の決定後，施設と保護者との間で利用契約を結ぶ．

保育所の運営にかかる費用の財源構成は図 11-11 に示す通りである．保育所運営費は，保護者が市町村に対して支払う保育料（利用者負担）と公費負担によって賄われており，その比率は全体でみると概ね 4 対 6 となっている．

子供を保育所に預ける場合に保護者が市町村に対して支払う保育料については応能負担とされ，表 11-9 に示すように，保護者の世帯収入に応じた基準額が国から示されており，これをもとに市町村が決定する．また，公費負担については，国（1/2），都道府県（1/4），市町村（1/4）がそれぞれ負担することとなっている．

このほかに，実際には基本となる保育料のほか，送迎バス代などの実費負担や各施設が独自に質の向上を図る上で必要となる追加の負担額が保護者に求められる場合もある．また，保護者の負担軽減や保育士の処遇改善などのために独自の補助を実施している自治体も多い．なお，この保育料の取り扱いは保育所が公立でも私立でも同じである．

保育所利用児童数は，第 1 次ベビーブームを背景に 1975 年にピークを迎えた後は少子化が進んだこともあって減少傾向が続いていたが，1995 年に再び上昇傾向に転じ，2004 年には 1975 年の利用児童数を超え，その後も更に増加を続けている．近年では，都市部を中心に待機児童問題が深刻化しており，大きな社会問題となっている．特に保育所の年齢別受入可能定員が少ない 3 歳未満児が 60% 以上を占めている．このため，自治体が独自に基準を定め，一定の基準をみたす無認可保育所をあっせんするなど認可保育所に準じて扱う例も少なくない．

（3）児童手当

児童手当とは社会手当の 1 つで，児童を育てる保護者に対して，主に行政から支給される手当のことである．日本では，1972 年度から「児童手当」又は「子ども手当」という名称で実施している．先進国では，児童の育成を経済的な面から支援することにより，児童のいる家庭の生活を安定させ，また児童自身の健全な成長を促す目的で，20 世紀後半から各国で児童手当制度が整備されるようになった．扶養する児童がいることに対して，政府が金銭を支給する

制度は，1926年にニュージーランドで行われたものに始まるとされる．その後，1950年代までにアメリカを除くほとんどの先進国では，児童を養育する家庭に対する手当制度が制定されるようになった．日本でも，1971年の児童手当法制定を受けて1972年に支給が始まり，2010年度から2011年度の子ども手当制度を経て，2012年度から再び児童手当の名称に戻って支給されている．

現在の日本における児童手当は，「家庭等における生活の安定に寄与するとともに，次代の社会を担う児童の健やかな成長に資すること」（児童手当法第1条）を目的として実施されている．児童手当は児童自身に対してではなく，児童を養育する者に対して支給される．したがって，両親ともが児童を養育していない場合は，未成年後見人や代わって児童を養育している者に手当が支給されることとなっている．現行の児童手当を受給できるのは，中学生以下の子供を養育する保護者で，支給額には所得による制限がある．支給額は，2012年度より3歳未満児のいる家庭には月額1万5000円，3歳以上小学校修学以前の子どもを養育する場合には，第1子，第2子は1人当たり月額1万円，第3子以降は月額1万5000円が支給される．また所得制限を超える場合には一律5000円である．

児童手当にかかる費用の負担については，国，都道府県，市区町村が4：1：1の割合で負担することとなっているが，詳細は児童の年齢や受給者の加入する年金の種類によって分かれている．たとえば児童が3歳未満の場合，児童手当は児童の育成にかかる費用を社会全体で負担するという考え方から，国は厚生年金等の対象となる事業所の事業主から，年金保険料にあわせて拠出金として費用の一部を徴収している．したがって受給者が厚生年金等に加入している場合，受給者の児童手当の支給額の7/15はこの拠出金から支払われるため，残りを国が16/45，都道府県および市町村はそれぞれ4/45ずつを負担している．また受給者が厚生年金等に加入していない場合や児童が3歳以上の場合には，拠出金からの支出がないため国が2/3，県，市町村がそれぞれ1/6ずつの負担割合となっている．

現行の児童手当は諸外国と比較して給付額が少なすぎ，不十分であると言われる．また，金額の問題だけではなく，質的にみても児童手当の目的が混在していることで，現行制度は理念が定まっていない．そのため，政策効果がみられないのではないかといわれている．さらに財源も複雑であり，保育サービス

などの現物給付や税制との関係が不明確であるという課題がある.

6 生活保護

生活に困窮する人々を救う制度として，生活保護制度がある．日本の生活保護制度は，1950年に生活保護法として成立している．生活保護制度の根拠は憲法25条「すべての国民は，健康で文化な最低限の生活を営む権利を有する」という生存権にある．この制度は，国家の責任において最低限の生活を保障するのが目的であり，最後のセーフティ・ネットと言うことができる．しかし，資本主義経済は自己責任を前提としており，生活保護制度の適用を受けるためには，自分の努力では生活を継続することできないことが明らかにされねばならない．つまり，自己努力を補足するものとして生活保護制度が位置づけられているのである．この補足性の原理により，生活の困窮度を認定するための資力調査（ミーンズ・テスト）が要求される．また，資産がある場合にはその活用が生活の維持のため要求されたり，親族等の援助が望めないかどうかを確認されたりする．

（1）生活保護制度

生活保護は世帯単位で行うことになっており，世帯員全員が，その利用し得る資産，能力その他あらゆるものを，その最低限度の生活の維持のために活用することが前提である．したがって，不動産，自動車，預貯金などの資産，年

表 11-10 生活保護費の種類

扶助の種類	内容
生活扶助	日常生活に必要な費用（食費・被服費・光熱費など）
住宅扶助	アパート等の家賃
教育扶助	義務教育を受けるために必要な教科書などの学用品費
医療扶助	医療サービスの費用（入院，診療など）
介護扶助	介護サービスの費用（居宅介護，福祉用具など）
出産扶助	出産費用
生業扶助	就労に必要な技能の修得等にかかる費用
葬祭扶助	葬祭費用

（出所）厚生労働省ウェブサイトを基に作成.

金や手当などの給付などが保護を開始するときに調査される．さらに，父母，祖父母など扶養義務者がいる場合は，扶養義務者の扶養は生活保護法による保護に優先する．

支給される保護費は，厚生労働大臣が定める基準で求められる最低生活費から就労による収入などの収入を差し引いた差額である．保護費は**表 11-10**に示されるように8つの項目からなっている．

生活保護に関しての国と地方の負担割合は，現在は国が0.75，地方が0.25である．負担割合はこれまでも変動している．1950年度から1984年度までは国が0.8，地方が0.2，1985～88年度には国が0.7，地方が0.3という状況であり，1989年度以降は現在の負担比率になっている．三位一体改革でも，生活保護基準の権限委譲との関係で国と地方の負担割合について議論された．

（2）生活保護制度の現状

図 11-12には世帯ごとの被保護者世帯数の推移と被保護者数の変化率が描かれている．被保護者世帯数は1980年以降緩やかに増加するが，プラザ合意があった1985年頃から1990年まではバブル景気もあって生活保護を受ける世帯数は低下する．しかし，バブルの崩壊後，日本経済はいわゆる「失われた20

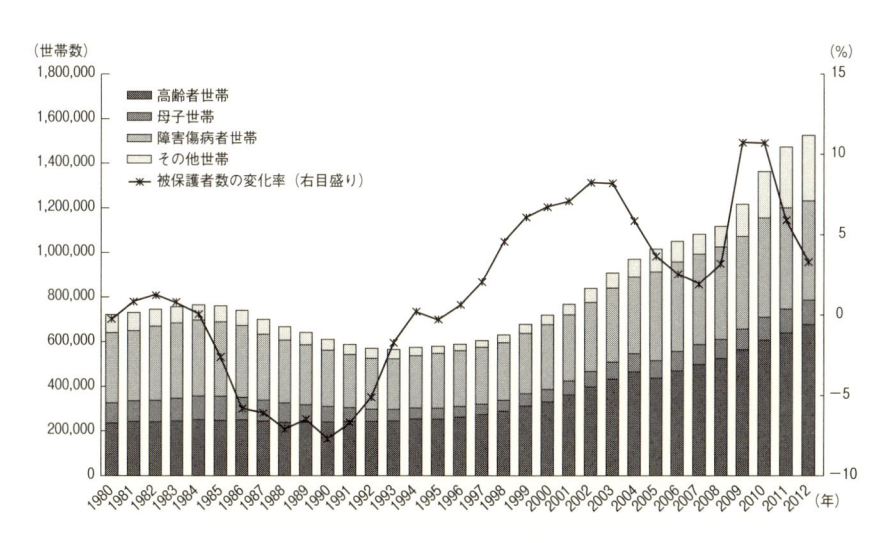

図 11-12 被保護世帯数と被保護者数の推移

（出所）国立社会保障・人口問題研究所ウェブサイトを基に作成．

年」に突入し，失業率が増加したこともあって 1993 年頃から被保護者世帯も増加することになる．また，1998 年までは障害傷病者世帯が被保護者世帯の中で最も多かったが，最近は高齢化を反映して高齢者世帯の占める比率が一番大きくなっている．また，被保護者数の変化率はバブルが崩壊するまでマイナスになっていたが，バブル崩壊後，変化率はマイナスからプラスに転じている．政府は 1990 年代に大規模な経済対策を行ったが，景気は良くならず変化率も大きくプラスになっている．2003 年以降は失業率が低下したこともあって，変化率も低下しているが，リーマンショックがあった 2008 年以降，変化率は再び増大している．2010 年以降，変化率は低下するものの，依然としてプラスのままである．

　生活保護を受ける理由として，収入の減少，貯蓄等の減少・喪失，世帯主の傷病，定年・失業などが挙げられる．生活保護が停止される理由としては，高齢者世帯の場合は死亡，施設入所，失そうなど，母子世帯の場合は働きによる収入の増加・取得など，傷病者・障害者世帯の場合は死亡，失踪など，その他の世帯の場合は働きによる収入の増加・取得などが挙げられる．

（3）生活保護制度が抱える問題

　生活保護制度が抱える第 1 の問題点として不正受給がある．不正受給件数は 2002（平成 14）年度の 8204 件から 23 年度の 3 万 5568 件へと約 4.3 倍に増加している．不正受給金額も 2002（平成 14）年度の 53 億円から 23 年度の 173 億円の約 3.2 倍に増加しており，不正受給 1 件当たりの不正受給金額は 49 万円である．

　第 2 に，生活保護制度は労働供給の低下につながりかねないという問題がある．現在の制度では就労した場合，基礎控除があるため所得の全額ではないものの生活保護費が減額される仕組みになっている．このため，生活保護を受けると就労に対するインセンティブがなくなってしまう．また，最近，最低賃金による収入が生活保護費を上回る「生活保護と最低賃金の逆転現象」がある．最低賃金を引き上げることによってこの逆転現象を解消する動きもあるが，必ずしも完全に解消されてはいない．このため，就労するよりは生活保護を受けた方が有利になることがおこり，これが就労に対するインセンティブの低下につながる．

　第 3 に，漏給（ろうきゅう）の問題がある．生活保護が必要な人に適用されな

いことを漏給という．最低生活費未満の収入を得ている世帯を生活保護が必要な世帯とすると，この世帯の内実際に生活保護を受給している世帯の比率は補足率と呼ばれている．1990年代後半の日本の補足率は20％未満であり極めて低い．とりわけ，高齢者世帯と母子世帯以外のその他世帯の補足率は約11％である．一般世帯にたいして生活保護はセーフティ・ネットとして機能していないと言える[2]．

　第4に，生活保護制度の受給世帯への心理的影響を挙げることができる．現在，人々の幸福度を規定する要因などを分析する幸福の経済学が進展している．この一連の研究過程で，生活保護を受給しているとそうでない人に比べて較べて受給者の幸福度が低下する傾向が見られる．また，日本の社会階層を上・中・下に分けた場合，生活保護を受給している人はより低い社会階層にあると感ずる傾向がある[3]．また，生活保護世帯の幸福感に関しては第14章で述べられている．

注
1) ここでの説明は滋野由紀子「少子化対策の経済学的合理性」『経済学雑誌 別冊』101巻1号，大阪市立大学，2000年，1〜4ページの説明を参考にしている．
2) 橘木俊詔・浦川邦夫『日本の貧困研究』東京大学出版会，2006年，124-126ページ．
3) 伊多波良雄・塩津ゆりか『貧困と社会保障制度』晃洋書房，2011年，第7章参照．

第 12 章　地 方 財 政

▶▶ われわれの生活は国だけでなく，地方政府によっても支えられている．ここでは，地方政府の大きさを見たり，どのような事業を行ったりしているのかを見る．地方の事業は地域公共財という形で捉えることができ，この最適供給条件について見る．また，事業を行うための財源である，地方税についても言及する．日本の地方財政は，国から多額の資金が地方に移転されている．この中心的役割を果たしている地方交付税制度についても見る．最後に，最近の動きについて簡単に説明する．

　地方財政は都道府県や市町村などの地方自治体の歳入と歳出を対象にしている．地方自治体の大きな役割は，それぞれの住民に暮らしをよくするために橋や道路などのインフラ整備を行ったり，介護や教育などのサービスを提供したりすることである．提供されるこのような財やサービスは一括して地域公共財と呼ばれる．地域公共財は，すでに説明された公共財の一種で，特に便益の及ぶ範囲が一定の地域に限定される公共財が地域公共財と呼ばれる．地方自治体は地域公共財を提供するため地方税を地域の住民から徴収する．しかし，地方税だけでは不十分なため，地方債を起債したり，国からの補助金を用いたりして地域公共財の財源を賄う．

　このように地方自治体は，地方税だけで地域公共財の財源を賄うことができないため国からの補助金を頼らざるを得ない．地方分権が進んだ現在でも地方自治体の財源に占める補助金の割合は大きい．このような状況の起源は明治政府が生まれた時代にさかのぼることができる．明治政府は，都道府県を1878年に市町村を1989年に法的に整備している．特に，市町村制を整備するに当たって，山縣有朋は「市制町村制理由」の中で，日本は一等国になるためできるだけ財源を国に集めなければならないと述べており，このことが地方税の財源に占める低さにつながっている．

1 地方と国の関係

2015年度の国と地方の財政的関係（予算）が，図12-1に示されている．地方財政は地方財政計画の数値を採用している．これは地方財政法第7条により作成されるもので，当該年度の地方財政の歳入歳出の見込額に関する書類である．地方財政計画は，地方財源の確保，地方団体の財政運営の参考資料と指針，国の財政政策の参考を目的に作成される．

2015年度の地方財政の普通会計規模は約85.3兆円，国の財政の一般会計は約96.3兆円であり，国の予算規模がやや大きい．地方財政の主な歳入は，地方税，地方交付税，国庫支出金，地方債である．地方交付税は交付税及び譲与税配付金特別会計を通じて，国税の一定割合をある基準によって市町村と都道府県に配分するものである．地方交付税は使途が限定されない一般補助金であるが，国庫支出金は使途が限定される特定補助金である．これらは，図12-1で示されているように，国から交付される．地方債は地方公共団体によって発行されるが，この相当な部分が政府資金等の公的資金を通じて引き受けられている．以上のように，かなりの資金が中央政府から地方政府に流れている．

国から地方自治体に配分される資金は自治体にとってみれば外部からの依存資金と言うことができる．依存の度合を財源依存率と呼び，地方交付税と国庫支出金の合計を歳入総額で割った値の％表示と定義すると，市町村の状況は図12-2のようになる．2004年度の市町村（2482市町村）と2013年度（1742市町村）の財源依存率を度数分布表で示している．2004年度の依存率の平均は36.5％で，40〜50％に位置する市町村が一番多い．2004年度に依存率が一番高い自治体は鹿児島県十島村の75.2％，一番低い自治体は愛知県飛島村の1.3％である．飛島村の面積は小さいが臨海工業地帯を擁しており，多くの企業が立地している．2013年度の平均依存率は41.6％，50〜60％に位置する市町村が一番多くなっている．2004年度に比べて国の補助金に頼る度合いがより大きくなっている．2013年度において財源依存率が一番低い自治体は愛知県飛島村であり，2004年度と変わりない．2013年度に財源依存率が一番高い自治体は，宮城県南三陸町の87％である．次に高いのが岩手県山田町と岩手県大槌町と続く．東日本大震災の影響が現れている．このように，2013年度の財源依存率は2004年度に比べると増大している．

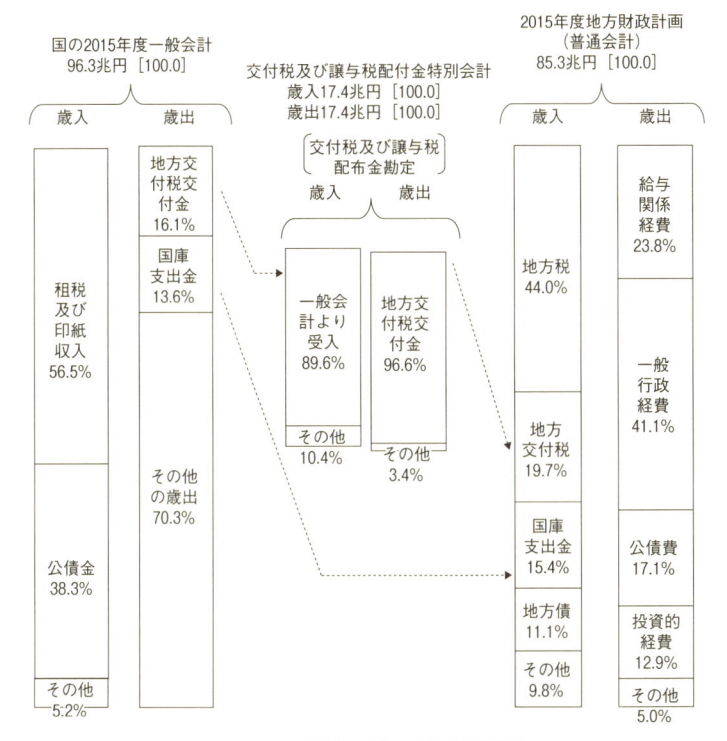

図 12-1　国と地方の財政的関係

(出所) 財務省『日本の財政関係資料 (平成27年3月)』を基に作成.

図 12-3 は 2004 年度と 2013 年度の都道府県の財源依存率を示している. 2004 年の平均依存率は 40％であるが, 2013 年には 38％にわずかに減少している. 東京都, 神奈川県, 愛知県, 大阪府の財源依存率が低く, 青森県, 岩手県, 秋田県, 山形県, 福島県, 福井県, 鳥取県, 島根県, 徳島県, 高知県, 佐賀県, 長崎県, 熊本県, 大分県, 宮崎県, 鹿児島県, 沖縄県などの財源依存率が高い. 都道府県の場合, 一般的には人口規模が大きい地域の財源依存率は低い.

このように, 都道府県と市町村において国からの資金に依存している点が日本の地方財政の特徴である. 2004 年度と 2013 年度を比べると, 都道府県レベルでは財源依存率の変化が見られないのに対し, 市町村レベルでは増大している.

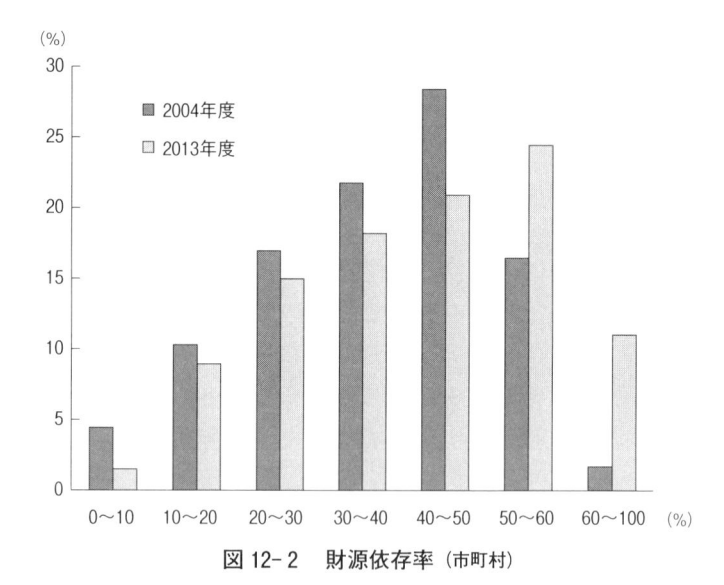

図 12-2　財源依存率（市町村）

（出所）「日経地域総合データ」を基に作成.

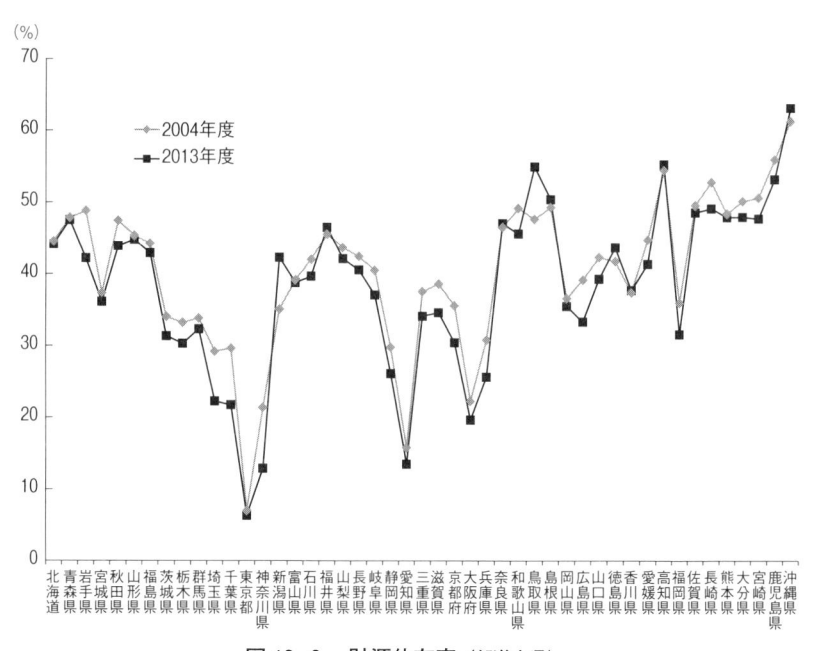

図 12-3　財源依存率（都道府県）

（出所）「日経地域総合データ」を基に作成.

2　歳入と歳出

　2013年度における都道府県と市町村の財源構成が**表12-1**に示されている．地方税，地方譲与税，地方特例交付金及び地方交付金からなる一般財源の歳入総額に占める比率は，都道府県では54％，市町村では約49％と市町村の比率がやや小さい．国庫支出金の比率は市町村でやや高い．地方債の占める比率は都道府県が約13％，市町村が約10％と都道府県でやや高い比率である．地方債の発行には国による強い規制があった．2006年度より地方債制度は地方債許可制度から地方債協議制度に移行し，基本的には自由に発行できるようになったが，早期の財政健全化の観点から国の許可を得なければならないときがある．その他の比率は市町村で17.4％と都道府県に比べて6％程高い．市町村のその他には，ゴルフ場利用税交付金や自動車取得税交付金など各種交付金が含まれているためである．

　歳出は，行政目的に着目した「目的別分類」と経費の経済的な性質に着目した「性質別分類」に大別される．

　表12-2には2013年度の目的別分類による都道府県と市町村の歳出の構成

表12-1　都道府県と市町村の財源構成（2013年度）

区分	都道府県 金額（百万円）	構成比	市町村 金額（百万円）	構成比
地方税	16,809,190	32.6%	18,565,095	32.6%
地方譲与税	2,136,827	4.1%	422,015	0.7%
地方特例交付金	50,209	0.1%	75,313	0.1%
地方交付金	8,848,887	17.2%	8,746,566	15.3%
小計（一般財源）	27,845,113	54.0%	27,808,990	48.8%
国庫支出金	7,342,426	14.2%	9,070,055	15.9%
使用料・手数料	243,215	0.5%	1,383,314	2.4%
地方債	6,781,018	13.1%	5,525,970	9.7%
繰入・繰越金	3,409,659	6.6%	3,312,116	5.8%
その他	5,951,188	11.5%	9,928,074	17.4%
計	51,572,618	100.0%	57,028,520	100.0%

（出所）『地方財政統計年報』（2013年度）を基に作成．

比が示されている．都道府県では教育費が一番高く，次に民生費と公債費が続いて高い．市町村では民生費が圧倒的高く，総務費，土木費，公債費，教育費の順に高い．市町村の民生費が都道府県に比べてかなり高くなっている．これは児童手当の支給事務，社会福祉施設の設置・運営事務や生活保護に関する事務が市町村によって行われているからである．また，都道府県の教育費がより高くなっているが，これは都道府県立高校と市町村立義務教育学校の教職員の給料を都道府県が支払っているからである．

　表12-3には同じく2013年度の性質別分類による歳出の構成比が，都道府県と市町村について示されている．都道府県では人件費，補助費等，普通建設事業費，公債費の順に高く，市町村では扶助費，人件費，普通建設事業費，物件費，公債費の順に高くなっている．市町村の人件費は16.1％と都道府県の値に比べてかなり低い．これは市町村では外部に雇用を委託するようになっているため，以前人件費として処理されたものは物件費で処理されているからである．性質別分類による経費は，その経済的な性質によりさらに義務的経費，

表12-2　目的別歳出（都道府県と市町村，2013年度）

区分	都道府県 金額（百万円）	構成比	市町村 金額（百万円）	構成比
議会費	76,326	0.2%	359,527	0.7%
総務費	3,433,086	6.9%	7,188,053	13.1%
民生費	7,521,816	15.0%	18,827,557	34.3%
労働費	517,406	1.0%	196,004	0.4%
衛生費	1,735,412	3.5%	4,426,168	8.1%
農林水産業費	2,614,580	5.2%	1,303,540	2.4%
商工費	4,088,633	8.2%	1,878,682	3.4%
土木費	5,643,727	11.3%	6,685,899	12.2%
警察消防費（市町村のとき消防費）	3,315,096	6.6%	1,856,025	3.4%
教育費	10,598,294	21.2%	5,577,048	10.2%
公債費	7,149,837	14.3%	6,028,530	11.0%
その他	3,358,967	6.7%	533,117	1.0%
計	50,053,180	100.0%	54,860,151	100.0%

（出所）『地方財政統計年報』（2013年度）を基に作成．

表12-3　性質別歳出（都道府県と市町村，2013年度）

区分	都道府県 金額（百万円）	都道府県 構成比	市町村 金額（百万円）	市町村 構成比
人件費	13,355,496	26.7%	8,822,428	16.1%
物件費	1,788,700	3.6%	7,153,578	13.0%
維持補修費	436,495	0.9%	690,425	1.3%
扶助費	1,013,906	2.0%	11,179,261	20.4%
補助費等	11,089,378	22.2%	4,116,082	7.5%
普通建設事業費	7,199,242	14.4%	7,690,086	14.0%
災害復旧事業費	583,797	1.2%	372,230	0.7%
失業対策事業費	0	0.0%	162	0.0%
公債費	7,127,408	14.2%	6,022,306	11.0%
積立金	2,298,892	4.6%	2,127,413	3.9%
投資及び出資金	135,396	0.3%	207,927	0.4%
貸付金	3,899,434	7.8%	1,526,477	2.8%
操出金	188,935	0.4%	4,951,571	9.0%
前年度繰上充用金	936,101	1.9%	206	0.0%
計	50,053,180	100.0%	54,860,151	100.0%

（出所）『地方財政統計年報』（2013年度）を基に作成．

投資的経費及びその他の経費に分けられる．人件費，扶助費，公債費は義務的経費と言われる経費で，これは都道府県の42.9%に対し，市町村では47.5%とより高い．投資的経費は，普通建設事業費，災害復旧事業費及び失業対策事業費からなり，都道府県で約15.6%，市町村で14.7%を占めており，災害復旧を担う都道府県の比率がやや高い．扶助費の構成比は，生活保護に関する事務や児童手当支給に関する事務等が市町村で主に行われるので，市町村でより高くなっている．

3　地域公共財の最適供給

　地方自治体は様々な事業を行っているが，多くの事業は地域公共財といわれる財の供給である．地域公共財は，便益が一定の地域に限定される公共財である．たとえば，一般道路，図書館，橋，ゴミ収集などがあげられる．公共財の

最適供給条件はサミュエルソン条件といわれるが，第3章で述べられたようにフリーライダーの問題が発生するため最適に供給されない．地域公共財の場合も，全く同様の問題が発生し最適には供給されない．

しかし，地域公共財の場合，最適に供給されるメカニズムがいくつかあることが指摘されている．ここでは，そのような考えを3つ紹介する．

ティボー・メカニズム

第1はティボーによって指摘された考えで，ティボー・メカニズムあるいは足による投票と呼ばれている．ティボーは地域公共財の供給に関して代替的な顕示選好メカニズムを提示し，地域公共財は最適に供給されることを示した．つまり，もし消費者が自由に地域間を移動できるなら，消費者の選好にもっとも適合する地域公共財と税の組み合わせを提供する地域を「購入」することができることによって地域公共財が最適に供給されるという考えである．このような地域の選択過程は，「足による投票」と呼ばれ，この選択過程を通じて，地域公共財に対する真の選好が顕示され，フリーライダーの問題が発生しないことを示した．さらに，ティボーは足による投票を通じて最適な都市規模と地域数が達成されることも示している．

地価最大化行動

第2は，地方自治体が地価を最大にするように地域公共財を決定するとき，地域公共財が最適に供給されるという考えである．この背後にある考えは，地域公共財を供給する際に生じる地価の資本化である．地方自治体が固定資産税を財源として地域公共財を供給するとき，当該地域の地価は2つのルートを通じて変化する．第1のルートは，地域公共財のもたらす便益が地価に反映するルート，いわゆる地価の資本化である．地域公共財が増大すると便益が増大するので，より多くの住民が当該地域に流入し，その結果，土地に対する需要が増大し地価が引き上げられる．このとき地価は便益の増大分だけ上昇する．第2のルートは固定資産税の地価の資本化である．地域公共財を増大するためには固定資産税が引き上げられなければならない．このため税負担が増大し，土地に対する需要が減少するので地価が引き下げられる．地価は固定資産税の増分だけ減少することが知られている．

地域公共財を限界的に増大すると，地域公共財の限界便益だけ地価が上昇し，地域公共財の財源としての固定資産税増だけ地価が減少する．地方自治体が地価を最大化するように地域公共財を決定するとき，地域公共財の増大による地

価上昇と固定資産税増の地価下落が等しくなる．すなわち次のような関係が成立している．

地域公共財の増大による地価上昇＝固定資産税増の地価下落
　　（地域公共財の限界便益）　　　　　　（地域公共財の限界費用）

　地域公共財の最適供給条件は，地域公共財を1単位供給するとき発生する限界便益と限界費用が等しくなるというものである．このような関係は，地方自治体が地価を最大にするように地域公共財を供給するときに成立する．また，この考えは地価の資本化（資本化仮説とも言う）を前提としており，地価の資本化は同質的な住民（住民は同じ選好を持っている），開放都市（自由な地域間の住民移動），小地域（当該地域の行動は他地域に影響を及ぼさない），移動費用ゼロ，企業の自由な参入退出，ゆがみのない価格体系を仮定している．

地域間の人口移動を前提とする効用最大化モデル

　第3は，地域公共財が地域間でスピル・オーバーするケースにおいてマイヤーズなどによって示された考えである．これは住民の自由な地域間移動の下では地域間で効用が均等になり，このような状況の下で各地域が他の地域の行動を所与として当該地域の効用を最大にするように行動する，いわゆるナッシュ均衡では最適に地域公共財が供給されるという考えである．通常，ナッシュ均衡では地域公共財は過小に供給されるが，この場合最適に供給される．地域間の効用が均等になっているときには，ある地域が当該地域の効用を最大にするように地域公共財を決定することは，当該地域の効用を最大にするだけでなく地域全体の効用を最大化することにつながるからである．つまり，地域間の効用が均等になっているときのナッシュ均衡はパレート最適状態を求めていることになるからである．

4　地　方　税

　地方税は**表12-4**に挙げられているように，課税主体，つまり，都道府県あるいは市町村のいずれかが課税するかによって，都道府県税あるいは市町村税に分けられる．また，地方税の課税権については地方税法によって規定されているが，その使途が限定されているかどうかによって普通税あるいは目的税に分けられる．普通税は，税目が法律によって定められている法定普通税と地方

表 12-4　地方税の状況（2013年度）（単位：千円，％）

区分	都道府県 税額(A)	(A)の構成比	区分	市町村 税額(B)	(B)の構成比
1　普通税	14,764,062	99.9	1　普通税	19,001,918	92.2
（1）法定普通税	14,739,892	99.8	（1）法定普通税	19,000,000	92.2
ア　道府県民税	5,943,248	40.2	ア　市町村民税	9,171,988	44.5
（ア）個人分	4,988,011	33.8	（ア）個人均等割	181,813	0.9
（イ）法人分	840,294	5.7	（イ）所得割	6,832,817	33.2
（ウ）利子割	114,943	0.8	（ウ）法人均等割	416,669	2.0
イ　事業税	2,855,220	19.3	（エ）法人税割	1,740,690	8.4
（ア）個人分	181,344	1.2	イ　固定資産税	8,652,577	42.0
（イ）法人分	2,673,876	18.1	（ア）純固定資産税	8,562,401	41.6
ウ　地方消費税	2,649,639	17.9	土地	3,373,994	16.4
（ア）譲渡割	1,907,592	12.9	家屋	3,648,443	17.7
（イ）貨物割	742,047	5.0	償却資産	1,539,964	7.5
エ　不動産取得税	356,954	2.4	（イ）交付金	90,176	0.4
オ　道府県たばこ税	172,537	1.2	ウ　軽自動車税	189,193	0.9
カ　ゴルフ場利用税	49,316	0.3	エ　市町村たばこ税	983,229	4.8
キ　自動車取得税	193,426	1.3	オ　鉱産税	1,947	0.0
ク　軽油引取税	943,138	6.4	カ　特別土地保有税	1,067	0.0
ケ　自動車税	1,574,379	10.7	（2）法定外普通税	1,918	0.0
コ　鉱区税	346	0.0	2　目的税	1,598,514	7.8
サ　固定資産税	1,689	0.0	（1）法定目的税	1,597,209	7.8
（2）法定外普通税	24,170	0.2	ア　入湯税	22,062	0.1
2　目的税	9,653	0.1	イ　事業所税	348,399	1.7
（1）法定目的税	1,579	0.0	ウ　都市計画税	1,226,719	6.0
ア　狩猟税	1,579	0.0	エ　水利地益税	29	0.0
（2）法定外目的税	8,074	0.1	（2）法定外目的税	1,305	0.0
3　旧法による税	137	0.0	3　旧法による税	―	―
合　　計	14,773,853	100.0	合　　計	20,600,433	100.0

（注）1　収入額は，「第10表 歳入決算額の状況」の地方税の決算額から，東京都が徴収した市町村税相当額（平成25年度2,035,337百万円，平成24年度1,971,155百万円）を控除した額である．その3において同じ．
　　　2　徴収率は，地方消費税を除いて計算した．
　　　3　法定目的税である平成20年度以前の自動車取得税及び軽油引取税については，「旧法による税」に計上している．

（注）収入額は，「第10表 歳入決算額の状況」の地方税の決算額に東京都が徴収した市町村税相当額（平成25年度2,035,337百万円，平成24年度1,971,155百万円）を加算した額である．

（出所）『地方財政白書』2013年度版，第12表を基に作成．

自治体の独自の判断によって制定される法定外普通税がある．2000年4月の地方分権一括法案によって地方税も変化し，それまではなかった法定外目的税も設けることができるようになった．

　法定外目的税は特定の使用目的や事業の経費とするために，地方税法に定められていない税目を，各地方自治体が条例を定めて設ける税である．法定外目的税として山梨県富士河口湖町の遊漁税（河口湖やその周辺の環境整備のために充てる）や東京都宿泊税等がある．

　この表から都道府県では都道府県民税と事業税で58.5%，地方消費税で17.9%を占めること，市町村では市町村民税と固定資産税が税収入の86.5%と大半を占めていることが分る．

　地域間の地方税格差を見るため，不平等の度合を示す指標としてしばしば使われるジニ係数を用いる．これは，格差の程度を示す指数で，1に近いほど格差が拡大していることを示す．都道府県レベルで1人当たり地方税総額では図12-6のようになり，0.1と0.2の間を推移している．バブル期の1990年前後に高い水準を示しているが，傾向としては，ジニ係数は低下傾向にあるように思われる．2013年度の市町村（1742団体）の1人当たり地方税総額の散らばりの度合は，図12-4で示されている（一部の自治体は2012年度のデータを使用）．平均は12万7292円である．都道府県と比較するためにジニ係数を求めると0.2201であり，都道府県レベルより格差が広がっていることが確認できる．

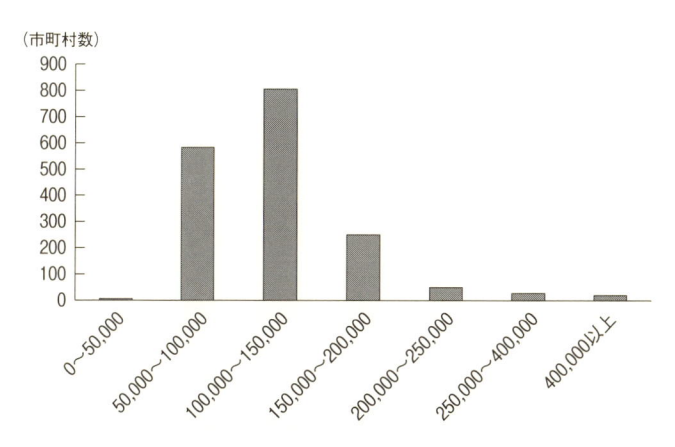

図12-4　1人当たり地方税の散らばり（市町村，単位：円）

（出所）「日経地域総合データ」を基に作成．

このような地方税収の地域間格差を解消するのが地方交付税である．

5　地　方　債

　地方債は地方公共団体が財政上必要なとき資金を外部から調達する債務であり，その返済が一会計年度を超えて行われる債務である．地方債は原則として地方財政法第5条で規定されているときに発行できることになっている．たとえば，水道などの公営企業が発行する場合や，学校，保育所，道路などを作る場合である．ただし，例外として地方財政計画上の通常収支の不足を補填するために発行される地方債として臨時財政対策債がある．これは2001年度以降発行されている．

　地方債の資金源は公的資金と民間資金に分けられる．公的資金は，財政投融資計画に計上される財政融資資金と地方公共団体金融機構資金であり，民間資金は市場公募資金や銀行などの引受資金である．2015年度の地方債計画では約12兆円の地方債が計画されているが，公的資金は43％，民間資金は57％が資金源の内訳となっている．公的資金による地方債の引き受けが民間資金より少ないが，43％の水準になっている．

　地方債の歳入に占める比率は約10％であるが，地方全体の地方債現在高は**表12-5**で示されるようにわずかながら上昇傾向にあり，2012年度は144兆円に昇っている．特に，最近は臨時財政対策債の増加が目立っている．臨時財政対策債は地方交付税が不足した場合，地方自治体に不足した財源を地方債として発行させるもので，償還にかかる費用は地方交付税で措置されることになっている．大きな地方債現在高は，利子支払のため地方自治体の政策の裁量を狭めるという問題がある．

表12-5　地方債現在高の推移
(単位：兆円)

	その他の地方債	臨時財政対策債	合計
2003年度	129	9.1	138.1
2004年度	127.7	12.9	140.6
2005年度	124.4	15.7	140.1
2006年度	121.2	17.9	139.1
2007年度	118.5	19.7	138.2
2008年度	115.8	21.6	137.4
2009年度	114.4	25.4	139.8
2010年度	110.7	31.4	142.1
2011年度	107.1	36.1	143.2
2012年度	104.1	40.6	144.7

(出所) 総務省ウェブサイト．

6 補　助　金

　補助金は国から地方政府の交付される資金であり，地方財政の歳入の約30％を占めており重要な財源である．

（1）補助金の根拠
　その根拠としては効率性と公平性の観点が挙げられる．
効　率　性
　経済活動が複雑になるにつれ，経済圏と行政圏は通常一致しなくなり，ある地域の住民が他地域の供給する地域公共財を利用することがある．たとえば，大阪市の住民が京都市の公園を利用したり，神戸市の住民が京都市の図書館を利用したりする．このようなとき，地域公共財の便益がスピル・オーバーしているという．京都市の会社のトラックが大阪市の道路を利用するケースや，滋賀県で教育を受けた人が京都府で雇用されるケースもスピル・オーバーである．地域間で正のスピル・オーバーが発生する場合，地域公共財の供給水準は最適水準を下回っているので資源配分上望ましくない．このようなとき最適供給水準に誘導するため補助金が用いられる．日本では，国庫支出金がこれに相当する．
公　平　性
　先に述べたように，地域間の地方税収には格差がある．地域間で住民が生活する上で最低限の資金が必要であるが，税収格差が著しいとこのことができなくなる．したがって，地域間格差を是正するために何らかの対策が必要であり，地方交付税にこの機能が期待されている．

（2）補助金制度
　補助金制度としては国庫補助金と地方交付税制度がある．
国庫支出金
　国庫支出金は使途が限定された国から地方公共団体への補助金ある．使途が限定されているので特定補助金と呼ばれている．制度上，国庫支出金は国庫負担金，国庫委託金および国庫補助金から成っている．国庫負担金は，生活保護などのように全国的に一定の水準のサービスを維持しながら，地方公共団体の

負担を軽減するため交付する補助金である．国庫委託金は国会議員の選挙など国の事業を地方公共団体に委託する場合に交付する補助金である．国庫補助金は地方自治体が行う特定の事業を奨励するためなどに交付されるものであり，対象事業は広範にわたる．

地方交付税

地方交付税は，国から地方公共団体へ交付される補助金であり，国庫支出金と異なり使途が限定されていない補助金で，一般補助金と呼ばれる．

地方交付税は，図12-5に示されるように基準財政需要額から基準財政収入額を控除した金額になる．基準財政需要額は標準的な行政を行うために必要な金額，基準財政収入額は地方税収に75％を掛けた金額である．このように地方交付税は，標準的な行政を行うために必要な資金が税収では確保できない場合，足りない額を補填する機能を持っている．これを財源保障機能という．さらに，基準財政需要額を一定とするとき，基準財政需要額が小さい地域はより大きな額の地方交付金を受け取ることになる．これによって，地域間の一般財源が均等化される．これを財政調整機能という．地方交付税の財源は国税の一定割合である．具体的には，2015年度からは所得税と法人税の酒税の33.1％，酒税の50％，消費税の22.3％，地方法人税の全額となっている．

図12-6で，都道府県を対象として地方税のジニ係数と地方交付税交付後の一般財源のジニ係数が描かれている．傾向としては，一般財源のジニ係数が地

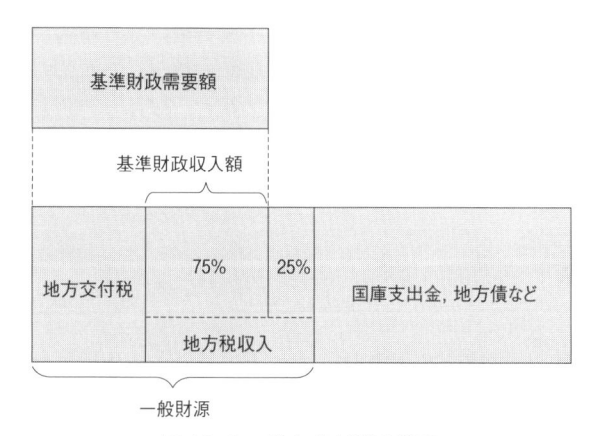

図12-5 地方交付税の算定

（出所）筆者作成．

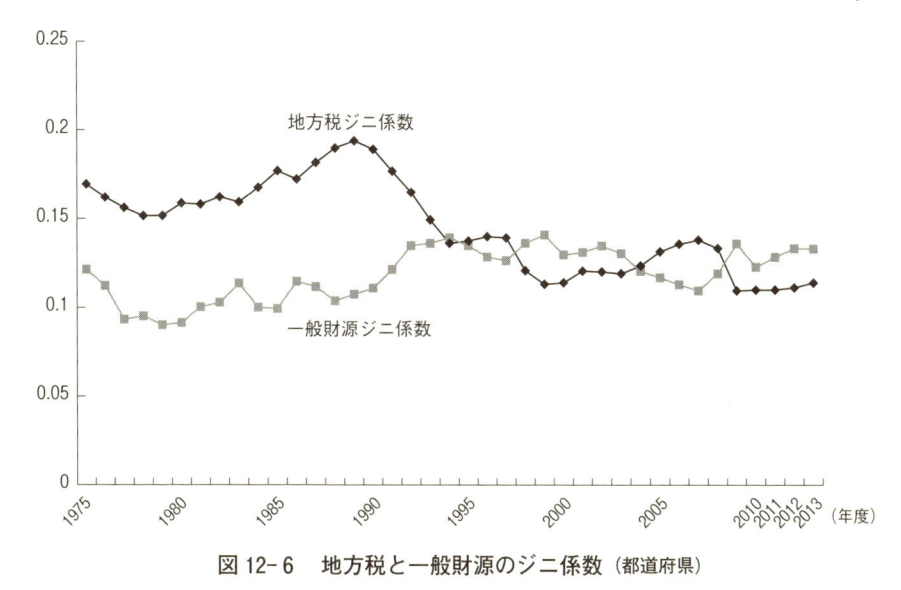

図 12-6　地方税と一般財源のジニ係数（都道府県）

(出所)「日経地域総合データ」を基に作成.

方税のジニ係数より小さいので，地方交付税は一般財源をより均等化しているが，1990年後半から2000年にかけて，過度に財政調整が行われた結果，一般財源の格差が拡大していることが確認できる．

7　最近の動き

地方財政に関する最近の動きとして，地方分権，三位一体改革，地方財政健全化及びふるさと納税制度を取り上げる．

(1) 地方分権

地方分権の動きが本格的に始まったのは1995年7月に地方分権推進法が制定されてからである．この後すぐに，地方分権推進委員会が立ち上げられ，地方分権の議論が始まった．地方分権推進委員会からは第5次にわたる勧告が出され，これを基に2000年4月に地方分権一括法が施行された．ここで，国と地方の役割分担の明確化，機関委任事務の廃止，国の関与等の見直し等が打ち出された．さらに，これを受けて2001年7月には地方分権改革推進会議が発足し，引き続き地方分権に向けて議論が開始された．2002年には次に述べる，

「三位一体改革」が小泉政権下で行われた．その後，安倍政権下で2006年6月に地方分権改革推進法が成立し，2007年には地方分権改革推進委員会が設置された．地方分権改革推進委員会から出された5次にわたる勧告を基に分権改革が続けられている．

地方分権は，中央政府から地方政府に権限や財源を移譲し，地方の独自性に任せようとする動きである．地方分権を支持する考えとして，分権化定理がある．これはオーツによって提案された考えで，地域間の選好が異なるとき，中央政府が一律に地域公共財を提供するのではなく，地方分権の下で，地方政府がその地域にあった地域公共財を提供した方が経済全体の経済厚生は高いというものである．さらに，地方政府が自由に行動した場合，先に述べたティボー・メカニズムが最適な資源配分をもたらすと考えることができる．

地方分権を推進する上で行われたことの1つに市町村合併がある．市町村の行政能力が向上しなければ，権限と財源が移譲されても行政が動かない可能性があるので，受け皿として市町村の行政能力の向上が不可欠であるとの認識が背後にある．今回の平成の大合併の前には，明治の合併と昭和の合併がある．これらの市町村合併の特徴と市町村数の推移は図12-7で示されている．

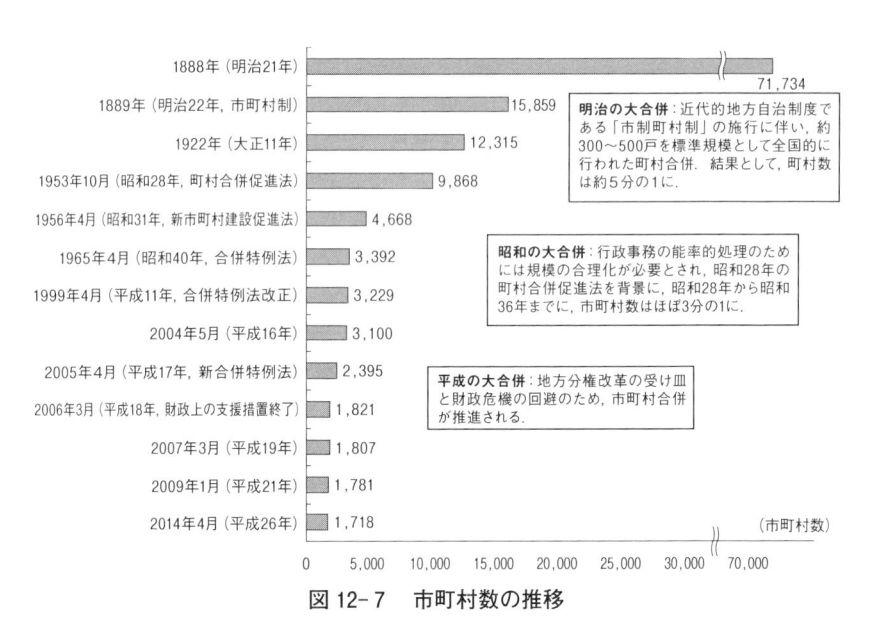

年	市町村数
1888年（明治21年）	71,734
1889年（明治22年，市町村制）	15,859
1922年（大正11年）	12,315
1953年10月（昭和28年，町村合併促進法）	9,868
1956年4月（昭和31年，新市町村建設促進法）	4,668
1965年4月（昭和40年，合併特例法）	3,392
1999年4月（平成11年，合併特例法改正）	3,229
2004年5月（平成16年）	3,100
2005年4月（平成17年，新合併特例法）	2,395
2006年3月（平成18年，財政上の支援措置終了）	1,821
2007年3月（平成19年）	1,807
2009年1月（平成21年）	1,781
2014年4月（平成26年）	1,718

明治の大合併：近代的地方自治制度である「市制町村制」の施行に伴い，約300～500戸を標準規模として全国的に行われた町村合併．結果として，町村数は約5分の1に．

昭和の大合併：行政事務の能率的処理のためには規模の合理化が必要とされ，昭和28年の町村合併促進法を背景に，昭和28年から昭和36年までに，市町村数はほぼ3分の1に．

平成の大合併：地方分権改革の受け皿と財政危機の回避のため，市町村合併が推進される．

図12-7　市町村数の推移

（出所）総務省ウェブサイト．

合併のメリットとしては、規模の経済による行財政の効率化、住民の利便性の向上、広域的観点からの地域計画の策定実施などが挙げられる。デメリットとしては、広域化による住民の意見の反映の困難さ、広域化による移動コストの増加、地域の文化・伝統の継承の困難さ等が挙げられる。平成の大合併の評価としては、財政の健全化という観点からは満足のいく結果が見られていないのが現状である。この背景には、平成の大合併が合併後のまちづくりなどの経費のために特例債を認め、さらに一定額を交付税で措置する合併特例債や、合併後10年間は合併前の地方交付税額を保障するという地方交付税算定措置などのアメにより、地方自治体は短期的観点から合併に踏み切ったということが挙げられる。市町村合併は長期的観点から総合的に判断する必要がある。

(2) 三位一体改革

三位一体改革は2002年6月に閣議決定された「経済財政運営と構造改革に関する基本方針2002」において、国庫補助負担金、交付税、税源移譲を含む税源配分のあり方を一体で検討する、とされた改革のことである。先に見たように、地方の財源の中では国からの補助金がかなりの部分を占めている。この状況では、地方の自律的行動が実行されないので、十分な財源を地方に保障する必要があるという認識を背景にしている。

国庫補助負担金等の補助金改革は、国として引き続き実施すべき事業は何か、地方が実施すべき事業は何か等の観点から見直され、特に、義務教育費国庫負担金、児童扶養手当、児童手当、施設整備費及び施設介護給付費等について検討された。地方交付税の改革は財源保障機能全般の見直し・縮小、地方歳出の見直し、地方交付税の総額の抑制、不交付団体数の大幅な増加、財政力格差の調整等の観点から検討が加えられた。そして、税源移譲を含む税源配分の見直しは、廃止する補助事業の中で引き続き地方が主体となって実施する必要があるものについて税源移譲、所得税から個人住民税への移譲によって行う、課税自主権の拡大等の観点から検討された[1]。

その結果、義務教育費国庫負担金や公立保育所運営費などの補助金を見直すこととなったが、補助率の引き下げにとどまり、国の関与は残ることになった。税源移譲に関しては、個人住民税について税の応益性や偏在の縮小等の観点から税率を10％にフラット化し、2007年度から約3兆円を国の所得税を地方個人住民税に税源移譲することになった。地方交付税に関しては、交付税の総額

の決定と各自治体への配分方法のあり方を中心に議論され，算定方法の見直しとともに総額についても約5兆円減額することで決着を見た．さらに，地方交付税の算定方法が外部からはわかりにくくブラックボックス化しているということから，人口と面積に比例する形で地方交付税金額を求める新型交付税が2007年度より一部導入されることになり，実際に行われている．

(3) 地方財政健全化

北海道夕張市は2007年3月に事実上財政破綻し，財政再建団体になった．**写真12-1**は，夕張市が財政再建団体になる前の2006月11月に撮影された石炭の歴史村の案内図と炭鉱生活館である．日本の多くの自治体は財政破綻の可能性があると言われている．しかし，夕張市の場合を検証するとわかるように，財政の弾力性を示す経常収支比率，財政の健全性を示す起債制限比率や実質収支比率から財政破綻を予測することは難しい．夕張市の教訓から，このようなフロー指標や普通会計を対象とする指標だけでは財政破綻を予測できないことが分かった．そこで，財政破綻を事前に食い止めるために考えられたのが，ストック変数の採用や普通会計から公営企業会計や地方3公社などを含む連結ベースの指標の採用である．制度としては地方公共団体財政健全化法としてまとめられている．

これによると，財政指標として実質赤字比率，連結実質赤字比率，実質公債費比率，将来負担比率の4つの健全化判断比率がある．これらの簡単な意味は次のとおりである[2]．

写真12-1　夕張市（財政再建団体前，2006年11月）

- 実質赤字比率　福祉，教育，まちづくり等を行う地方公共団体の一般会計等の赤字の程度を指標化し，財政運営の悪化の度合いを示すもの
- 連結実質赤字比率　すべての会計の赤字や黒字を合算し，地方公共団体全体としての赤字の程度を指標化し，地方公共団体全体としての財政運営の悪化の度合いを示すもの
- 実質公債費比率　借入金（地方債）の返済額及びこれに準じる額の大きさを指標化し，資金繰りの程度を示すもの
- 将来負担比率　地方公共団体の一般会計等の借入金（地方債）や将来支払っていく可能性のある負担等の現時点での残高を指標化し，将来財政を圧迫する可能性の度合いを示すもの

　これらの指標の対象は図12-8のとおりである．実質赤字比率は従来，普通会計を対象としていたが，財政健全化法では普通会計だけでなく，公営事業会計を対象にするため新たに連結実質赤字比率を設けている．現在の金繰りを示す実質公債費比率だけでなく，将来の健全性を示す指標として将来負担比率も設けている．しかも，実質公債費比率は一部事務組合・広域連合を，将来負担比率は地方公社・第三セクターを対象にし，範囲は広くなっている．また，公営企業の経営の健全化の指標として資金不足比率がある．これは，公営企業の資金不足を公営企業の事業規模である料金収入の規模と比較して指標化し，経営状態の悪化の度合いを示すものである[3]．

　公共団体財政健全化法では，図12-8のとおり早期健全化基準と財政再生基準を決めている．早期健全化基準とは，1つでも基準を満たさないときは財政健全化計画を定めなければならないとするものである．また，財政再生基準とは，実質赤字比率，連結実質赤字比率，実質公債費比率のうち1つでも基準を超えると財政再生団体になるというものである．

　『地方財政白書』（26年度版）によると，2012年度の健全化判断比率と資金不足比率の状況は次のようになっている．

- 実質赤字比率　実質赤字比率がある団体はない（2011年度は2団体）．
- 連結実質赤字比率　0％を超える団体は市区町村で7団体あるが，早期健全化基準以上である団体はない．
- 実質公債費比率　18％以上である団体数は63であるが，財政再生基準以上である団体数は，市区町村で1団体である．

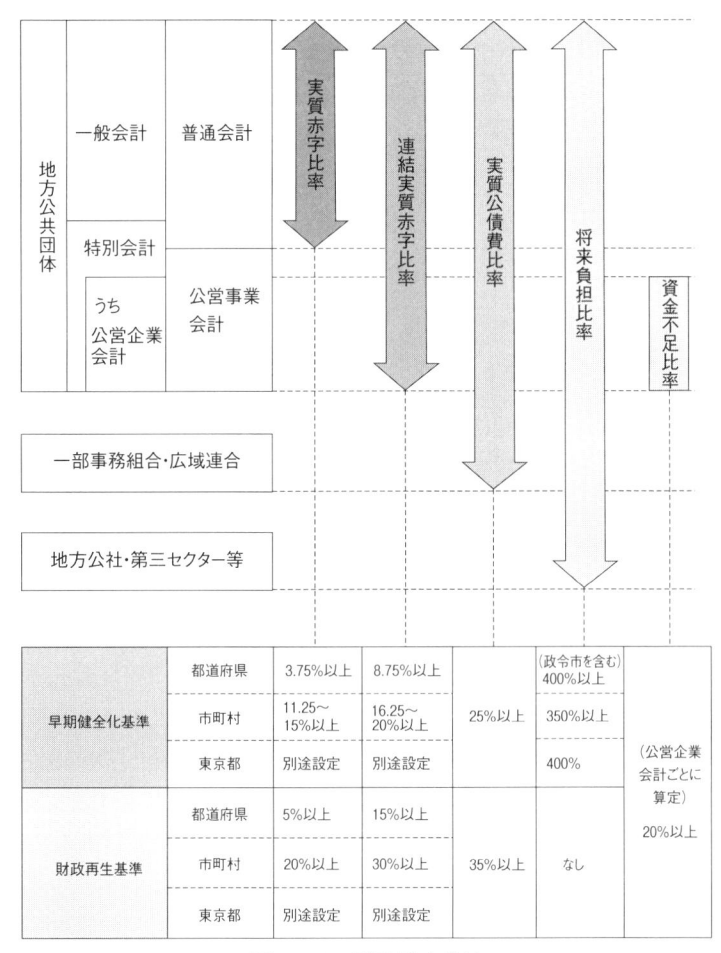

図 12-8　財政健全化法

（出所）総務省ウェブサイトから作成.

- 将来負担比率　市区町村で2団体が早期健全化基準以上である.
- 資金不足比率の状況　この比率が0％を超える公営企業会計は69団体である．このうち，経営健全化基準以上である会計数は20会計である．

（4）ふるさと納税制度

ふるさと納税制度が2008年4月から導入されている．これは都市と地方の

財政格差を縮小するために導入された制度で，都市に住む住民が住民税の一部を自分の出身地などの自治体に振り替えるというものである．地方で生まれて，そこで教育を受けた子供は，高校や大学を終えた後，都会に住んで働くというライフスタイルを取るという人が多くいるが，若いときには地方がこういった人たちの費用を負担し，就職してから都会で生産活動を行って都会で貢献しているので，そこで生産された果実の一部を若いときに費用を負担した地方に還元しようとするのが発想にある．

表12-6　ふるさと納税の寄付金などの状況

	人数(人)	寄付金額(億円)	控除額(億円)
2008年	33,149	73	19
2009年	33,104	66	18
2010年	33,458	67	20
2011年	74,677	649	210
2012年	106,446	130	45
2013年	133,928	142	61

(出所) 総務省ウェブサイトより作成．

実際には，振り替えるべき地方を出身地には限定せず，金額は税額の1割を上限にしている．さらには，当初は自分の居住している自治体の住民税の一部をそのまま振り替える制度を想定していたが，最終的には第8章で述べた寄付金控除制度を拡充することになった．

それぞれの年における寄付者の居住する地方団体毎の寄付金額などの推移が**表12-6**で示されている．導入された2008年は寄付金額も73億円と少なかったが，東日本大震災が起こった2011年には649億円に増大し，2013年には142億円になっている．142億円は個人住民税の約0.09%であるが，この値は増大傾向にある．制度が人々の間に定着するに従い，寄付者と寄付金額が増大している．

寄付した場合，所得税と居住している自治体の住民税から控除できる金額は寄付額から2000円を控除した金額であるが，最近は，この控除額の上限を引き上げたり，控除手続きを簡単化したりしてふるさと納税制度の浸透を図っている．さらに，ふるさと納税は個人が地方自治体に寄付するものであるが，これを個人だけではなく企業が地方自治体に寄付した場合も国に納める法人税や地方自治体に納める法人住民税を軽減する「企業版　ふるさと納税」の導入も決まっている．これによって地方税の偏在を是正しようとする意図がある．

これに関連して，住民が希望する団体に地方税を優先的に割り当てる制度もある．こういった制度は所得税の一定割合を公益団体に提供することができる

ハンガリーの％法が最初だと言われている．この制度を参考に，日本では市川市が１％条例と言われる制度を導入したが，その後も北海道恵庭市，岩手県奥州市，大阪府和泉市などの地方自治体が導入している．

注
1）『図説日本の財政』東洋経済新報社（2006 年度版），第 12 章参照．
2）http://www.soumu.go.jp/s-news/2008/080930_5.html
3）http://www.soumu.go.jp/s-news/2008/080930_5.html

第13章　政策評価

▶▶ 政策評価はアカウンタビリティの確保や効率的な予算編成などから重要である．日本では2002年に政策評価法が導入されている．導入の背景，政策評価の目的を述べた後，費用便益分析を紹介する．政策評価を行う場合，費用便益分析に関する知識が必要である．費用便益分析の説明として，便益などの基本概念，便益帰着構成表，便益の計測方法などについて説明する．

1　導入の背景

　2002年4月に「行政機関が行う政策の評価に関する法律」（以下，評価法と呼ぶ）が施行された．その後，政策評価・独立行政法人評価委員会で政策評価の実施に向けて論点整理が行われ，政策評価が実際に実施されるようになった．政策とは政府の活動方針を指し，

　　　　政策（Policy）―施策（Program）―事業（Project）

の3段階に区別される．政策は評価法第2条では，「行政機関が，その任務又は所掌事務の範囲内において，一定の行政目的を実現するために企画及び立案する行政上の一連の行為についての方針，方策その他これらに類するもの」と定義されている．もう少し具体的に述べると，政策は特定の行政課題に対応するための方針を，施策はそれを実現するための具体的な方策を，事業は施策を実現するための個々の具体的な活動を意味する．たとえば，安全な生活の実現を政策とすると，施策は交通事故の撲滅など，事業は道路上での交通取締などとなる．

　政策評価の導入の背景としては，いくつか挙げることができる．大きな要素としては東西の冷戦の終結が挙げられる．ソビエト連邦に始まる社会主義国の崩壊は市場化を促し，様々なものが市場で評価にさらされるようになった．このような評価が，市場で評価されない行政活動にも及び，評価の普遍化が始

まった．第2に公的部門と民間部門の役割の吟味が挙げられる．この背景には，技術や理論の発展により従来の市場の失敗の議論を簡単に適用できなくなり，改めて公的部門の必要性を検討するため，政策評価の導入が要請されていることがある．さらには，NPM（新公共経営），PPP，PFIなどに見られるように公共財・サービスの供給形態の変化も背景にある．第3には政策評価はイギリスやアメリカなど各国で実施されており，このような世界的潮流に日本が歩調を合わせていることが挙げられる．単に，歩調を合わせているのではなく，政策評価を実施していかなければ公的機関のパフォーマンスの低下を招き，これがひいては日本経済の悪化につながるので，日本も政策評価を実施する必要がある．第4に財政赤字の存在が挙げられる．国と地方の大きな財政赤字は，国や地方自治体に行政改革の実施を促し，この目的達成のため政策評価が行われるようになった．

このような政策評価の流れは2つ挙げられる．第1は，地方方自治体の流れである．代表的な例は，全国に先駆けて行われた三重県の政策評価である．三重県は1995年度に「さわやか運動」を開始し，同時に評価システムを検討した．「さわやか運動」の「さわやか」とは，サービス・わかりやすさ・やる気・改革の頭文字を取ったものである．2002年度には，政策推進システム・みえ政策評価システムを本格的に運用している．三重県の政策評価は，自治体経営・財務管理・組織管理・人事管理の観点から実施されている．三重県が実施してから多くの自治体が三重県方式を採用して政策評価を実施している．第2は国の流れである．国のスタンスはどちらかというと政策志向的である．たとえば，早い時期に公共事業の採択に政策評価が取り入れられたが，これは効率的な財政運営という政策的観点から導入されたものとして政策評価を位置付けることができる．

2　政策評価の種類

政策評価の種類としては3つ挙げることができる．第1は，政策分析である．これは，代替案のうち望ましい案を決定するための方法であり，効率性，公平性，必要性，優先性などの観点から政策を決定するものである．最近では，公共事業の評価に使われており，手法としては，費用便益分析などが使われている．1961年にアメリカ国防省で実施されたPPBSが有名である．第2にプロ

グラム評価が挙げられる．これは政策分析のプロセスに位置付けられており，先に述べた施策，つまり個別の行政活動について政策が意図した目的を達成されているかどうかを評価しようとするものである．主に，事後評価が採用される．第3は業績測定である．事業の達成度などを評価するが，古くはテイラーの科学的管理法にさかのぼることができる．業績測定の形で行われ，アメリカのGPRAがこれに対応する．

3　政策評価の目的

政策評価の目的としては，次の3つが挙げられる．

第1に各分野における望ましい政策の立案のきっかけになる．実際に事業や施策の評価を行うと様々な政策課題に直面する．たとえば，介護保険制度を評価する際に，介護事業に従事する人たちの離職率が高いことに気がつく．このことを通じて，より望ましい介護保険制度とは何かといった課題に直面することになり，新たな望ましい介護保険制度の動きへのきっかけになる．

第2はアカウンタビリティの確保である．アカウンタビリティは説明責任などと訳されることが多い．アカウンタビリティにはいくつかの局面があるが，財政上のアカウンタビリティが重要である．財政上のアカウンタビリティは，地方自治体などの事業や施策などが，その効果や財源などについて住民の納得がいくような形で実施されているのかどうかを指している．また，それらの事業や施策が法律的に適切な手続きを踏んでいるのかどうかという観点からアカウンタビリティが論じられることもある．

第3は公共部門のマネジメントの向上への貢献である．たとえば地方自治体の場合，政策評価は個々の公務員が何らかの形で関わり合いを持って実施される．その際，参加者は当該自治体の財政状況や他の事業部門の理解などが共有されることになる．このような状況を通じて地方自治体の経営が円滑に行われることが期待される．

4　日本の評価方式と課題

国レベルで採用している評価方式としては3つある．第1は事業評価方式と呼ばれている．これは，事業を決定する前に，その採否，選択等に資する見地

から，当該事業又は施策を対象として，あらかじめ期待される政策効果やそれらに要する費用等を推計・測定し，国民や社会のニーズ又は上位の目的に照らして妥当かを事前に検討する方式である．第2は実績評価方式と呼ばれ，施策を実施する際あらかじめ達成すべき目標を設定し，事後に評価を行う方式である．第3は，総合評価方式と呼ばれている方式である．これは，政策の決定から一定期間を経過した後を中心に，特定のテーマについて，当該テーマに関する政策効果の発現状況を様々な角度から掘り下げて分析し，政策に係る問題点を把握するとともにその原因を分析するなど総合的に評価する方式である．

また，地方レベルでは都道府県，政令指定都市をはじめとしてかなりの地方自治体が様々な方法で政策評価を行っている．

課題としては，客観性・中立性の担保，予算へのフィードバック，異なる事業の評価，評価手法の選択などが挙げられる．

5　PDCA サイクル

施策評価を適切に行うためには，いわゆる PDCA サイクルが重要になってくる．これは，図 13-1 で示されているように，Plan（政策を企画立案），Do（政策の実施），Check（政策の評価），Action（政策の企画立案への反映）という形で政策をよりよいものにしていこうとする政策マネジメントサイクルを示している．評価法でも，政策評価のあり方として，行政機関は，その所掌に係る政策について，適時に，その政策効果を把握し，これを基礎として，必要性，効率性又は有効性の観点その他当該政策の特性に応じて必要な観点から，自ら評価するとともに，その評価の結果を当該政策に適切に反映させなければならないとしている（評価法3条1項）．

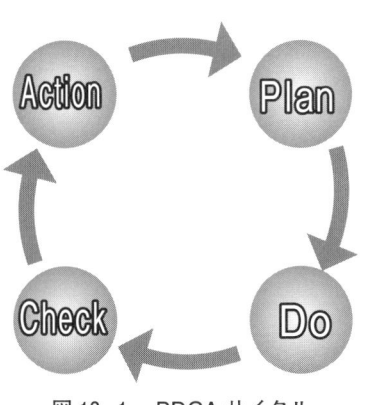

図 13-1　PDCA サイクル

6　費用便益分析[1]

　中央政府や地方自治体は公共事業や福祉政策など様々な政策を行っている．日本では今述べたような方法によって評価を行っている．このような方法の背景にある考えに費用便益分析がある．これは，政策評価を実施する際の評価方法の基礎をなすものである．

（1）費用便益分析とは

　費用便益分析は，公共投資あるいはプロジェクトなどの費用と便益を算定した後，費用便益指標を求めることによって，公共投資あるいはプロジェクトなどを実施することが望ましいかどうかを経済厚生の観点から評価する手法である．経済厚生の観点から評価するため，仮にあるプロジェクトが費用便益分析で望ましいと評価されても，財務分析を行ったら赤字になるということも十分考えられる．したがって，費用便益分析と財務分析は区別して考える必要がある．

　中央政府あるいは地方政府が事業を行う場合，それらの事業の多くは市場で取り引きされないものが多く，評価するのが困難である．このようなとき，事業計画の実施を判断する際の情報を与えてくれるのが費用便益分析である．公共投資あるいはプロジェクトなどに適用されると先に述べたが，ハード事業だけでなく地方自治体の行うソフト事業，たとえば医療費助成政策などにも適用可能である．

　費用便益分析は**図13-3**に示されているような手順で進められる．プロジェクトの年次別費用と便益が最初に算定される．次にこれらの年次別データを現在価値に変換しなければならない．その後，これらのデータを用いて費用便益指標を求める．

図13-3　費用便益分析の手順

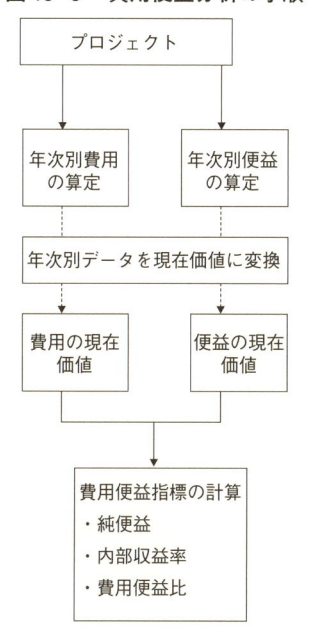

```
        プロジェクト
         │
    ┌────┴────┐
    ↓         ↓
年次別費用   年次別便益
 の算定      の算定
    │         │
    └────┬────┘
         ↓
年次別データを現在価値に変換
    │         │
    ↓         ↓
 費用の現在   便益の現在
   価値        価値
    │         │
    └────┬────┘
         ↓
  費用便益指標の計算
   ・純便益
   ・内部収益率
   ・費用便益比
```

(2) 便益帰着構成表

費用便益分析を行う上で，対象とする便益と費用を限定する必要がある．しかし，これはなかなか難しく，しばしば分析する際の障害になっている．便益帰着構成表はこの障害を簡単に乗り越えるためのツールである．

これを説明するために，地方政府が公共事業として道路（支出額50）を作る状況を考える．地方政府が道路を作る場合，費用便益分析の説明のため簡単な状況を想定すると，**図 13-4**で示されるような影響が生ずる．道路を作るためには資金が必要となるが，これは消費者への税金（50）によって調達されるものとする．新しい道路ができると，便利になるので企業で働く労働者の通勤時間が短縮される（これを貨幣換算すると60になるとする）．同時に，住みやすくなるので当該地域に居住を希望する住民が移ってくる．このため，土地に対する需要が増大し，地価が上昇する（15とする）．さらに，道路を作るための労働者を新たに雇用しなければならない．これは労働に対する需要を増大させるので賃金が上昇する（これを20とする）．このようなとき，道路を作るという公共事業の採択はどのように考えたらいいのであろうか？

費用便益分析は，先に述べたように費用と便益を比較して，公共事業などのプロジェクトの採否を検討する方法である．今述べた公共事業の影響を費用便益分析の際にどのように考えたらいいであろうか？　たとえば，道路を作るため増税をしているのでこれが費用（50）で，便益は通勤の時間の短縮（60），地価の上昇（15）及び賃金の上昇（20）の合計95が便益と考えたらいいのであろうか？　実は，便益帰着構成表を用いると簡単に費用便益分析の考え方が理解することができる．便益帰着構成表は，公共事業によって発生した項目（便益と費用）を関係する経済主体ごとに叙述した表である．

経済主体は，政府，家計，企業及び地主の4つとするとき，今の例の便益帰

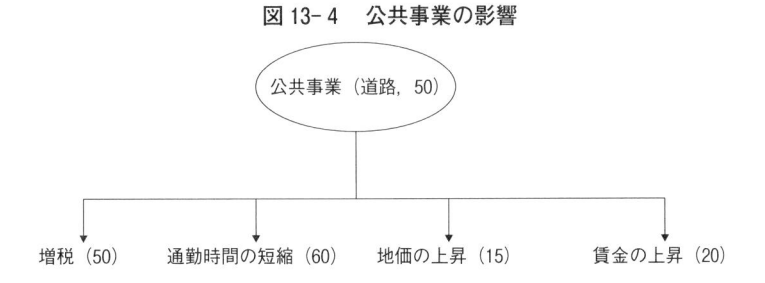

図 13-4　公共事業の影響

公共事業（道路，50）
├─ 増税（50）
├─ 通勤時間の短縮（60）
├─ 地価の上昇（15）
└─ 賃金の上昇（20）

表 13-1　便益帰着構成表

項目＼主体	政府	家計（消費者）	企業	地主	合計（項目）
公共事業	-50				-50
賃金増		20	-20		0
通勤時間の短縮		60			60
地価上昇		-15		15	0
税	50	-50			0
合計（主体）	0	15	-20	15	10

着構成表は**表 13-1**のとおりになる．項目としては公共事業そのもの，賃金増，通勤時間の短縮，地価上昇及び税である．

表 13-1で公共事業の項目では，-50が記入されている．これは政府が50の支出を行っていることを示す．項目が賃金増では，家計に20，企業に-20が書かれている．これは，家計の賃金増は企業の支払によることを示している．項目が通勤時間の短縮では便益60は家計によって享受されている．地価上昇は15とあるが，項目が地価上昇を見ると，家計が15支払（-15と記入されている），地主が15受け取っている（15と記入されている）．項目が税では，政府が50，家計が-50となっているので，家計が政府に50支払っていることが分かる．

合計（項目）の列には，項目ごとの合計が記入されている．公共事業の項目は-50，通勤時間の項目は60となっている．しかし，賃金増，地価上昇及び税の項目のそれぞれの合計はゼロになっている．このうち，賃金増と地価上昇は市場で取引されているので，合計額がゼロになっている．たとえば，賃金増の場合，賃金の増大により，家計の受け取る額は企業の支払う額である．賃金の受取は，労働市場で行われており，受取額と支払額は必ず等しくなるので，賃金増の項目の合計はゼロになる．このように，市場で行われた取引はキャンセル・アウト（相殺）されることになる．地価の上昇も，土地市場でキャンセル・アウトされるため，合計はゼロになる．一般的に言うと，市場で行われた取引は，費用便益分析では考慮されない．

税の項目でゼロになっているのは，政府は公共事業を行うため，その額と同じ額を増税しているからである．すなわち，政府の予算制約からゼロになっている．

合計（項目）と合計（主体）のそれぞれの合計は，表の右下の欄に書かれている10である．この額は，通勤時間の短縮による便益60から費用の公共事業50を控除した額になっている．費用便益分析で公共事業を評価すると，便益は60，費用は50となる．後で述べる純便益基準によると公共事業は採択される．

このように，便益帰着構成表を求めることによって，プロジェクトのそれぞれの主体に及ぼす影響が項目ごとに観察することができる．また，賃金増や地価上昇を同時に便益と捉えてしまう便益の二重計算も回避することができる．上の説明では考慮しなかった補助金なども簡単に導入することができ，また福祉，年金，交通プロジェクトなど様々な事業へ適応する事ができる．

(3) 便益の種類

便益を分類する方法としてはいくつかあるが，ここでは以下のような仕方を紹介する．**表13-2**で示されているように，価値のタイプとしては使用価値（実際に消費することによる価値）と受動的使用価値（実際に消費しなくても得られる価値）に分けられる．使用価値の便益の種類としては，競合的消費，非競合的消費（直接）および非競合的消費（間接）がある．受動的使用価値の便益の種類としては，オプション価値，利他的存在価値および純粋存在価値がある．

表13-2　便益の種類

価値のタイプ	便益の種類	例
使用価値	競合的消費 非競合的消費（直接） 非競合的消費（間接）	食事 道路の利用 嵐山などの景色を写真など通じて見ること
受動的使用価値	オプション価値 利他的存在価値 同世代への贈与 将来世代への贈与 純粋存在価値（pureexistence value）	将来，コンサートホールなどを使うかもしれない可能性 同世代人のコンサートホールの使用 将来世代人のコンサートホールの使用 森林を自然の秩序の一部として評価すること

(4) 便益の計測方法

たとえば，公共投資の便益という場合，新路線設置前の便益と設置後の便益

の差を比較する（前後比較）と正確な便益を得ることができない．つまり，設置前と設置後を比較すると，その間に新路線以外の様々な要素が変化している場合があるので，これらの影響が含まれた便益を推定することになる．したがって，新路線の便益は，新路線がある場合とない場合を比較すること（あるなし比較）によって推定しなければならない．

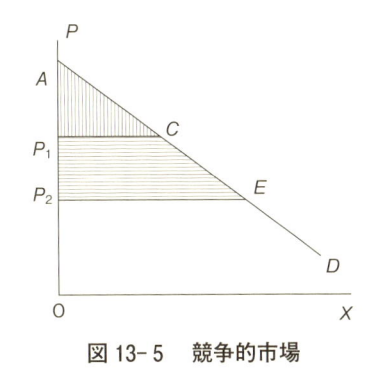

図 13-5　競争的市場

便益を測定する際，費用便益分析ではその尺度として消費者余剰が用いられる．消費者余剰は第2章で言及しているが，ある財の消費者余剰は支払意志額から実際の支払額を控除したものである．具体的には，需要曲線を示した図 13-5 で示されているように，ある価格が P_1 と与えられているとき，消費者余剰は支払意志額を示す需要曲線の下の面積から実際の支払額を控除した面積 AP_1C となる．このとき，公共投資が実施された結果，価格が P_2 に下落したとすると，消費者余剰は P_1CEP_2 だけ増加する．この消費者余剰の増分が公共投資の便益となる．

市場で取引されているとき，便益評価は簡単にできる．しかし，実際には市場で取引されていない非市場財と言われる財も多く，この財の便益を評価するのは難しい．非市場財の便益評価の方法はいくつかある．ここでは，トラベル・コスト法，ヘドニック・アプローチ，仮想市場評価法，コンジョイント分析及び代替法を紹介する．

トラベル・コスト法は，ホテリングが1947年に示した考えで，通常，無料で提供される公園やリクリエーション施設などの便益評価に使われる．たとえば，無料で提供されている公園を利用する場合，利用者は公園に行くための旅行費用（トラベル・コスト）を支払わなければならない．この旅行費用を公園の価格と考えることによって，需要曲線を推定するわけである．つまり，公園からの旅行距離に従っていくつかの区域にわけ，アンケート調査からそれぞれの区域からくる利用者の利用回数と旅行費用の情報を得ることによって需要関数を推定した後，消費者余剰を求める．しかし，トラベル・コスト法は，非使用的価値が，直接，効用関数に入らないので，そのような価値を測れないなどの問題がある．

ヘドニック・アプローチは，環境条件の違いがどのように地価に反映されているか（資本化仮説）を観察することによって，非市場財の価値を測定しようとするアプローチである．ヘドニック・アプローチは，資本化仮説が成立していることを前提とするが，実際にこれは保証されない可能性が高い．また，将来の非使用的価値が地価に反映するかどうかも分からない．

　CVM（仮想市場評価法）は，仮想的に擬似的市場を想定し，アンケート調査によって非市場財の価値評価をしようとするものである．質問の仕方として，環境改善に対する支払い意思額を聞く方法（open-ended question）と，いくつかの条件の下でのプロジェクトの可否を尋ねる方法（closed-ended question）がある．ただ，CVMは，アンケート調査の質問の与え方によって，結果にバイアスが発生するかもしれないという問題がある．たとえば，環境改善に対する支払い意思額を尋ねる場合，もし調査対象者に財源負担が課されることが前提にされるなら，調査対象者は支払い意思額を低めに提示することが考えられる．しかし，このとき，もし調査対象者に財源負担が課されないなら，調査対象者は支払い意思額を高めに提示するかもしれない．ただし，一定のバイアスがあらかじめ予想される場合には，適当に修正することによってバイアスを排除することができる．トラベル・コストとヘドニック・アプローチは事後的評価なのに対し，CVMは事前的評価である．

　コンジョイント分析は評価対象が複数の属性を持っている場合，その属性を評価する方法である．これに対しCVMは評価対象の全体を評価する方法である．たとえば，公共事業で道路を作る場合，道路の持つ属性として幅員，視界の程度，路面の凸凹などが考えられる．道路利用者から見れば，幅員が広く，視界が良く，凸凹がない道路が望ましい．しかし，予算は制約されているので，これらの属性に順序をつける必要がある．この場合，コンジョイント分析を用いて，これらの属性を評価して順序をつけることができる．

　代替法は，プロジェクトの便益を評価する際，この便益に類似した便益をもつ私的財に置き換えて間接的に推定する方法である．土砂流出防止のためのプロジェクトの評価などに使われる．

(5) 現在価値と割引率

　年次別便益と費用が求められた後，費用と便益の合計を求めるために年次別数値を単純に合計してはいけない．今年の1万円の価値と来年の1万円の価値

は異なるのが普通である．ほとんど人は，今年の1万円と来年の1万円の選択を迫られた場合，今年の1万円を選択するであろう．それは今年1万円を得て，それを銀行に預金すれば来年には1万円プラス利子を得ることができるからである．つまり，今年の1万円と来年の元利合計の間には次のような関係がある．

$$来年の元利合計 = 10,000（1 + 0.01）= 10,100$$

利子率を0.01とすると，来年（1年後）の元利合計は1万100円である．この式で1万円は現在における価値（現在価値という），1万100円は1年後における価値（将来価値という）である．現在価値と将来価値を使って，上の式を書き直すと，

$$現在価値（1 + 0.01）= 将来価値$$

となる．さらに，次のように書き換えることができる．

$$現在価値 = \frac{将来価値}{1 + 0.01}$$

つまり，将来価値を（1＋利子率）で割ったものが現在価値となる．現在価値に変換するときの利子率を特に割引率と言う．

以上のことを一般的に示すと，次のようになる．B_t $(t = 1, \cdots, n)$ を t 年後における価値，r を割引率（利子率），$PV(B)$ を将来の価値流列 B_t の現在価値とすると，

$$PV(B) = \frac{B_1}{(1+r)} + \frac{B_2}{(1+r)^2} + \cdots + \frac{B_n}{(1+r)^n} = \sum_{t=1}^{n} \frac{B_t}{(1+r)^t}$$

となる．費用も同じように将来価値を現在価値に変換しなければならない．

(6) 評価基準の選択

費用と便益の求められた後，公共投資を採択するための基準として純便益基準，内部収益率，費用便益比がある．

・純便益基準

純便益（NPV）は次の通り定義される．

$$NPV = \sum_{t=0}^{T} \frac{B_t}{(1+r)^t} - \sum_{t=0}^{T} \frac{C_t}{(1+r)^t}$$

ここで，B_t は t 時点における便益，C_t は t 時点における費用，r は割引率，T

は公共投資あるいはプロジェクトの計画期間である．純便益基準によれば，もし NPV が正なら，公共投資あるいはプロジェクトが採択される．

・内部収益率法

内部収益率（irr）は純便益の現在価値をゼロにするような割引率と定義され，次の式で表される．

$$0 = \sum_{t=0}^{T} \frac{B_t}{(1+irr)^t} - \sum_{t=0}^{T} \frac{C_t}{(1+irr)^t}$$

内部収益率法によれば，内部収益率が割引率を越えるとき，公共投資あるいはプロジェクトを採択することになる．内部収益率の概念は少しわかりにくいが，費用の収益に対する平均収益率と解釈することが可能である．

・費用便益比

費用便益比（BCR）は便益を費用で除したもので，次のように定義される．

$$BCR = \frac{\sum_{t=0}^{T} \frac{B_t}{(1+r)^t}}{\sum_{t=0}^{T} \frac{C_t}{(1+r)^t}}$$

BCR が1より大きければ公共投資あるいはプロジェクトを採択する．この基準の発想は簡単であるが，プロジェクトにより発生する項目を便益あるいは費用のいずれかに算入することによって異なる BCR が得られる．たとえば，プロジェクトによる環境の悪化を費用の発生と見るか，便益の減少と見るかによって異なる BCR が得られる．

注

1) 以下は，伊多波良雄編著『公共政策のための政策評価手法』中央経済社，2009 年，第3章を参考にしている．

第14章　幸福感分析を用いた財政活動の評価

▶▶ 幸福の経済学の発展は著しく，これを援用しながら社会・経済活動を評価する試みが行われるようになっている．幸福の経済学を援用するこのようなアプローチは幸福感分析と言うことができる．租税感，年金制度，医療保険制度，生活保護制度，社会資本ストックおよび都道府県の財政規模について幸福感分析を用いた分析を紹介する．

1　幸福感分析とは？

　幸福の経済学を援用して政策を評価する試みが行われている．幸福の経済学は，イースタリン・パラドックス（Easterlin Paradox）と言われる現象から本格的に研究されるようになった．図14-1には1人当たりのGDP（実質）と日本国民の幸福度の平均が描かれている．1人当たりGDPは1958年以来ほぼ一貫して上昇している．普通，1人当たりGDPが増えていれば，個人が感じる幸福感は増大すると予想される．ここで，幸福感は0（最も不幸）から10（最も幸福）までの数値で表されている．しかし，実際は予想と違って，1人当たりGNPが増大しても幸福感は増大せず，幸福感は6辺りを推移している．イースタリンによって発見されたこの現象はイースタリン・パラドックスと呼ばれている．これを機会に幸福の経済学の分野は急速に発展することになる．
　World Database of Happiness の資料を用いて，国々の幸福感のランキングを見ると，160カ国の中で一番幸福な国はコスタリカである．2位がデンマーク，3位がメキシコと続く．日本は56位と上位3分の1辺りにいる．幸せの国で有名なブータンは96位と幸福感は高くない．何を基準にして幸福感を測るのかが重要で，正確なランキングのためにはさらに厳密な比較が必要である．
　どのような要因が幸福感を決めていくのであろうか．すぐに頭に浮かぶのは所得である．ミクロ経済学のテキストでは，個人の所得が増大すると当該個人の効用が増大することを示している．実際に，この関係をデータに当てはめて

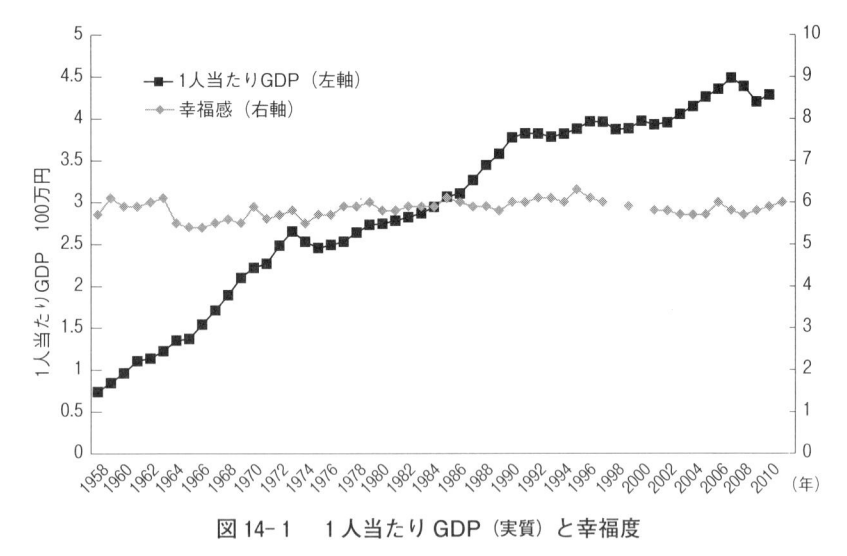

図 14-1　1人当たり GDP（実質）と幸福度

(出所) 日本の幸福感のデータは次の文献から引用. Veenhoven, R., *World Database of Happiness*, Erasmus University Rotterdam, The Netherlands Assessed on 11/11/2015 at: http://worlddatabaseofhappiness.eur.nl. GDP は SNA のデータを，人口は住民基本台帳のデータを用いている.

調べてみると，所得の増大は幸福感を引き上げていることがわかる．しかし，所得が高くても幸福感が高い個人がいれば，低い個人もいる．したがって，所得以外の要因も幸福感に影響を及ぼしている．

たとえば，次のような事が明らかにされている[1]．女性の方が男性よりも幸福感が高い．この傾向は各国で見られる現象である．年齢に関しては，年齢が高いほど幸福感が高いと言われている．正確に言うと，年齢と幸福感の関係はU字型になっている．若い時から中年にかけて幸福感は低下し，40歳代中頃で反転し幸福感は増大する傾向になっているのである．健康について述べると，健康な人ほど幸福感は高くなる．この関係は誰もが予想する関係である．既婚者は未婚者に比べて幸福感が高いが，この関係も多くの研究で指摘されている．学歴は，思っているほど幸福感に影響を及ぼさない．ただ，中学卒の場合，幸福感は低い．

また，本書第1章で言及したソーシャル・キャピタルは幸福感に大きな影響を与えていることが知られている．人々との繋がりは人生では重要であり，今後，高齢化がさらに進み，高齢者が孤立することは幸福感を低下させることが予想される．本書では，このような幸福の経済学で展開されている分析を幸福

感分析と呼ぶ．

2 租　税　感

消費税の増税が議論される中，税意識に対する国民の意識が重要になっている．ここでは，国民の税意識について幸福感分析の観点から紹介する[2]．租税感に関する質問は次の通りである．最初に，なぜ税金を支払うのかについての考えとして次の5つを挙げている．

- （A）納税は義務であると考えている
- （B）強制的にとられるものと考えている
- （C）国や地方公共団体が提供するサービスにより利益を受けるので，この利益に対する対価と考えている
- （D）納税は社会の構成員（一員）としての責任であると考えている
- （E）税は，所得再分配のためであると考えている

そして，それぞれの5つの考えについて，次の5つの中から近いものを1つ選ぶよう求めている．

（1）強くそう思う，（2）ややそう思う，（3）どちらとも言えない，
（4）それほど思わない，（5）全く思わない

租税感の（A）は第7章で述べた義務説，（B）は強制説に対応している．**表14-1**は調査票の前記の順位を逆にしてそれぞれの租税感の平均値を求めている．したがって，値が大きいほど租税感をより支持している事を示している．

義務であると答えた回答者の平均値が4.04と一番高い．つまり，義務説が一番支持されている．強制である（強制説）の平均値は3.77であり，強制説に比べて義務説の方が受け入れられている．次に支持されているのが社会の構成員としての責任（構成員説）という考えであ

表14-1　租税感の平均値

	平均値
義務である（義務説）	4.04
強制である（強制説）	3.77
公共サービスの対価（サービス対価説）	3.18
社会の構成員としての責任（構成員説）	3.84
所得再分配（所得分配対価説）	2.86

（出所）林・伊多波・八木（2015）で用いられたデータから筆者作成．

る．公共サービスの対価（サービス対価説）と所得再分配のためであるという考え（所得分配対価説）に対する支持は低い．サービス対価説と所得分配対価説は，いずれも政府の提供するサービスに対する対価として税をとらえる考えで，利益説と言うことができる．利益説の支持は高くないのである．

　図14-2には林・伊多波・八木（2015）の分析結果の一部が示されている．いずれも統計的に有意（5％水準，図14-2(e)の所得分配対価説のみ10％水準）なものを示している．

　男女別の租税感に対する考えはほとんど同じであるが，ただ一点だけ異なるのが，女性は男性よりも強制説を強く支持している点である（図14-2(a)）．学歴の観点から見てみると，大学卒業者は高校卒業者に比べて，強制説以外の4つの租税感を強く支持する傾向がある（図14-2(b)）．特に，サービス対価説を強く支持している．高等教育は税の租税感の醸成に役立っていると言える．

　社会資本整備水準や年金介護医療の社会保障水準を今後増やすべきと考える人は，どのような租税感を持っているのかを示したのが図14-2(c)と図14-2(d)である．道路や橋などの社会資本整備水準を増やすべきと回答する人ほど，強制説を否定し，サービス対価説，構成員説および所得分配対価説をより支持する傾向がある．つまり，社会資本整備水準の増大を望む人は，税は強制ではなく，構成員として負担し，利益説的に考えている．年金介護医療社会保障水準の増大を望む回答者は，構成員説のみを支持している．

　社会資本整備や年金介護医療の社会保障の満足と租税感の関係を示しているのが図14-2(e)と図14-2(f)である．これによると，社会資本整備に満足している回答者ほど，サービス対価説と所得分配対価説をより支持している．つまり，利益説を支持している．年金介護医療の社会保障を満足する回答者ほど，強制説を否定し，サービス対価説，構成員説および所得分配対価説をより支持する傾向がある．

　課税の根拠として，通常，義務説と利益説が挙げられる．今見たように，どちらか1つが課税の根拠として捉えられているのではなく，程度の違いはあるものの両者が支持されている．そして，男女のような属性あるいは公共財に対する満足など様々な要因によって義務説あるいは利益説が支持される程度が変化する．

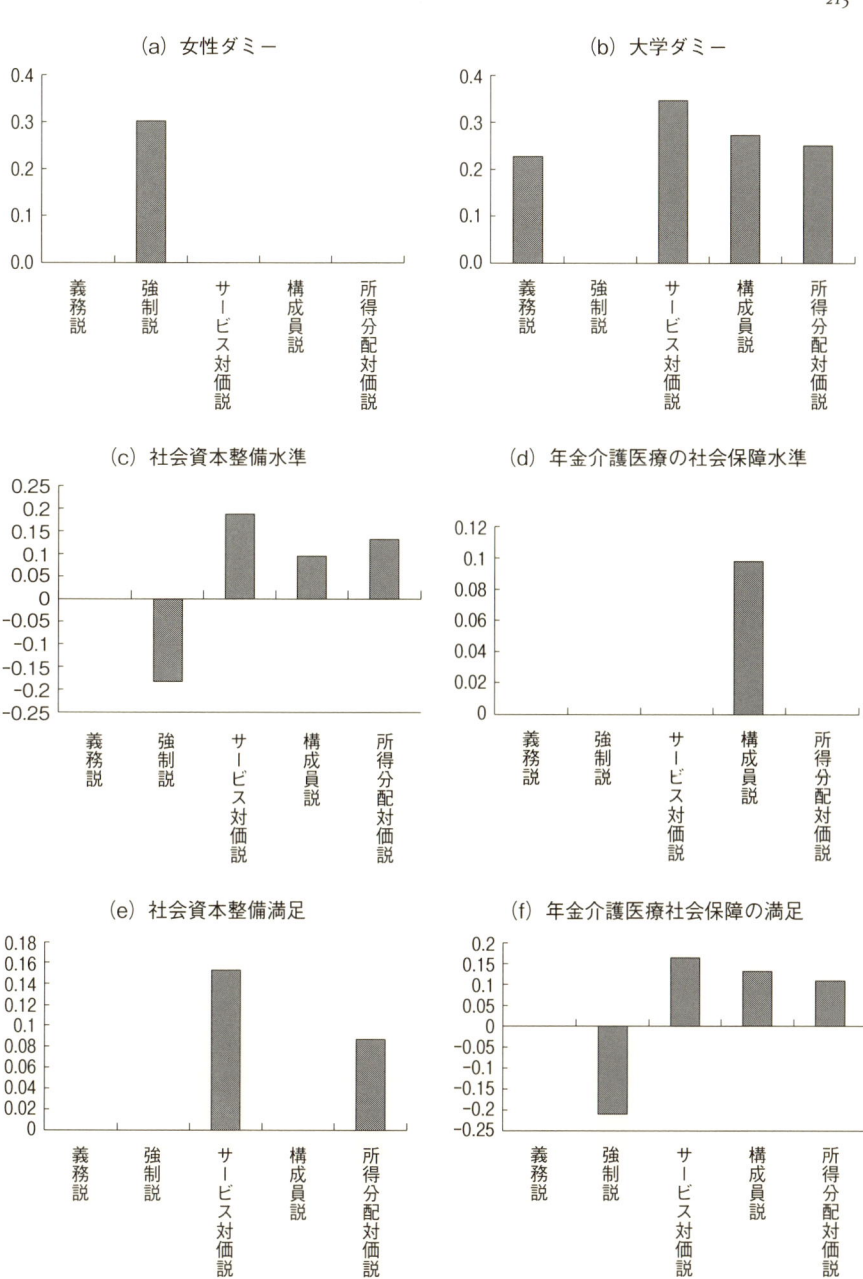

(a) 女性ダミー / (b) 大学ダミー / (c) 社会資本整備水準 / (d) 年金介護医療の社会保障水準 / (e) 社会資本整備満足 / (f) 年金介護医療社会保障の満足

図 14-2　租税感

（出所）林・伊多波・八木（2015）を用いて筆者作成．

3 年金制度

第 12 章で述べたように，年金制度は大きく分けて，共済年金，厚生年金および国民年金の 3 つがある．これらの 3 つの年金では，年金保険料や年金給付額などに格差があると言われている．ここでは，幸福感分析を用いて，これらの年金に格差があるのかを見てみる[3]．

ここで使われる幸福感のデータは，次のようにして得られている．科学研究費補助金「幸福感分析に基づく格差社会是正政策と社会保障改革」(研究代表者 橘木俊詔，基盤研究 (A)，2010~2012 年度) で行われた調査「地域の生活環境と幸福感度に関するアンケート」による個票データを用いる．インターネット調査 (Goo Research に依頼) によるもので，2012/10/04~2012/10/10 の期間に行われた．本調査の回答者は 6491 名である．

本調査の回答者は 6491 名であり，このうち「分からない」は 164 名，年金受給者は 1165 名である．厚生労働省の「平成 22 年公的年金加入状況等調査の概要について」と比べると，本調査では公的年金未加入者がやや高い値になっているが，構成比率はほぼ同じと言って良い．

幸福感は 11 段階で示されている．アンケート調査では「全体として，あな

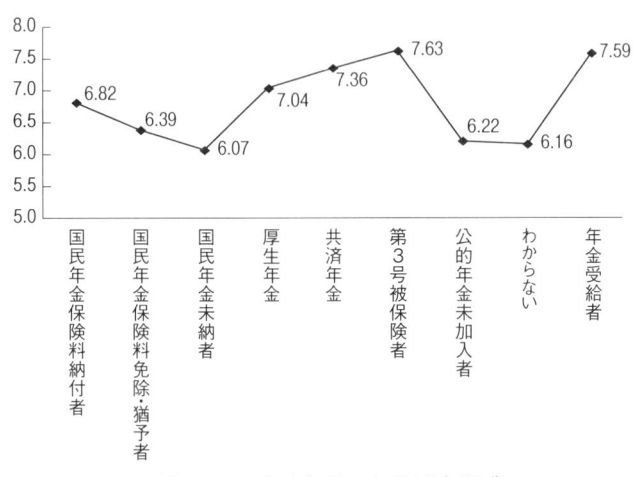

図 14-3　年金保険の加入別幸福感

(出所) 伊多波・塩津 (2013).

たは普段どの程度幸福だと感じていますか．番号（0～10）から最も近いものを1つ選んでください」という質問によって11の数字の中から1つを選んでいる．ここで，0は最も不幸，10は最も幸福となっている．

図14-3に，年金制度の加入者別幸福感が描かれている．年金受給者を含めて，第3号被保険者の幸福感が一番高い．本人が年金保険料を負担していないにもかかわらず，年金給付が通常通り行われるという点を反映していると思われる．これに，共済年金加入者，厚生年金加入者，国民年金保険料納付者，国民年金保険料免除・猶予者，国民年金未納者と続く．加入者別の幸福感のこの順位は，この分野におけるほかの研究成果とほぼ同じである．

「わからない」と年金受給者を見ると，「わからない」の幸福感はかなり低く，国民年金未納者よりはやや高い．実際に年金を受けている年金受給者の幸福感は，第3号被保険者の幸福感とほぼ同じであり，幸福感は高い．年金問題として，国民年金未納と年金未加入が取り上げられるが，これらに該当する回答者の幸福感は低い．

4 医療保険制度

年金と幸福感の関係で用いられたのと同じデータを用いて，公的医療保険加入と幸福感の関係を見てみよう．**表14-2**は公的医療保険の加入状況である．

表14-2 医療保険制度の加入状況

	度数	パーセント
市町村国民健康保険	2,011	31.0
同業者間国民健康保険組合	355	5.5
協会けんぽ	754	11.6
組合健保	1,609	24.8
共済組合	672	10.4
後期高齢者医療制度	156	2.4
上記以外の公的医療保険	172	2.6
公的医療保険未加入	355	5.5
わからない	407	6.3
合計	6,491	100.0

（出所）伊多波・塩津（2013）で用いられたデータから筆者作成．

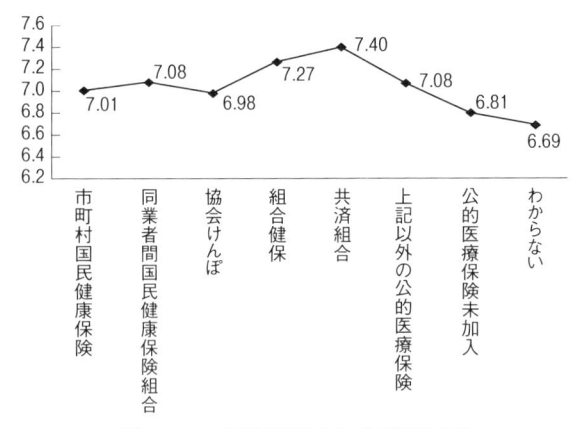

図14-4 医療保険の加入別幸福感

（出所）年金制度の分析で用いられたデータから筆者作成．

市町村国民健康保険 7.01
同業者間国民健康保険組合 7.08
協会けんぽ 6.98
組合健保 7.27
共済組合 7.40
上記以外の公的医療保険 7.08
公的医療保険未加入 6.81
わからない 6.69

　国民健康保険（市町村国民健康保険，同業者間国民健康保険組合）の加入者が約2400名と一番多い．次が組合健保，協会けんぽ，共済組合と続く．この順位は，日本全体の状況をほぼ反映している．未加入者が355名，5.5％を占めている．「わからない」と答えた回答者は407名，6.3％である．

　医療保険の加入者別幸福感を表したのが図14-4である．共済組合加入者の幸福感が7.4と一番高い．次に組合健保の幸福感が高い．これらの医療保険は保険料率などその内容が比較的恵まれていると言われているが，このことを反映しているものと思われる．国民健康保険（市町村国民健康保険，同業者間国民健康保険組合）と協会けんぽの加入者は同じような幸福感を感じている．国民健康保険の場合，所得の低い加入者が多いことや事業主負担がないことから地方自治体や国からの補助が多く投入されているが，これが幸福感に及ぼす影響は明らかではない．公的医療保険未加入者の幸福感はかなり低い．未加入者は所得水準が低い者と思われるので，未加入者をなくす必要がある．

　年金制度の分析を考慮すると，共済組合と厚生年金（組合健保）の加入者の幸福感が高い．

5　生活保護制度

　伊多波・塩津（2011）では[4]，生活保護世帯の状況について独自に行ったアン

表 14-3 生活保護受給経験による分類

生活保護受給経験の有無	人数	構成比率 (%)
過去現在とも受給経験なし	2,309	97.2
現在のみ受給している	8	0.3
過去に受給したことがある	34	1.4
過去および現在とも受給している	25	1.1

(出所) 伊多波・塩津 (2011), 表2-1.

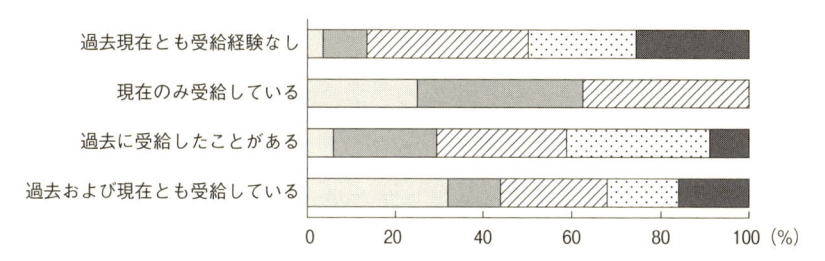

図 14-5 本人の健康状態

□健康でない ■どちらかといえば健康でない ☑普通 □どちらかといえば健康 ■健康

(出所) 伊多波・塩津 (2011), 図2-8.

ケート調査を用いて分析を試みている．この調査は2009年に行われた調査で，生活保護受給経験の回答を求めている．**表14-3**に生活保護受給経験による人数が示されている．回答を得た2376人のうち生活保護の受給を経験したことない回答者が97.2%を占めている．残りの2.8%が何らかの形で受給経験を持っている．

最初に本人の健康状態を見てみよう．**図14-5**で示されているように，過去および現在とも受給しているグループと現在のみ受給しているグループで「健康でない」と「どちらかといえば健康でない」の合計がかなり高い．特に，現在のみ受給しているグループの健康度合いは低いと言わざるを得ない．過去のみ受給したグループの健康度合いは他の受給経験グループよりは高いが，過去現在とも受給経験なしのグループよりは健康度合いが低い．これは，生活保護から脱したものの，健康状態が十分回復しないままの状態が継続しているからと思われる．要するに，生活保護の受給を経験すると健康を回復するのは難し

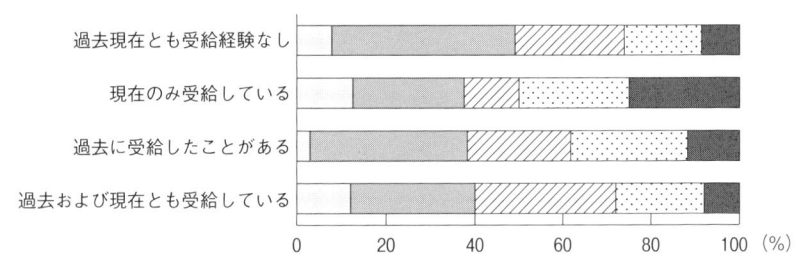

図14-6 生活保護受給経験と満足度

(出所) 伊多波・塩津 (2011), 図2-25.

いと言える.

次に, 幸福度について見てみる. この調査では, 満足度の回答を求めており, 満足度をそのまま用いる. 図14-6に生活保護受給経験と満足度の関係が示されている. 過去現在とも受給経験なしのグループが「満足している」と「まあ満足している」を選択している比率が, 生活保護を経験したグループのその比率を上回っている.「満足している」と「まあ満足している」を回答する比率は, 何らかの形で生活保護を受給しているとほぼ同じであるが, 現在のみ受給しているグループが「やや不満だ」と「不満だ」を回答する比率が高い. 現在のみ受給しているグループの不満度が高いが, 過去と現在とも受給しているグループは現在受給しているにもかかわらず不満度(「やや不満だ」と「不満だ」を回答する比率) が低くなっている. 生活保護に慣れているからこのように思うのかもしれない.

6 社会資本ストック

道路, 鉄道, 港湾, 空港および上水道などは社会資本ストックと呼ばれている. これらの社会資本ストックは国民の生活を便利にしたり, 生産活動に用いられることによって生産水準の増大に貢献したりして国民の幸福感を増大させていることが予想される. ここでは, 社会資本ストックの幸福感におよぼす影響を都道府県のレベルで見てみる.[5]

社会資本ストックのデータは内閣府 (2007) によって推計されたものを用いる.[6] そこでは, 国民経済計算における公的固定資本形成に準じたデータを基に

社会資本ストックを求めており，用地費・補償費は含まれていない．都道府県別の社会資本ストックのデータは1955～2003年度までカバーしている．

　ここで用いられる幸福感のデータは，2008年2月に実施された独自のアンケート調査個票データを用いる．データの調査期間は，2008年2月24日（日）～3月2日（日）で，調査データの名称は「地域移動と生活環境に関するアンケート調査」の個票データ（科学研究費補助金（基盤研究A）による研究における「地域間格差生成の要因分析と格差縮小政策」（研究代表・橘木俊詔）の下で実施されたアンケート調査）である．調査対象は，満20歳以上の調査会社提携モニターであり，調査配信数は1万9158件である．調査票回収数は8890件で，回収率は約46.4%であった．ここで，幸福感は，次のような質問から得ている．

　あなたは全体として現在の生活にどの程度満足していますか．以下の中から選択してご回答ください．｜満足している，まあ満足している，どちらともいえない，やや不満だ，不満だ｜

満足感と幸福感は異なるという考え方もあるが，ここでは同じものとする．幸福感のデータは2008年2月～3月に収集されているが，社会資本ストックのデータは2003年のものなので，両者のデータの間には時間のラグが若干ある．しかし，社会資本ストックのデータは大きくは変動しないので，およその関係は得られるものと思われる．

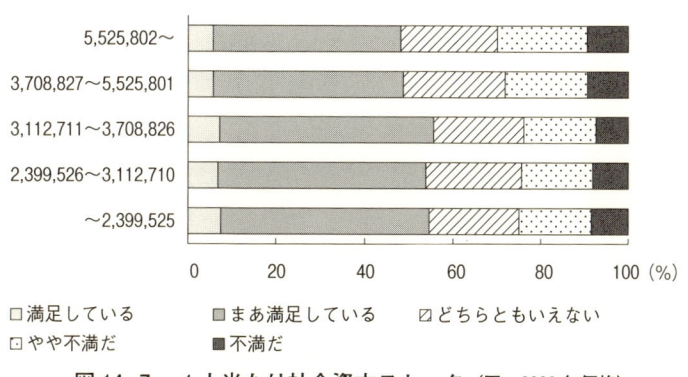

図14-7　1人当たり社会資本ストック（円，2000年価格）

（出所）伊多波（2013），第1図．

```
242,560〜
215,121〜242,559
195,665〜215,120
18,1867〜195,664
〜181,866
```

□満足している　■まあ満足している　☑どちらともいえない
□やや不満だ　■不満だ

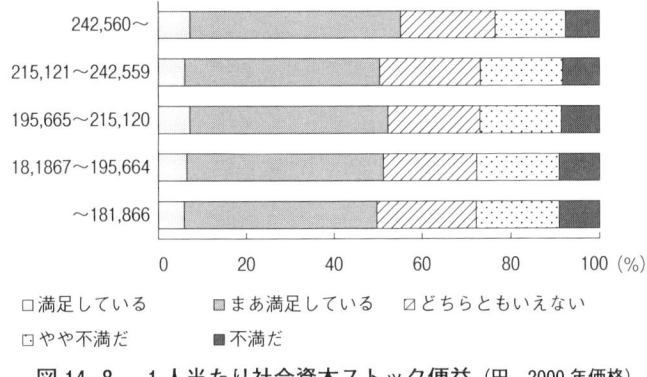

図 14-8　1人当たり社会資本ストック便益（円，2000年価格）

(出所) 伊多波 (2013)，第2図．

図 14-7 は，2000年価格に実質化した1人当たり社会資本ストックと幸福感の関係を示している．グラフ化するため1人当たり社会資本ストックを均等に5等分している．

この図から1人当たり社会資本ストックが増大するにつれ，満足（「満足している」と「まあ満足している」の合計）と回答する者の割合が減少し，不満（「やや不満だ」と「不満だ」の合計）と回答する者の割合が増大している傾向が見られる．1人当たり社会資本ストックは満足度を引き下げているように思われる．

しかし，ここで用いられている1人当たり社会資本ストックはその金額であり，先に述べた国民が生活上感じる便益や生産活動を通じる便益ではない．したがって，本来は1人当たり社会資本ストックの便益と国民の幸福感の関係を見る必要がある．そこで，社会資本ストックの便益を求めて幸福感の関係を見た結果が，**図 14-8** に示されている．ここでの社会資本ストックの便益は，社会資本ストックの限界生産性である．したがって，社会資本ストックがもたらす所得の増加が幸福感に及ぼす影響を考えていると言って良い．1人当たり社会資本ストックの便益が増加するにつれ，満足（「満足している」と「まあ満足している」の合計）と回答する者の割合が増加し，不満（「やや不満だ」と「不満だ」の合計）と回答する者の割合が低下している．このように，1人当たり社会資本ストックとは異なり1人当たり社会資本ストックの便益が大きくなるにつれ満足度が高くなっているように思われる．

7 都道府県の財政規模

　中央政府の財政規模と幸福感の関係については，理論的に3つの考えがある[7]．新古典派の考えは，政府は市場の失敗を矯正するため介入するので，最適な供給量が達成され，均衡においては政府規模と幸福度の間には何らの関係も見られないというものである．改革理論（Reform Theory）によれば，政府規模が大きくなると規模の経済が見られたり，様々なニーズに対応できたりするので幸福度が高くなる．また，政治経済学的理論（Political Economy Theory）として，政府規模が大きくなると，民主主義制度の下では，少数意見が採用されたり，官僚制が肥大化するため非効率的になったりするため幸福度が低下するという考えがある．このような考えは都道府県についても適用できると思われる．

　都道府県の財政規模としては，県内総生産に対する歳出額の比率（歳出総生産比率とよぶ．対数表示）を用いる．両者の関係が図14-9で示されている．

　歳出総生産比率が大きくなるにつれ，満足（「満足している」と「まあ満足している」の合計）と答える者の割合が減少し，不満（「やや不満だ」と「不満だ」の合計）と回答する者の割合が増大している傾向が見られる．つまり，都道府県の財政規模が増大すると，県民の幸福感は低下する．ちなみに1人当たり歳出と幸福感の関係を見ても，ほぼ同様の結果が得られるが，統計的には有意にはならない．ほかの研究者の結果を見ると[8]，市町村ベルではあるが，政府規模（1人当

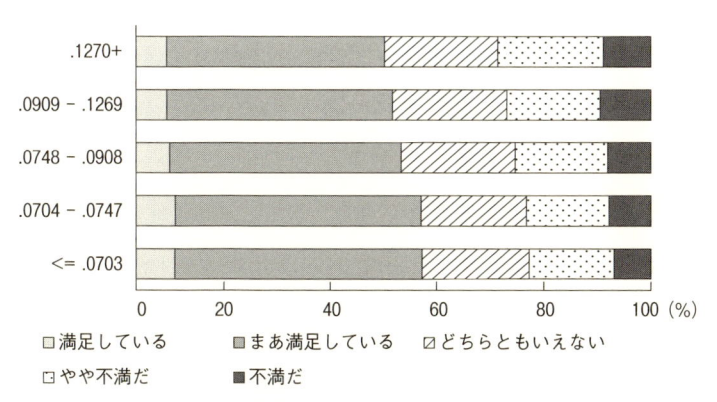

図14-9　歳出対県内総生産（03〜07年の平均）

（出所）伊多波（2013），第3図．

たり歳出）の幸福感に及ぼす影響は統計的に有意な結論は得られていない．

　このように，都道府県の財政規模は過大との結論が得られる．今後，性別などの属性別に分析をする必要がある．

注
1) 橘木俊詔『「幸せ」の経済学』岩波書店，2013年，第2章．
2) 林智子・伊多波良雄・八木匡「税負担と行政サービス意識に関する経済分析」『会計検査研究』第51号，2015年，11-31ページ．
3) 伊多波良雄・塩津ゆりか「公的年金制度と幸福度の関係に関する分析」『日本年金学会誌』第32号，2013年，24～31ページ．
4) 伊多波良雄・塩津ゆりか（2011）『貧困と社会保障制度』晃洋書房．
5) 伊多波良雄「幸福度分析に基づく財政活動の評価分析」『経済学論叢』第65巻第1号，2013年，131～150ページ．
6) 内閣府『日本の社会資本2007』国立印刷局，2007年．
7) 伊多波（2013），前掲論文，143ページ．
8) 野田遊（2011）「行政サービスに対する満足度の規定要因」『会計検査研究』第46号，73-86ページ．

索　引

〈アルファベット〉

BEPS　117
CPR　37
CVM →仮想市場評価法
EPR →拡大生産者責任
IS-LM モデル　119
NGO　9
NPO　8
pay-as-you-go 原則　163
PDCA サイクル　202
PFI　10
X 非効率　67

〈ア　行〉

アカウンタビリティ　201
足による投票　184
アバーチ・ジョンソン効果　68
イースタリン・パラドックス　211
一般会計予算　18
一般歳出　26
一般消費税　108
一般補助金　190
医療保険　152
　　──制度　217
　　──の加入者別幸福感　218
インセンティブ規制　71
インボイス方式　110
益税　110
エリザベス救貧法　144
応益原則　88
応能原則　88
汚染者負担の原則　55

〈カ　行〉

会計区分による予算　18
会計年度　17
介護保険　160
　　──事業　162
　　──制度　159
　　──制度の課題　163

　　──制度の財源　162
　　──制度の仕組み　160
外部経済　47
外部性の内部化　50
外部不経済　47
拡大生産者責任（EPR）　57
仮想市場評価法（CVM）　208
家族政策　165
合併　50，192
　　──のデメリット　193
　　──のメリット　193
簡易課税制度　110
間接消費税　108
簡素　89，92
消えた年金　149
規模の経済　64
義務説　87，213
逆進性　90，110
逆選択　79
逆弾力性の命題　111
キャンセル・アウト　205
救護法　159
協会けんぽ　153
供給の価格弾力性　99
競合性　34
共済組合　154
業種間所得捕捉率格差　106
強制説　213
競争的市場　5
共通費用　65
京都議定書　56
京都三大祭り　12
京都メカニズム　56
共有資源　34
均一税率の命題　112
組合管掌健康保険　153
組合健保　153
クラウディング・アウト　125
クラーク税　44
クラブ財　37，38
繰越明許費　17

索　引

景気の自動安定化装置　3
経済安定化機能　3
経済循環図　15
継続費　17
形態別区分による予算　23
経費の使途別分類　26
経費の主要経費別分類　26
ケインジアンの交差図　119
限界控除制度　110
限界条件　6
限界費用　5
　私的――　49,51
　社会的――　50,51
　――価格規制　66
限界便益　5
　私的――　48
　社会的――　49
健康保険制度　152
現在価値　209
健全化判断比率　194
公会計改革　28
後期高齢者医療制度　153,155
公共財の最適供給条件　35,183
公共部門　15
公衆衛生　145
公的年金　145
公的扶助　145
後発医薬品　158
幸福感分析　212
公平性　89,189
公民連携　10
効率性　89,90,189
国外転出時課税制度　117
国際課税　117
国債発行　24
国内総生産に占める一般政府固定資本形成の比率　23
国内総生産に占める政府最終消費支出の比率　23
国民医療費　152
国民皆年金制度　146
国民皆保険制度　152
国民健康保険　152,154
　――組合　154

国民負担率　28
コースの定理　52
国庫債務負担行為　18
国庫支出金　189
子ども・子育て支援制度　167
子ども手当　170
個別消費税　108
コモンズ　11
　――の長期存立条件　61
　――の悲劇　59
ゴールドプラン　160
混合診療　159
混雑効果　34
コンジョイント分析　208
コンテスタブル市場　74

〈サ　行〉

財源依存率　178
財源保障機能　190
財政規模　21
財政再生基準　195
財政調整機能　190
財政投融資　29
財政の仕組み　15
歳入歳出予算　17
サミュエルソン条件　36
さわやか運動　200
サンクコスト　72,74
暫定予算　20
三位一体改革　193
ジェネリック医薬品　158
事業者免税点制度　110
シグナリング　85
資源配分機能　2
資産課税　101
市場の失敗　7
自然独占　63
市町村合併　192
実効税率　115
実質赤字比率　195
実質公債費比率　195
児童手当　170
児童福祉　164
ジニ係数　187

索　引

社会契約制　73
社会資本ストック　220
　　——の便益　222
社会的余剰　6
社会福祉　145, 164
社会保険　145
社会保障　143
　　——負担率　28
囚人のジレンマ　41
恤救規則　159
需要の価格弾力性　99
準公共財　37
純粋公共財　32, 34
純便益基準　209
少子化　165
乗数効果　120
消費課税　101
消費者余剰　5, 207
消費税　102, 107
消費の排除不可能性　32
消費の非競合性　32
将来負担比率　195
所得課税　101
所得効果　95, 97
所得再分配機能　2
所得税　102, 104
資力調査　145, 172
診療報酬　155
　　——明細書　156
垂直的公平性　89
水平的公平性　89
スピル・オーバー　189
生活保護　172
　　——制度　172, 218
　　——制度が抱える問題　174
　　——制度の現状　173
　　——法　160, 172
政管健保　154
政策　199
　　——評価　199
　　——評価の種類　200
　　——評価の目的　201
生産者余剰　6
性質別分類　181

税支払いのタイミング効果　97
生存権　144
税と社会保障の一体改革　111, 151
正の外部性　47, 48
税の帰着　98
税の超過負担　91
税の転嫁　98
政府関係機関の統廃合　19
政府関係機関予算　19
政府管掌健康保険　154
政府の失敗　7
政府の役割　1
税率のフラット化　106
セーフティ・ネット　145
全国健康保険協会管掌健康保険　153
潜在的な国民負担率　28
総括原価方式　68
早期健全化基準　195
ソーシャル・キャピタル　12
租税　24
　　——感　213
　　——原則　88
　　——負担率　28
ソフトバジェット問題　8

〈タ　行〉

待機児童　170
第3号被保険者問題　151
代替効果　95, 97
代替法　208
ただ乗り　37
タックス・ヘイブン　117
担税力　88
地域公共財　35, 183
　　——の最適供給　183
地域保険　153
地価最大化行動　184
地価の資本化　184
地方交付税　190
地方債協議制度　181
地方財政計画　178
地方財政健全化　194
地方税　185
地方分権　191

228　索　　引

──改革推進委員会　192
──推進委員会　191
中間納付制度　110
中立性　89,90
徴税費用　92
帳簿方式　110
直接消費税　107
直間比率　103
積立方式　148
ティボー・メカニズム　184
出来高払い方式　158
デポジット制度　57
等級制度　84
当初予算　20
特定補助金　189
特別会計予算　18
都道府県の財政規模　223
トラベル・コスト法　207
取引費用　52,54

〈ナ　行〉

内部収益率法　210
ナッシュ均衡　40,185
二重課税　88
二重計算　206
二重の負担　149
二部料金　70
年金制度　216
──の加入者別幸福感　217
──の第3号被保険者　217

〈ハ　行〉

配偶者控除　107
排出権取引制度　55
排除性　34
パレート改善　4
パレート最適　4
範囲の経済　64
非競合性　34
ピーク・ロード料金　69
ピグー税　51
ピグー補助金　52
非排除性　34,39
103万円の壁　107

130万円の壁　107
評価方式　201
被用者保険　152,153
費用調整契約　73
費用逓減産業　64,74
費用の劣加法性　63
費用便益比　210
費用便益分析　203
付加価値税　108
不可能の三角形　129
賦課方式　148
不正受給　174
復活折衝　17
復興特別税　106
負の外部性　47,49
プライス・キャップ規制　73
プライマリー・バランス　137
フルインカム　93
ふるさと納税制度　196
分権化定理　192
pay-as-you-go原則　164
平均費用価格規制　67
ヘイグ＝サイモンズの所得　104
ヘドニック・アプローチ　208
便益帰着構成表　204
便益の計測方法　206
便益の種類　206
保育サービス　167
包括的所得　104
包括払い方式　159
法人擬制説　113
法人実在説　113
法人税　102,113
法人二税　114
法定外普通税　187
法定外目的税　187
法定普通税　185
補助金　189
補正予算　20
補足率　175

〈マ　行〉

マイナンバー法　107
埋没費用　72

マンデル＝フレミングのモデル　127, 129
民営化　9
民間委託　10
ミーンズ・テスト　145, 172
免許入札制　72
目的別分類　181
モラル・ハザード　83

〈ヤ　行〉

ヤードスティック競争　72
要介護認定　160
幼保一元化　167
予算　17
　——総則　17
　——の基本原則　17
　——の内容　17

〈ラ　行〉

ラムゼイ・ルール　111

利益説　87, 214
利子所得課税　96
リスク軽減　144
リスク・プーリング　144
臨時財政対策債　188
リンダール均衡　42
累進税率　114
レセプト　156
レモンの原理　79
連結実質赤字比率　195
レント・シーキング　67
漏給　174
老人福祉法　160
労働供給の低下　174
労働所得税　93, 104
割引率　209

《著者紹介》
伊多波良雄（いたば　よしお）〔はしがき，第 1・2・11（4，6 節）・12・13・14 章〕
　　同志社大学大学院経済学研究科博士課程満期退学．経済学博士（同志社大学）．
　　現在，同志社大学経済学部教授．
主要業績
　　『地方分権時代の地方財政』（有斐閣，2002 年），編著『公共政策のための政策評価手法』（中央経済社，2009 年），共著『現代社会の財政学』（晃洋書房，2009 年），編著『スポーツの経済と政策』（晃洋書房，2011 年），共著『貧困と社会保障制度』（晃洋書房，2011 年），"What do People think about Basic Income in Japan?"（*Basic Income in Japan*, Vanderborght and Yamamori (eds.), Palgrave Macmillan, 2014），"Does City Size affect Happiness?"（*Advances in Happiness Research: A Comparative Perspective*, T. Tachibanaki (eds.), Springer, 2016）．

川浦昭彦（かわうら　あきひこ）〔第 3・6・9・10 章〕
　　ハワイ大学大学院経済学研究科博士課程修了．Ph. D.（Economics）．
　　現在，同志社大学政策学部教授．
主要業績
　　"Institutional change in Japan: Theories, evidence, and reflections"（共著）（in M. Blomstrom and S.J. La Croix (eds.), *Institutional Change in Japan*, Routledge, 2006）"R&D management in Japanese manufacturing firms: Technology trade, R&D outsourcing and joint R&D"（共著）（in Y. Nakata and H. Miyoshi (eds.), *Have Japanese Firms Changed?* Palgrave Macmillan, 2010），"Designated hitter rule debate: A search for Mr. Hyde in pitchers"（*Journal of Sports Economics*, Vol. 11, No. 3, 2010），"Legislator incentives in a fragile democracy: Evidence from budget allocation in Thailand"（*Contemporary Economic Policy*, Vol. 29, No. 3, 2011），「クリーブランド大統領による銀購入法撤廃──政策の選択肢と政治的リーダーシップの関係の考察──」（『同志社政策科学研究』第 16 巻第 1 号，2014 年），"A tale of two duopolies: Collusion and exit in a local airline industry"（*Applied Economics Letters*, Vol. 22, No. 8, 2015）．

原田禎夫（はらだ　さだお）〔第 4・5・7・8・11（1-3，5 節）章〕
　　同志社大学大学院経済学研究科満期退学，博士（経済学）．
　　現在，大阪商業大学経済学部准教授，特定非営利活動法人プロジェクト保津川代表理事．
主要業績
　　伊多波良雄編著『公共政策のための政策評価手法』（第 12 章執筆，中央経済社，2009 年），粂野博行編『産地の変貌と人的ネットワーク　旭川家具産地の挑戦』（第 6 章執筆，御茶の水書房，2010 年），「河川のごみ問題からみる容器包装リサイクル制度の課題」（『環境経済・政策研究』第 8 巻 1 号，2015 年），「海ごみの発生抑制策としての河川の漂着ごみ対策の現状と課題」（『水資源・環境研究』第 28 巻 1 号，2015 年），『京の筏──コモンズとしての保津川──』（共著，ナカニシヤ出版，2016 年）ほか．

基礎から学ぶ財政学

| 2016年4月10日 | 初版第1刷発行 | ＊定価はカバーに |
| 2017年4月25日 | 初版第2刷発行 | 表示してあります |

<table>
<tr><td rowspan="3">著者の了解により検印省略</td><td rowspan="3">著　者</td><td>伊多波　良　雄</td></tr>
<tr><td>川　浦　昭　彦 ©</td></tr>
<tr><td>原　田　禎　夫</td></tr>
<tr><td></td><td>発行者</td><td>川　東　義　武</td></tr>
</table>

発行所　株式会社　晃洋書房

〒615-0026　京都市右京区西院北矢掛町7番地
電話　075(312)0788番(代)
振替口座　01040-6-32280

ISBN978-4-7710-2721-3　　印刷・製本　亜細亜印刷㈱

JCOPY　〈(社)出版者著作権管理機構委託出版物〉

本書の無断複写は著作権法上での例外を除き禁じられています．複写される場合は，そのつど事前に，(社)出版者著作権管理機構（電話 03-3513-6969, FAX03-3513-6979, e-mail:info@jcopy.or.jp）の許諾を得てください．